Der Internationale Gerichtshof
zwischen Politik und Recht

Europäische Hochschulschriften
Publications Universitaires Européennes
European University Studies

Reihe II
Rechtswissenschaft

Série II Series II
Droit
Law

Bd./Vol. 3051

PETER LANG
Frankfurt am Main · Berlin · Bern · Bruxelles · New York · Oxford · Wien

Luzia Tischler

Der Internationale Gerichtshof zwischen Politik und Recht

Problemanalyse anhand des Gutachtens vom 8. Juli 1996 zum Einsatz von Nuklearwaffen

PETER LANG
Europäischer Verlag der Wissenschaften

Die Deutsche Bibliothek - CIP-Einheitsaufnahme

Tischler, Luzia:

Der Internationale Gerichtshof zwischen Politik und Recht : Problemanalyse anhand des Gutachtens vom 8. Juli 1996 zum Einsatz von Nuklearwaffen / Luzia Tischler. - Frankfurt am Main ; Berlin ; Bern ; Bruxelles ; New York ; Oxford ; Wien : Lang, 2001
(Europäische Hochschulschriften : Reihe 2, Rechtswissenschaft ; Bd. 3051)
Zugl.: Würzburg, Univ., Diss., 2000
ISBN 3-631-37292-2

D 20
ISSN 0531-7312
ISBN 3-631-37292-2

Vorwort

Die vorliegende Arbeit ist im Wintersemester 1999/2000 von der Juristischen Fakultät der Bayerischen Julius-Maximilians-Universität Würzburg als Dissertation angenommen worden.

Mein aufrichtiger Dank gilt an erster Stelle Herrn Prof. Dr. Dieter Blumenwitz für die Betreuung der Arbeit und ihre Förderung durch zahlreiche Anregungen. Mein Dank gilt auch Herrn Prof. Dr. Bernhard Kempen für die Erstellung des Zweitgutachtens.

Dem Internationalen Gerichtshof möchte ich für die überaus großzügige Bereitstellung von Archivmaterial danken, ohne das die Arbeit in dieser Form sonst nicht hätte erstellt werden können.

Allen, die in vielerlei Weise zur Fertigstellung der Arbeit beigetragen haben, möchte ich hiermit noch einmal dafür danken, namentlich meiner Schwester für die technische Hilfestellung sowie Anke König für die sprachliche Korrektur des Manuskripts und wertvolle inhaltliche Anregungen.

Nicht zuletzt möchte ich meinen Eltern für die Unterstützung nicht nur während der Promotionszeit danken. Ihnen sei diese Arbeit gewidmet.

Hannover, im September 2000 Luzia Tischler

Inhaltsverzeichnis

Abkürzungsverzeichnis

a.a.O.	am angegebenen Ort
Abs.	Absatz
AdV	Archiv des Völkerrechts
AJDA	Actualité juridique. Droit Administrativ
AJIL	American Journal of International Law
Art.	Artikel
Australian L. J.	Australian Law Journal
BayVBl	Bayerische Verwaltungsblätter
Bd.	Band
BGBl.	Bundesgesetzblatt
BR.-Drs.	Bundesratsdrucksache
BT.-Drs.	Bundestagsdrucksache
BYIL	British Yearbook of International Law
bzw.	beziehungsweise
Cal.L.Rev.	California Law Review
CTBT	Comprehensive Test Ban Treaty
d.h.	das heißt
Doc.	Document
DVBl.	Deutsches Verwaltungsblatt
EA	Europa-Archiv
ebd.	Ebenda
EMRK	Europäische Menschenrechtskonvention
EU	Europäische Union
EuGH	Europäischer Gerichtshof
EuGRZ	Europäische Grundrechtezeitschrift
evt.	eventuell
EWG	Europäische Wirtschaftsgemeinschaft
FAZ	Frankfurter Allgemeine Zeitung
f.	folgende
ff.	fortfolgende
Fn.	Fußnote
GYIL	German Yearbook of International Law
Hrsg.	Herausgeber
HRLJ	Human Rights Law Journal
HSFK	Hessische Stiftung für Frieden und Konfliktforschung
HuV	Humanitäres Völkerrecht
IAEA	Internationale Atomenergiebehörde

IALANA against	International Association of Lawyers Nuclear Arms
ICJ	International Court of Justice
ICLQ	International and Comparative Law Quaterly
i.d.S.	in diesem Sinne
IGH	Internationaler Gerichtshof
ILM	International Legal Materials
ILR	International Law Report
IPB	International Peace Bureau
IPBPR	Internationaler Pakt für bürgerliche und politische Rechte
IPPNW	International Physicians for the Prevention of Nuclear War
i.S.	im Sinne
i.S.d.	im Sinne des/der/dessen
JAIL	Japan Annual of International Law
lit.	litera
LNTS	League of Nations Treaty Series
LRTWC	Law Report of Trials of War Criminals
MartensNRG	G.F. Martens, Nouveau Recueil Général de Traités
NGO	Non-Governmental Organization
NJW	Neue Juristische Wochenschrift
NPT	Non-Proliferation-Treaty
NYLJ	New York Law Journal
NZWehrr	Neue Zeitschrift für Wehrrecht
o.ä.	oder ähnliche(s)
OR	Official Records (of the Diplomatic Conference on the Reaffirmation and Development of International Humanitarian Law Applicable in Armed Conflicts, Genf (1974 – 1977))
PM	Politische Meinung
RdC	Recueil des Cours
RDP	Revue de Droit Public et de la Science Politique en France et a l'Etranger
RECIEL	Review of European Community and International Environmental Law
Rev. Int. de la Croix Rouge	Revue Internationale de la Croix Rouge

RFDA	Revue française de Droit Administrative
RGBl.	Reichsgesetzblatt
RIAA	Reports of International Arbitral Awards
Rt. Hon.	Right Honorable
RUDH	Revue Universelle de Droit de l'Homme
S.	Seite
Slg.	Sammlung
sog.	sogenannte
SuR	Staat und Recht
SZ	Süddeutsche Zeitung
TAZ	Die Tageszeitung
u.a.	unter anderem
UN	United Nations
UNTS	United Nations Treaty Series
v.a.	vor allem
vgl.	vergleiche
Vol.	Volume
WHO	World Health Organization
WR	Wirtschaft und Recht
WVRK	Wiener Vertragsrechtskonvention
ZaöRV	Zeitschrift für ausländisches öffentliches Recht und Völkerrecht
z.B.	zum Beispiel
ZP I	Zusatzprotokoll I (von 1977 zu den Genfer Konventionen von 1949)

Einführung

Sei es die wiederholte Bedrohung des nach Unabhängigkeit strebenden Taiwans durch China, die verweigerte Ratifikation des Atomteststoppvertrages durch die USA oder die erneut durch den Militärputsch in Pakistan in den Vordergrund gerückte horizontale Proliferationsgefahr, um nur die aktuellsten Ereignisse zu nennen: auch nach dem Ende des Kalten Krieges verliert die globale Bedrohung durch Atomwaffen nicht an Bedeutung und wird immer wieder auch weltpolitisches Thema. Zu groß ist die Zerstörungskraft dieser Waffe, so daß sie bis heute kaum an ihrer vor allem politischen Funktion eingebüßt hat.

Dennoch befaßte sich der Internationale Gerichtshof erst ungefähr 50 Jahre nach den bislang einzigen Atombombeneinsätzen mit der völkerrechtlichen Bewertung dieser Waffen in einem Gutachten. Der Gerichtshof setzte sich dabei nicht nur mit dem Einsatz von Atomwaffen auseinander, sondern beleuchtete auch die Androhung eines Nuklearwaffeneinsatzes rechtlich. Sowohl die aktuelleren Ereignisse als auch der Rückblick auf den Kalten Krieg lassen bereits erkennen, daß das Potential der Kernwaffen nicht lediglich in ihrem Einsatz gesehen werden kann, sondern gerade auch in der Drohung mit einem Einsatz.

Es drängen sich deshalb in diesem Zusammenhang zwei Fragen auf. Zum einen nämlich, warum der Internationale Gerichtshof trotz stetiger Präsenz der Thematik erst zu einem solch späten Zeitpunkt eine völkerrechtliche Einordnung des Sachverhalts vornahm, zum anderen, welche Umstände 1996 die Erstellung des Atomwaffen-Gutachtens verursachten.

Der Internationale Gerichtshof ist Haupt(justiz)organ der Vereinten Nationen. Die fünf offiziellen Atomwaffenstaaten Frankreich, Großbritannien, Rußland, die USA und die Volksrepublik China spielen nicht nur in ihrer Eigenschaft als einzige ständige Mitglieder des UN-Sicherheitsrats eine wesentliche Rolle innerhalb der Vereinten Nationen. Gerade diese innerhalb der Vereinten Nationen bedeutenden Staaten waren aufgrund der Befürchtung einer negativen Bewertung naturgemäß nicht an einem entsprechenden Gutachten des Internationalen Gerichtshofs interessiert. Ohne bereits hier tiefer in die Thematik einsteigen zu wollen, macht schon diese Überlegung das Spannungsfeld deutlich, indem sich der Gerichtshof gerade auch bei der Befassung mit Atomwaffen befand: Die Erfüllung seiner Aufgabe als Gericht, das zwar als solches autonom ist, aber dennoch als Organ der Vereinten Nationen in diese Organisation eingebunden ist, in der nicht unwichtige Mitglieder gegen die Erstellung eines solchen Gutachtens sind.

Trotz des nicht unwesentlichen Einflusses der Nuklearwaffenstaaten sowohl innerhalb der Vereinten Nationen als auch weltpolitisch oder gerade auch deshalb, war es seit langem Anliegen zahlreicher anderer Staaten und nicht staatlicher Organisationen, eine Verurteilung dieser Waffen als völkerrechtswidrig zu erreichen. Durch eine zeitlich und organisatorisch äußerst umfangreiche Mobilisierung gelang es endlich, dieses Anliegen durch die Stellung eines Gutachtenantrags auf den Weg zu bringen.

Dieses Gutachten des Internationalen Gerichtshofs, das schließlich am 8. Juli 1996 veröffentlicht wurde, war in der Folgezeit Gegenstand heftiger Kritik, die vor allem durch eine *non liquet*-Aussage des Gerichtshofs im zentralen Punkt des Gutachtens hervorgerufen wurde. Aufgrund der großen Anstrengungen im Vorfeld, dieses Gutachten überhaupt auf den Weg zu bringen, waren die Erwartungen an die Entscheidung des Gerichtshofs groß und das Gutachten wurde zum Hoffnungsträger auch für eine Änderung der politischen Bedeutung der Atomwaffen.

Die vorliegende Arbeit untersucht, ob diese Kritik gerechtfertigt ist, oder ob der Internationale Gerichtshof durch das Gutachten seiner Aufgabe als Hauptrechtsprechungsorgan der Vereinten Nationen dennoch gerecht wurde.

Im ersten Kapitel wird - um ein Verständnis des gesamten Zusammenhangs erreichen zu können - das Vorfeld des Gutachtens dargestellt. Vor allem auch im Vorfeld des Gutachtens wurde die politische Brisanz der Thematik deutlich, aufgrund der auf der einen Seite umfangreichen Mobilisierungarbeit von Nichtregierungsorganisationen und blockfreien Staaten sowie der auf der anderen Seite entgegenstehenden Kernwaffenstaaten und ihrer Verbündeten. Weiterhin findet eine Prüfung der Berechtigung der Annahme des Gutachtenantrags durch den Internationalen Gerichtshof statt.

Das zweite Kapitel befaßt sich unmittelbar mit den Aussagen des Gutachtens. Im Rahmen der thematischen Eingrenzung wird zunächst untersucht, ob das Gutachten auch durch die Verwendung sog. Depleted Uranium Weapons im Golf- und im Kosovokrieg unmittelbare Bedeutung erlangt hat, d.h. ob es sich bei diesen Waffen um Kernwaffen handelt. Geprüft wird im Folgenden, inwiefern der Gerichtshof im einzelnen seiner Aufgabe als Justizorgan nachgekommen ist. Durch eine genaue Untersuchung der verschiedenen Aussagen des Gerichtshofs kann entschieden werden, inwiefern die dem Gutachten entgegengesetzte Kritik berechtigt ist. Besonders große Aufmerksamkeit wird hier der Analyse der bereits erwähnten *non liquet*-Aussage des Gerichtshofs gewidmet.

Da im zweiten Kapitel neben der Analyse dieser bedeutenden *non liquet*-Aussage nicht auf mögliche Ursachen hierfür eingegangen wurde, werden solche im dritten Kapitel aufgezeigt. Untersucht wird im einzelnen zunächst, wie andere Gerichte ebenfalls Atomwaffen betreffenden Verfahren in der Vergangenheit entschieden haben und ob diesbezüglich ein Rückschluß hinsichtlich der *non liquet*-Aussage getroffen werden kann. Anschließend werden durch die Untersuchung zahlreicher Entscheidungen des Internationalen Gerichtshofs Problemkreise herausgearbeitet, die Ursache für die *non liquet*-Aussage des Gerichtshofs gewesen sein können.

1. Kapitel: Das Vorfeld des Gutachtens

Im ersten Kapitel soll zunächst, um ein weitergehendes Verständnis des Gutachtens erreichen zu können, das Vorfeld desselben dargestellt werden, wobei einleitend zuvor einige Erläuterung zur Institution des Internationalen Gerichtshofs (IGH) gegeben werden.

A. Der Internationale Gerichtshof

Neben dem UN-Sicherheitsrat, der UN-Generalversammlung und dem UN-Wirtschafts- und Sozialrat ist der Internationale Gerichtshof Hauptorgan der Vereinten Nationen mit Sitz im sog. Friedenspalast in Den Haag (Niederlande), Art. 22 Abs. 1 IGH-Statut[1]. Die erste Sitzung fand 1946 statt.

Üblicherweise ist der IGH mit fünfzehn[2] Richtern[3] besetzt, Art. 3 Abs. 1 IGH-Statut, die auf neun Jahre in getrennten Wahlgängen vom UN-Sicherheitsrat und der UN-Generalversammlung gewählt werden, Art. 4 Abs. 1, 8, 13 IGH-Statut, wobei jeweils alle drei Jahre ein Drittel neu- oder wiedergewählt wird, vgl. auch Art. 1ff. Verfahrensordnung des Internationalen Gerichtshofs.[4] Zum Zeitpunkt der Annahme des Gutachtenantrags war der Gerichtshof mit je zwei Richtern aus der lateinamerikanisch-karibischen Gruppe und aus Osteuropa, mit je drei aus Asien und Afrika sowie fünf aus West-, Süd- und Nordeuropa einschließlich des amerikanischen Richters besetzt. Die Richter werden nur auf Vorschlag ihrer jeweiligen Regierungen, die so die Loyalität des von ihr ausgesuchten Richters sicherstellen will, zur Wahl aufgestellt.

---

[1] BGBl. 1973 II, S. 505.

[2] An dem hier besprochenen Gutachten wirkten jedoch nur vierzehn Richter mit, da der Richter Andres Aguilar Mawdseley aus Venezuela im November 1995, eine Woche vor Verhandlungsbeginn, starb.

[3] Zur Zeit der Erstellung des Gutachtens waren dies Richter Ferrari-Bravo aus Italien, Richter Fleischhauer aus Deutschland, Richter Guillaume aus Frankreich, Richter Herczegh aus Ungarn, Richterin Higgins aus dem Vereinigten Königreich Großbritannien und Nordirland (im Folgenden: Großbritannien), Richter Koroma aus Sierra Leone, Richter Oda aus Japan, Richter Ranjeva aus Madagaskar, Richter Shahabuddeen aus Guyana, Richter Shi aus China, Richter Vereshchetin aus Rußland und Richter Weeramantry aus Sri Lanka sowie Präsident Bedjaoui aus Algerien und Vize-Präsident Schwebel aus den USA.

[4] Abgedruckt bei Sartorius II, Nr. 3.

Der Gerichtshof entscheidet mit Stimmenmehrheit. Entsteht durch Hinzutreten eines *ad-hoc*- Richters[5] gem. Art. 31 IGH-Statut oder - wie im vorliegenden Fall - Ausfall eines gewählten Richters eine gerade Zahl der Abstimmenden und bei dieser Stimmengleichheit, so entscheidet das *casting vote* des Präsidenten, Art. 55 Abs. 2 IGH-Statut, d.h. seine Stimme zählt dann doppelt. Die Richter sind prinzipiell lediglich ihrem Gewissen unterworfen, Art. 2 IGH-Statut; obwohl es sich aber in der Vergangenheit des öfteren dementsprechend verhalten, hat, erwartet man dennoch, daß sie nicht nur den Standpunkt ihrer Regierung vertreten. Das vorliegenden Abstimmungsergebnis wird jedoch zeigen, daß auch hier sich die Richter zumindest in gewissen Umfang an den Interessen ihrer Regierungen orientiert haben.[6]

Der IGH trifft seine Entscheidungen auf Grundlage des geltenden Völkerrechts. Die Rechtsquellen als Basis seiner Judikatur und Erkenntnisse sind in Art. 38 IGH-Statut normiert, hierbei sind v.a. das Völkervertrags- und das Völkergewohnheitsrecht zu nennen.

Vor dem IGH sind zwei Verfahren möglich: gem. Art. 40 IGH-Statut das Klageverfahren und gem. Art. 96 der Satzung der Vereinten Nationen (SVN)[7] das hier vorliegende Gutachtenverfahren. Auch im Gutachtenverfahren gelten die oben genannten Rechtsquellen, der IGH prüft die Frage also nach dem gem. Art. 38 IGH-Statut anwendbaren Recht.[8] Die Gutachten ergehen nach Maßgabe des IGH-Statuts in einem mit rechtsstaatlichen Garantien ausgestatteten gerichtlichen Verfahren.

Die Gutachten sind im Gegensatz zu den Urteilen nicht verbindlich, sie geben lediglich Auskunft über die rechtliche Bewertung einer anstehenden Frage durch den IGH, um dem Anfragenden seine Aufgabe zu erleichtern.[9] Antragsberechtigt sind gem. Art. 96 SVN die UN-Generalversammlung und der UN-Sicherheitsrat, unter den Voraussetzungen des Art. 96 Abs. 2 SVN auch andere UN-Organe und Sonderorganisationen, jedoch nicht Staaten; diese können nur Partei im streitigen Verfahren sein, Art. 34 Abs. 1 IGH-Statut.[10]

---

[5] Das IGH-Statut sieht vor, daß die Richter in Verfahren mitwirken, an denen der eigene Staat beteiligt ist. Konsequenterweise kann die Prozeßpartei, die keinen Staatsangehörigen auf der Richterbank hat, für dieses Verfahren einen Richter bestimmen, der sog. *ad-hoc*-Richter, Art. 7f. Verfahrensordnung des Internationalen Gerichtshofs; vgl. Rosenne, The World Court, S. 73.

[6] Vgl. unten, 3. Kapitel, B, II, 2b.

[7] Auch UN-Charta, BGBl. 1973 II, S. 431.

[8] Vgl. dazu u.a. Simma/Mosler, The Charter, Art. 96, Rn. 31.

[9] *Interpretation of Treaties with Bulgaria, Hungary and Romania*, Gutachten vom 30. März 1950, ICJ Reports 1950, S. 65 (71).

[10] Zum Verfahren vor dem IGH vgl. auch Deiseroth, Atomwaffen, S. 351 (352); Falk, Mit „hartem Recht“, S. 244 (245); Kimminich, Völkerrecht, S. 500ff.; Marauhn, Oellers-

Kein anderes internationales Gericht kennt ein solches Gutachtenverfahren. Nach Aussage von Richter Oda sollte die Erstellung des Gutachtens jedoch nur ausnahmsweise stattfinden und ist auch lediglich Nebenfunktion des Gerichtshofs.[11] Ein Hinweis, daß es sich bei der Erstellung der Gutachten um eine nur nachrangige Funktion des Gerichtshofs handelt, ist jedoch weder in Art. 96 SVN, noch in Kapitel IV des IGH-Statuts, noch in Teil IV der Verfahrensordnung des Internationalen Gerichtshofs zu finden. Da der Gerichtshof durch die Erstellung der Gutachten die Arbeit der übrigen UN-Organe unterstützen soll, kann Richter Oda in diesem Punkt nicht zugestimmt werden.

B. Die Entstehung des Gutachtenantrags

I. Das World Court-Project

In Anbetracht der Sensibilität der Staaten bezüglich der politisch höchst heiklen Frage der Befassung der internationalen Gerichtsbarkeit mit der Völkerrechtskonformität von Atomwaffen ist zunächst zu erläutern, wie es überhaupt zur Erstellung des Gutachtens kam.

In Japan war der Atombombeneinsatz von 1945 im *Shimoda Case*[12] Gegenstand einer Gerichtsverhandlung, zu keiner Zeit war die wichtige Frage eines Kernwaffeneinsatzes jedoch vor einem internationalen Tribunal verhandelt worden. Auch der IGH hatte bis zu diesem Zeitpunkt zur Zulässigkeit von Atomwaffen keine Stellung genommen. In den *Nuclear Tests Cases*[13] kam das Gericht nicht zur Prüfung der Zulässigkeit von Atomwaffenversuchen in der Atmosphäre, ebenso bei der Ablehnung des Antrags Neuseelands auf Wiederaufnahme

---

Frahm, Atomwaffen, S. 221 (228); McCormack, A *non liquet*, S. 76 (77); McNeill, The International Court of Justice, S. 103 (105); Mosler, Der Internationale Gerichtshof, S. 12; Paech, Zwischen Politik und Recht, S. 176 (187); Weiss, Anmerkungen, S. 315 (315, 317).

11 Richter Oda, Dissenting Opinion, S. 147 (Die richterlichen Stellungnahmen ohne weitere Bezeichnung sind die zum Gutachten „*Legality of the Threat or Use of Nuclear Weapons*" vom 8. Juli 1996; die Seite bezieht sich jeweils auf die ICJ Reports 1996.

12 Vgl. JAIL, 1964, S. 212ff.; auszugsweise ILR 1966, S. 626ff.; in deutscher Sprache ZaöRV 1964, S. 711ff. mit einer Vorbemerkung von Helmut Steinberger; mehrere japanische Bürger, einer von ihnen mit Namen Shimoda, klagten gegen den japanischen Staat auf Schadensersatz, weil die japanische Regierung hinsichtlich der Atombombeneinsätze in Hiroshima und Nagasaki auf alle Ansprüche verzichtet hatte; vgl. auch Falk, The Shimoda Case, S. 759ff; Rostow, The World Health Organization, S. 151 (180).

13 *Nuclear Tests Cases*, Urteil vom 20. Februar 1974, ICJ Reports, 1974, S. 252ff.; hinsichtlich dieses und anderer in diesem Zusammenhang relevanten Verfahren, vgl. 3. Kapitel.

dieses Verfahrens zur Prüfung der unterirdischen französischen Versuche in der Entscheidung vom 22. September 1995.[14]

Die Entscheidung vom 8. Juli 1996 ist das Ergebnis einer bemerkenswerten Kampagne von Nicht-Regierungsorganisationen (NGO)[15], die unter der Bezeichnung „World Court-Project" („Projekt Internationaler Gerichtshof") nach einer Idee des pensionierten neuseeländischen Richters Harold Evans im Mai 1992 in Genf gestartet wurde.

1. Zielsetzung

Am 14. und 15. Mai 1992 wurde von drei[16] weltweit tätigen NGO, der Internationalen Ärztevereinigung (IPPNW)[17], der Internationalen Vereinigung von Juristen gegen Kernwaffen (IALANA) und dem in Genf residierenden Internationalen Friedensbüro (IPB)[18] bei einem Meeting, an dem damals 108 Ärzte, Naturwissenschaftler, Juristen, Diplomaten und Vertreter von Friedensorganisationen aus 32 Staaten teilnahmen, im Genfer Hauptquartier der Vereinten Nationen das World Court-Project gegründet. Zielsetzung des World Court-Projects war es, ein Gutachtenverfahren nach Art. 96 SVN beim IGH einzuleiten, um einen Richterspruch zu der Frage herbeizuführen, ob der Atomwaffeneinsatz und die Androhung desselben völkerrechtskonform ist. Man hoffte, nach dem Stillstand, der sich in den Resolutionen der UN-Generalversammlung zur Abrüstung andeutete, auf diese Weise etwas erreichen zu können. Dies geschah unter Zusammenarbeit mit blockfreien Staaten, die bereits seit Jahrzehnten versuchten, Nuklearwaffen durch Resolutionen der UN-Generalversammlung zu ächten.

---

[14] *Request for an Examination of the Situation in Accordance with Paragraph 63 of the Courts Judgement 20. Dec. 1974 in the Nuclear Tests (New Zealand v. France),* Urteil vom 22. September 1995, ICJ Reports 1995, S. 288ff.; vgl. auch 3. Kapitel, B, III, 3b.

[15] Weiterführend vgl. Seidl-Hohenveldern, Völkerrecht, Rn. 805, 911.

[16] Später schlossen sich noch ca. zehn weitere internationale NGOs an, u.a. Greenpeace International.

[17] Friedensnobelpreisträgerin des Jahres 1985.

[18] Friedensnobelpreisträger des Jahres 1910; eines der ersten Mitglieder des IPB war die österreichische Pazifistin und Schriftstellerin Bertha von Suttner.

2. Entstehung der Bewegung

Ausschlaggebend für die Gründung des World Court-Projects dürfte wohl vor allem gewesen sein, daß keine der Trägerorganisationen selbst das Gutachten hätte beantragen können, Art. 96 SVN, man durch die Mobilisierungsarbeit des Projekts aber hoffte, ein vor dem IGH antragsberechtigtes Organ von der Notwendigkeit der Erstellung des Gutachtens überzeugen zu können.[19]

Bei der Gründung des World Court-Projects handelte es sich nicht um einen spontanen Gedanken der Gründungsorganisationen, der Grundstein wurde vielmehr bereits in den achtziger Jahren gelegt. 1985 wurde durch das IPB und andere Organisationen das *London Nuclear Warfare Tribunal* einberufen. Den Vorsitz führte damals der IPB-Präsident und frühere irische Außenminister, Sean MacBride, zusammen mit Richard Falk, der als Professor für internationales Recht an der Princeton Universität lehrt und sich seit langer Zeit bereits mit der rechtlichen Seite der Atomwaffenpolitik auseinandersetzte. Dieses Tribunal erklärte die Drohung oder den Einsatz von Nuklearwaffen für illegal und sah bereits *„the initiation of an effort to obtain an Advisory Opinion of the international Court of Justice on the status of nuclear weapons, strategic doctrines and war plans.“*[20] 1987 verfaßte Harold Evans einen Brief, durch den er versuchte, verschiedene Regierungen zu überzeugen, sich für einen Gutachtenantrag zur Völkerrechtskonformität von Nuklearwaffen an den IGH zu engagieren.[21] 1987 trafen sich die ursprünglich amerikanische Organisation der *Lawyers' Committee on Nuclear Policy*, die seit ihrer Gründung 1982 die Anrufung des IGH befürwortete, und sowjetische Juristen zu einem Kongreß in New York, der schließlich zur Gründung der Organisation IALANA führte. 1992 entwarf Keith Mothersson, ein Mitbegründer des World Court-Projects, eine *„declaration of public conscience“* die in Anlehnung an die de-Martens-Klausel[22] Atomwaffen für illegal und unmoralisch erklärte.[23]

---

[19] IPB, World Court Project, S. 2 (3); Moore, World Court, S. 39 (40).

[20] Vgl. Darnton, The Bomb, S. 7-2; Motherson, From Hiroshima, S. 26f..

[21] Vgl. auch Evans, A Report, S. 21 (22).

[22] Vgl. 2. Kapitel, F, I, 2b.

[23] Zum World Court-Project vgl. Burroughs, The (Il)legality, S. xi, 9f.; Burroughs, Cabasso, Nukes, S. 41 (42); Deiseroth, „Das World Court-Project“- S. 15 (15f.); ders., Der Internationale Gerichtshof, S. 402 (403); Großbritannien, Schriftliche Stellungnahme, S. 3 (Die schriftlichen und mündlichen (Verbatim Record) Stellungnahmen waren zum Zeitpunkt der Erstellung dieser Arbeit noch nicht veröffentlicht, erscheinen jedoch demnächst in der Reihe „ICJ Pleadings“); Richter Guillaume, Opinion Individuelle, S. 1; IPB, World Court Project, S. 2 (2f.); Marauhn, Oellers-Frahm, Atomwaffen, S. 221 (222); McNeill, The International Court of Justice, S. 103 (105); Moore, World Court, S. 39 (40); Richter Oda, Dissenting Opinion, Absätze 8, 44; Paech, Zwischen Politik und Recht, S. 176 (176); dies-

3. Mobilisierung

Ihr Ziel versuchten die Mitglieder des World Court-Projects zusammen mit zahlreichen Diplomaten und Regierungsvertretern, hauptsächlich aus den blockfreien Staaten, durch umfangreiche Mobilisierungsarbeit zu erreichen. Als günstig hatte sich erwiesen, daß zahlreiche Staatenvertreter in der World Health Organization (WHO), die zunächst Trägerin des vom World Court-Project angestrebten Gutachtenantrags sein sollte, Ärzte des IPPNW waren. Diese konnten durch Vorträge vor und während der 46. Versammlung der WHO, in der man die Verabschiedung des Gutachtenantrags erreichen wollte, für ihr Anliegen Werbung machen. Eine inhaltliche Unterstützung wurde dem Projekt auch durch völkerrechtliche Studien[24] zuteil, die von den Juristen der IALANA ausgearbeitet und zur Verfügung gestellt worden waren. Außerdem sammelten die Gründungsorganisationen des World Court-Projects ca. 100 Mio. Unterschriften[25] für eine „*Declaration of Conscience to the United Nations*" und vor allem in Japan für den „*Hiroshima und Nagasaki Appell*". Die Unterschriften wurden schließlich an den Kanzler des IGH übergeben. Diese Aktion sollte Zeichen für die Unterstützung des Gutachtenantrags durch die Bevölkerung sein und wurde von zahlreichen Organisationen (Bürgerrechtsgruppen, Kirchen, Gewerkschaften) und vielen prominenten Einzelpersönlichkeiten, unter anderem dem Dalai Lama und Michail Gorbatschow, unterstützt. Die meisten dieser Unterschriften stammten dabei aus Japan, dem Land, das als einziges bislang Opfer eines Nuklearwaffeneinsatzes wurde. Der Gerichtshof nahm hier zum ersten Mal Material von Bürgergruppen entgegen, was als Hinweis dafür gewertet wird, daß er das weltweite öffentliche Interesse an der Angelegenheit zur Kenntnis nahm.

---

bezügliche umfassende weitere Hintergrundinformation zurückgehend bis zum Ende des 2. Weltkrieges bei Dewes, Green, The World Court Project, S. 473 (473ff.); Green, Nuclear Weapons, S. 79 (81ff.); sehr ausführlich auch Evans, The World Court Project, S. 249ff..

[24] U.a. The World Court Project On Nuclear Weapons And International Law. Legal Memorandum by Nicholas Grief, Northampton 1992; Epstein/Ware/Weiss, World Court Project - How might the Court rule? What effect will that have?, New York 1993.

[25] An anderer Stelle ist von einer weitaus geringeren Zahl die Rede, nämlich von ca. 3. Mio., was jedoch immer noch eine so immense Anzahl ist, daß ein Teil dieser gesammelten Unterschriften auswärtig gelagert wurde, und der Archivar des IGH anmerkte: „*To be precise in this matter is to count the stars in the sky.*", vgl. Richter Weeramantry, Dissenting Opinion, S. 438.

II. Die Ablehnung des Antrags der WHO-Versammlung

1. Der Antrag der WHO-Versammlung

Da zunächst zweifelhaft erschien, ob die Kampagne nicht zu idealistisch eingeschätzt wurde, war es um so erstaunlicher, daß bereits zwölf Monate nach Gründung des World Court-Projects sich ein erster Erfolg feiern ließ.[26]

Ein Jahr hatte die Diskussion in der WHO gedauert, bis am 14. Mai 1993 ihr höchstes Organ, die WHO-Versammlung, gegen heftigen Widerstand der Atomwaffenstaaten und ihrer Verbündeten, beschlossen hatte, vom IGH ein Rechtsgutachten bezüglich der Rechtswidrigkeit eines Kernwaffeneinsatzes einzuholen.[27] Die Frage lautete:

> *„In view of the health and environmental effects would be the use of nuclear weapons by a state in war or in other armed conflict be a breach of the obligations under international law including the WHO Constitution*".[28]

Der Beschluß der WHO-Versammlung wurde bei 10 Enthaltungen mit 73 zu 40 Stimmen gefaßt und erging folglich mit großer Mehrheit, jedoch gegen die Stimmen der Atomwaffenmächte und auch beispielsweise der deutschen Delegation. Die Bundesregierung hatte sich zusammen mit ihren Verbündeten intensiv darum bemüht, die Beantragung eines solchen Rechtsgutachtens zu verhindern. Noch in der Folgezeit versuchten die Atomwaffenstaaten und ihre Alliierten, wenngleich erfolglos, die WHO zur Rücknahme des Gutachtenantrags zu bewegen.[29]

---

[26] Daß die zahlreichen NGO schließlich erfolgreich waren, hängt mit zwei nicht zu unterschätzenden Faktoren zusammen: Einerseits konnten sie einige Regierungen für ihre Projekte gewinnen, andererseits entscheidend war die außergewöhnliche politische Interessenlage der Staaten kurz vor der Verlängerung des Nichtverbreitungsvertrags (NPT, Non-Proliferation-Treaty, Nichtverbreitungsvertrag, gemeinhin als Atomwaffensperrvertrag bekannt, BGBl. 1974 II, S. 786) 1995, was insbesondere für die Entwicklungsländer eine Gelegenheit war, dem von den ursprünglichen Atomwaffenstaaten ausgeübten Druck zu widerstehen und die atomare Diskriminierung zu kritisieren.

[27] Dies ist auch deshalb bemerkenswert, da noch im Frühjahr 1992 Kolumbien vergeblich versucht hatte, durch die WHO dem IGH diese Frage zur Erstellung eines Gutachtens vorzulegen, siehe unten.

[28] Vgl. Resolution der 46.WHO-Versammlung vom 14. Mai 1993: WHA 46.40, abgedruckt auch bei Burroughs, The (Il)legality, Appendix C.

Zur Vorlage beim IGH kam die Gutachtenfrage am 27. August 1993. An dem Verfahren nahmen 45 Staaten teil. Der IGH setzte zur schriftlichen Stellungnahme zunächst eine Frist bis zum 10. Juni 1994, die dann bis zum 20. Juni 1995 verlängert wurde, im Oktober und November 1995 fand das mündliche Vorverfahren statt.[30]

2. Die Ablehnung des Antrags durch den Gerichtshof

Der IGH wies den Antrag am 8. Juli 1996 mit elf zu drei[31] Stimmen wegen Unzuständigkeit der WHO ab[32]. Die Zuständigkeit zur Beantragung eines Gutachtens des IGH richtet sich nach Art. 96 Abs. 2 SVN, der WHO-Satzung vom 22. Juli 1946[33] und Art. X Abs. 2 der Vereinbarung zwischen der WHO und den Vereinten Nationen vom 10. Juli 1948, wonach die WHO Rechtsgutachten erbitten kann zu *„legal questions arising within the scope of its competence"*.[34] Der Gerichtshof stellt fest, daß die WHO zwar grundsätzlich zur Beantragung eines Gutachtens gem. Art. 96 Abs. 2 SVN befugt sei, lehnte die Erstellung des Gutachtens jedoch deshalb ab, da die Gutachtenfrage nicht in den Tätigkeitsbereich der WHO falle. Abzustellen sei bei der Eingrenzung des Tätigkeitsbereichs dabei auf (1) die Natur der Internationalen Organisation, (2) den ursprünglich durch die Gründer festgelegten inhaltlichen Aufgabenbereich, (3) die effektive

[30] Vgl. insgesamt zum Antrag der WHO-Versammlung Bothe, Atomwaffen; David, The Opinion, S. 21 (22); Deiseroth, Das „World Court-Project", S. 15 (16ff.); ders., Haager Votum, S. 1045 (1046); ders., Der Internationale Gerichtshof, S. 402 (403); Green, Nuclear Weapons, S. 79 (83); IALANA, Kurzzusammenfassung, S. 4 (6); Marauhn, Oellers-Frahm, Atomwaffen, S. 221 (223); Moore, World Court, S. 39 (40f.); Paech, Nuklearwaffen, S. 345 (346); ders., Zwischen Politik und Recht, S. 176 (176); Tietje, Die Völkerrechtswidrigkeit, S. 266 (268ff.).

[31] Dagegen stimmten die Richter Koroma, Shahabuddeen und Weeramantry.

[32] *Legality of the Use by a State of Nuclear Weapons in Armed Conflict*, Entscheidung vom 8. Juli 1996, ICJ Reports 1996, S. 66ff.; dies war das erste Mal überhaupt, daß der IGH einen Gutachtenantrag negativ beschied. Außerdem handelte es sich um einen eher seltenen, nämlich erst den dritten Fall, daß der Gutachtenantrag von einer Sonderorganisation gestellt wurde. Möglicherweise spielte auch diese Tatsache für die Ablehnung des Antrags eine Rolle, nämlich die Befürchtung, daß mit der Zulassung des Antrags zu weiteren Anträgen anderer Organe der Vereinten Nationen und ihrer Sonderorganisationen animiert würde, was dann zu einer Überflutung des Gerichtshofs führen könnte, vgl. hierzu unter 3.

[33] 14 UNTS 185. Artikel 76 bestimmt: *„Upon authorisation by the General Assembly of the United Nations or upon authorisation in accordance with any agreement between the Organisation and the Organisation may request the International Court of Justice for an advisory opinion on any legal question arising within the competence of the Organisation.*"

[34] Agreement between the United Nations and the World Health Organization, 19 UNTS 193.

Erfüllung der notwendigen Aufgaben und schließlich (4) die von der Organisation selbst bevorzugte Praxis.[35] Ziel der WHO sei es jedoch, einen möglichst guten Gesundheitszustand der Völker zu erreichen (Art. 1 WHO-Satzung). Dazu nehme sie die in Art. 2 WHO-Satzung bezeichneten Aufgaben wahr, was aber nicht von der Rechtmäßigkeit der Situation abhänge, in der sie handeln müsse. Darum sei die WHO zwar befugt, sich unabhängig von der Rechtmäßigkeit des Nuklearwaffeneinsatzes mit dessen gesundheitlichen Folgen zu befassen, Art. 2 WHO-Satzung ermächtige sie aber nicht, sich darüber hinaus mit der Frage der Rechtmäßigkeit des Atomwaffeneinsatzes auseinanderzusetzen. Da dies nicht ihrem Aufgabenbereich unterfalle, könne sie gem. Art. 96 Abs. 2 SVN auch kein Gutachten des IGH hierzu anfordern.[36]

3. Berechtigung der Ablehnung des Gutachtenantrags

In der Literatur wird in Frage gestellt, ob der IGH nicht möglicherweise den Antrag der WHO unzutreffend ausgelegt hätte, da ja unter anderem auch das Problem einer Verletzung der WHO-Satzung aufgeworfen werde. Es lasse sich nämlich nur schwer behaupten, daß der Nuklearwaffeneinsatz eines WHO-Mitgliedstaates, der die WHO-Satzung verletze, keine Rechtsfrage im Funktionsbereich der WHO sei. Vielmehr werde bereits durch die Entstehungsgeschichte des WHO-Antrags belegt, daß die eventuelle Unzulässigkeit der allgemein gefaßten Frage in der WHO-Versammlung durchaus erkannt wurde, genau diese Unsicherheit die WHO-Versammlung jedoch zur Ausweitung der Frage auf unmittelbar die WHO-Satzung betreffenden Rechtsfragen veranlaßt hatte. Diese Tatsache sei jedoch vom Gerichtshof nicht ausreichend berücksichtigt worden.[37]

Dem kann jedoch schon deshalb nicht zugestimmt werden, da der Gerichtshof selbst zur Einbeziehung des Bestandteils „*including the WHO Constitution*" in den Gutachtenantrag der WHO-Versammlung anmerkte, daß „*the WHO is not empowered to seek an opinion on the interpretation of its Constitution in rela-*

---

[35] *Legality of the Use by a State of Nuclear Weapons in Armed Conflict*, Entscheidung vom 8. Juli 1996, ICJ Reports 1996, S. 66 (74f.).

[36] Ebd., S. 75ff.; so auch Deutschland, Verbatim Record, S. 45f.; zur Ablehnung des WHO-Antrags vgl. Bekker, Zusammenfassung, S. 134ff.; Burroughs, The (Il)legality, S. 13; Deiseroth, Der Internationale Gerichtshof, S. 402 (403); Hillgenberg, Das Gutachtenverfahren, S. 5 (7); Marauhn, Zusammenfassung, S. 179 (179f.); Marauhn, Oellers-Frahm, Atomwaffen, S. 221 (229); Paech, Nuklearwaffen, S. 345 (347); sehr ausführlich Clark, The Laws of Armed Conflict, S. 265 (265ff.).

[37] Herbst, Nukleare Frage, S. 177 (187).

tion to matters outside the scope of its functions."[38]

Dieser Bewertung des Gerichtshofs ist im Hinblick auf die Systematik der Einteilung der Aufgabenbereiche der verschiedenen Organe der Vereinten Nationen zuzustimmen. Wäre der Aufgabenbereich der WHO hier eröffnet, weil ein Nuklearwaffeneinsatz auch Einwirkungen auf die Gesundheit hat, so wäre die WHO auch in zahlreichen anderen Fällen in ihrer Kompetenz berührt, angefangen bei dem Einsatz konventioneller Waffen bis hin zu industriellen Vorfällen, die zu einer Luft- oder Wasserverschmutzung führen. Der Aufgabenbereich der WHO wäre beispielsweise auch aufgrund möglicher Gesundheitsgefahren durch die Invasion des Iraks in Kuwait eröffnet gewesen. Eine derart extensive Interpretation der Kompetenz der WHO ist aber deshalb nicht sinnvoll, weil häufig bereits die Kompetenzen anderer, speziellerer, internationaler Institutionen berührt sind (hier beispielsweise der Internationalen Atomenergie-Behörde (IAEA) oder des UN-Sicherheitsrats[39]). Der Gerichtshof soll die einzelnen Organisationen der Vereinten Nationen durch seine Gutachten in ihrer Arbeit unterstützen. Deswegen soll jede der Organisationen nur im Rahmen ihrer Kompetenzen Gutachtenanträge stellen. Ein Gutachtenantrag durch eine „fachfremde" Organisation führt indes bei Annahme durch den Gerichtshof zu einem nicht im richtigen Zusammenhang erstellten Gutachten. Die Arbeit der wirklich „zuständigen" Organisation wird dadurch behindert bzw. kann jedenfalls nicht durch die Beurteilung des Gerichtshofs gefördert werden. Dies würde der Systematik der Aufteilung der Aufgabenbereiche unter den Organen und Sonderorganisationen der Vereinten Nationen nicht gerecht. Die Ablehnung des Antrags der WHO durch den Gerichtshof ist nun in vergleichbaren Fällen zitierfähig.[40]

Der Entscheidung des IGH, dem Gutachtenantrag der WHO-Versammlung nicht zu entsprechen, ist deshalb zuzustimmen.[41]

---

[38] *Legality of the Use by a State of Nuclear Weapons in Armed Conflict*, Entscheidung vom 8. Juli 1996, ICJ Reports 1996, S. 66 (82).

[39] Vgl. hierzu die Stellungnahme der Bundesregierung zum WHO-Antrag, in der darauf hingewiesen wird, daß möglicherweise die Hauptverantwortung des Sicherheitsrates für die Wahrung des Weltfriedens und der internationalen Sicherheit nach Art. 24 SVN sowie der entsprechende Zuständigkeitsbereich der Generalversammlung nach Art. 10ff. SVN angetastet werde, schriftliche Stellungnahme der Bundesregierung vom 10. Juni 1994 zum Antrag der WHO, abgedruckt auch bei Hillgenberg, Das Gutachtenverfahren, S. 14 (15).

[40] Vgl. hierzu Matheson, The Opinion, S. 417 (419f.).

[41] Bedauerlich ist die Ablehnung des Antrags der WHO-Versammlung jedoch deshalb, weil dieser konkreter formuliert war, als der der UN-Generalversammlung. Zunächst war speziell eine Stellungnahme des Gerichtshofs zu Auswirkungen auf die Gesundheit und umweltrechtlichen Fragen gefordert. Weiterhin stellte die Formulierung des Antrags der WHO-Versammlung die Frage nicht nur bezüglich internationaler Einsätze: „...*war or*

4. Der Zusammenhang mit dem Antrag der UN-Generalversammlung

Trotz der diesbezüglich größtenteils positiven Stellungnahmen durch Staaten und Organisationen, die gem. Art. 66 IGH-Statut zu einem Gutachtenantrag jeweils abgegeben werden können, blieben innerhalb der Trägerorganisationen des World Court-Projects Zweifel an der Zulässigkeit des Gutachtenantrags der WHO-Versammlung bestehen. Selbst in der 46. WHO-Versammlung, die über den Gutachtenantrag beriet, hatten schon 40 Mitglieder gegen den Antrag gestimmt, unter anderem deshalb, weil die Berater der WHO-Versammlung auf eine drohende Kompetenzüberschreitung der Organisation hinwiesen. Die Klärung der Frage nach der Rechtmäßigkeit des Gutachtens konnte daraufhin nicht sicher erwartet werden.[42]

Es war darum kein Zufall, daß die UN-Generalversammlung nur knapp 1½ Jahre nach der WHO das IGH-Gutachten zur sinngemäß gleichen Frage anforderte. Der Wortlaut der Frage der UN-Generalversammlung vom 19. Dezember 1994 an den IGH mit Bitte um Erstellung eines Gutachtens unterschied sich jedoch von dem der WHO-Versammlung v.a. insofern, als die UN-Generalversammlung auch um Klärung der Völkerrechtskonformität der Drohung mit einem Nuklearwaffeneinsatz bat. Tatsächlich erstattete der IGH am gleichen Tag, an dem er den Antrag der WHO zurückwies, das von der UN-Generalversammlung beantragte Gutachten, das schließlich zu Sachfragen Stellung nahm.

III. Die Verabschiedung der Resolution

Bereits am 9. November 1993 war der UN-Generalversammlung vom *Coordinating Bureau* der blockfreien Staaten, das den Resolutionsentwurf vorbereitet hatte, unter der Führung Indonesiens folgender Antrag zur Verfassung einer Resolution vorgelegt worden: „*Request for an advisory opinion from the International Court of Justice on the legality of the threat or use of nuclear weapons*".[43]

---

other armed conflict...". Der Botschafter von Samoa wies im mündlichen Vorverfahren hinsichtlich des Antrags der WHO-Versammlung ausdrücklich darauf hin, daß unter „*war or other armed conflict" der „use by a State both against another State or other international legal person, and against its own people*" zu verstehen sei, Samoa, Verbatim Record, S. 32.

[42] Vgl. Hillgenberg, Das Gutachtenverfahren, S. 5 (7); Paech, Nuklearwaffen, S. 345 (346); ders., Zwischen Politik und Recht, S. 176 (176).

[43] UN Doc. A/C.1/48/L.25.

Auf Drängen der USA, Frankreichs und Großbritanniens[44] blieb die Initiative aber im *First Committee* stecken und gelangte nie in das eigentliche Beschlußgremium.

Die Werbung der Gründungsorganisationen des World Court-Projects für die Wiedereinbringung des zurückgezogenen Resolutionsentwurfs bei vielen Staaten, vor allem am UN-Sitz in New York, war jedoch von Erfolg gekrönt. Ein Jahr später legte wiederum das *Coordinating Bureau* der blockfreien Staaten folgenden Resolutionsentwurf vor: Die UN-Generalversammlung sollte beschließen, „*pursuant to Article 96, paragraph 1 of the Charter, to request the International Court of Justice urgently to render its advisory opinion on the following question: Is the threat or use of nuclear weapons in any circumstance permitted under international law?*" Beschlossen wurde die Vorlage dieses letzten Entwurfs bei der 11. Ministerial Konferenz der Nicht-Alliierten Staaten in Kairo im Mai/Juni 1994. Dort wurde unter dem Punkt „*Disarmament and international security*" beschlossen: „*The Ministers decided to retable and put to the vote the resolution seeking an advisory opinion from the International Court of Justice on the legality of the use and threat of use of nuclear weapons during the forty-ninth Session of the General Assembly.*"[45] Zum gleichen Entschluß kam man auch auf dem Treffen der Außenminister des Zusammenschlusses der nicht-alliierten Staaten zur 49. Sitzung der UN-Generalversammlung am 5. Oktober 1994.[46] Dieser Resolutionsentwurf wurde am 7. Dezember 1994 mit 77[47] zu 33 Stimmen bei 21 Enthaltungen angenommen.[48]

Die UN-Generalversammlung verabschiedete mit 78 zu 43 Stimmen[49] bei 38 Enthaltungen die Resolution 49/75 K[50], mit der dem Gerichtshof am 15. Dezem-

---

44 „*Hysteria is not too strong a word to describe the nuclear weapon states' point of view around here.*" beschrieb die Gesandte Kanadas die Situation, zit. bei Schapiro, Mutiny, S. 798 (798).

45 UN Doc. A/49/287; S/1994/894.

46 UN Doc. A/49/532; S/1994/1179, Absatz 34.

47 Zeichen großer Auflehnung war, daß Neuseeland, zu diesem Zeitpunkt Mitglied im Sicherheitsrat, als einziger westlicher Staat, für die Resolution stimmte. Den Fortschritten in den Bemühungen Washingtons, Neuseeland wieder unter seine Kontrolle zu ziehen, wurde so ein schwerer Schlag versetzt. Neuseeland begründetet sein Abstimmungsverhalten und somit seinen Widerstand gegen den Westen mit dem Wunsch der Öffentlichkeit; vgl. hierzu Dewes, Green, The World Court Project, S. 473 (485).

48 Vgl. *Legality of the Threat or Use of Nuclear Weapons*, Gutachten vom 8. Juli 1996, ICJ Reports 1996, S. 226ff., im folgenden zit. als „Gutachten" unter Angabe des Absatzes; Gutachten, Absatz 1.

49 Vgl. Graefrath, Der aktuelle Stand, S. 124 (124) sowie Richter Oda, Dissenting Opinion, S. 334ff. mit zahlreichen Auszügen der Stellungnahmen der UN-Mitgliedstaaten zur Resolution 49/75K.

ber 1994 folgende Frage durch den UN-Generalsektretär Boutros-Ghali zur gutachterlichen Stellungnahme vorgelegt wurde:

„*Is the threat or use of nuclear weapons in any circumstance permitted under international law*?“[51]

Die Staaten, die die Völkerrechtswidrigkeit von Kernwaffen leugneten, begründeten dies doppelt: Zum einen sei ein Atomwaffeneinsatz nicht untersagt, da

---

[50] Interessant in diesem Zusammenhang ist, daß die Resolution somit nicht mit einer 2/3-Mehrheit zustande kam, wie Art. 18 SVN es unter bestimmten Umständen erfordert. Die 2/3-Mehrheit ist zunächst in den in Art. 18 Abs. 2 SVN aufgezählten Fällen notwendig. Bei der Abstimmung zur Resolution 49/75 K könnte es sich um eine wichtige Frage i.S.d. Art. 18 Abs. 2 SVN handeln, so daß deswegen eine 2/3-Mehrheit erforderlich gewesen wäre. Fraglich ist aber hierbei, ob darauf abzustellen ist, daß es sich um die Völkerrechtskonformität von Atomwaffen handelt, d.h. eher inhaltliche Fragen der Resolution entscheidend sind (So Rosenne, The Law, S. 663f.; Sloane, Advisory Jurisdiction, S. 830 (838)), oder auf den eher äußerlichen Aspekt der Beantragung eines Gutachtens nach Art. 96 SVN (So Keith, The Extent, S. 44ff.; Simma/Mosler, The Charter, Art. 96, Rn. 12). Letztere Meinung wird v.a. mit der Systematik der Aufzählung in Art. 18 Abs. 2 SVN begründet. Folgt man jedoch ersterem, wäre eine Subsumtion unter Art. 18 Abs. 2 SVN „... *Empfehlung hinsichtlich der Wahrung des Weltfriedens und der internationalen Sicherheit*“ möglich (auch der Gerichtshof stellt in Absatz 11 des Gutachtens fest, daß die UN-Generalversammlung hier in ihrer Aufgabe aus Art. 11 SVN „*zur Wahrung des Weltfriedens und der internationalen Sicherheit*“ betroffen sei). Da wesentlicher der Inhalt des Gutachtenantrags ist und nicht die Beantragung an sich, erscheint erstere Ansicht bevorzugenswert. Eine endgültige Entscheidung ist hier jedoch entbehrlich, denn auch wenn es sich vorliegend nicht um die Wahrung des Weltfriedens und der internationalen Sicherheit handelt, kann durch Festlegung der Generalversammlung selbst oder des Präsidenten alleine eine 2/3-Mehrheit erforderlich sein; d.h. die Aufzählung in Art. 18 Abs. 2 SVN ist somit nicht abschließend (, wobei dies nicht allgemein anerkannt ist, sich aber u.a. aus dem englischen Wortlaut des Art. 18 Abs. 2 SVN ableiten läßt: „*This question shall include* ...“ (Nachträgliche Hervorhebung) und auch in der Praxis so gehandhabt wird (Vgl. Aufzählung bei Simma/Wolfrum, The Charter, Art. 18, Rn. 21)). In der damaligen Sitzung hat kein beteiligter Staatenvertreter Anstoß daran genommen, daß im vorliegenden Falle nicht mit einer 2/3-Mehrheit abgestimmt wurde (Vgl. UN Doc. A/49/PV.90, S. 35f. (1994); zu früheren Fällen siehe Simma/Mosler, The Charter, Art. 96, Rn. 12), obschon die bei Simma/Wolfrum, a.a.O., aufgezählten Beispiele, in denen eine 2/3-Mehrheit neben der Aufzählung in Art. 18 Abs. 2 SVN für erforderlich erklärt wurde, zumindest augenscheinlich auch die Einreihung des vorliegenden Falles ermöglicht hätte (Vgl. hierzu auch Szasz, Addendum, S. 133 (133f.)).

[51] Zur Entstehung der Resolution vgl. Deiseroth, Das „World Court-Project“, S. 15 (16); Green, Nuclear Weapons, S. 79 (80); Großbritannien, Schriftliche Stellungnahme, S. 3ff.; Marauhn, Oellers-Frahm, Atomwaffen, S. 221 (223); Richter Oda, Dissenting Opinion, Absätze 6ff.; Paech, Nuklearwaffen, S. 345 (346); sehr ausführliche Darstellung mit zahlreichen Details bei Dewes, Green, The World Court Project, S. 473 (483 ff.).

kein vertragliches Verbot existiere und zum anderen bestehe die Legalität in ihrer Abschreckungswirkung, die den tatsächlichen Einsatz praktisch verhindere. Frankreich, Rußland, Großbritannien und die USA stimmten gegen die Resolution, China nahm an der Abstimmung nicht teil. Außer Neuseeland und San Marino stimmte kein westeuropäisches Land bzw. kein Verbündeter der Kernwaffenmächte für die Resolution. Aus dem Abstimmungsergebnis wird jedoch deutlich, daß auch Nicht-NATO-Staaten gegen den Gutachtenantrag stimmten, Staaten wie Bulgarien, Tschechien, Finnland, Ungarn, die Slowakei und Polen, also diejenigen Staaten, die sich um eine NATO-Mitgliedschaft bemühten und deshalb deren Standpunkte unterstützen. Es waren also vor allem politische Interessen, die dieses Abstimmungsergebnis prägten.

Mit Verabschiedung dieser Resolution hatte das World Court-Project zunächst sein Ziel erreicht, so daß tatsächlich nicht-politische Bewegungen die Vorlage an den IGH durchgesetzt hatten, mit anderen Worten gesagt: „*Never doubt that a small group of thoughtful, committed citizens can change the world. Indeed, it's the only thing that ever has.*“[52]

C. Das Vorverfahren

Der Kanzler des IGH unterrichtete mit Schreiben vom 21. Dezember 1994 gem. Art. 66 Abs. 1 IGH-Statut alle Staaten, die die Berechtigung hatten, vor dem IGH aufzutreten, über die Beantragung des Gutachtens. Der Gerichtshof traf schließlich durch Verordnung die Entscheidung, daß eben diese Staaten zunächst berechtigt waren, ihm Informationen zu der Anfrage zur Verfügung zu stellen, weiterhin bis 20. Juni 1995 schriftliche Stellungnahmen der Länder vorgelegt werden konnten, die wiederum bis 20. September 1995 durch andere Staaten erwidert werden konnten, Art. 66 Abs. 4 IGH-Statut. Weiterhin entschied sich der Gerichtshof auch dafür, ab 30. Oktober 1995 in öffentlicher Sitzung mündliche Stellungnahmen der Staaten anzuhören.[53] Es war somit hinsichtlich des Vorverfahrens der umfangreichste Fall, der jemals in der Geschichte des Gerichtshofs verhandelt wurde.[54]

---

[52] Margaret Mead, zit. bei Green, Nuclear Weapons, S. 79 (80); so auch Weiss, Skizzen, S. 5 (5).

[53] Vgl. Gutachten, Absatz 4ff..

[54] Mendlowitz, Weiss, The Illegality, S. 10 (14); Weiss, Atomwaffen, S. 7 (7).

I. Die schriftlichen Stellungnahmen[55]

29 Staaten[56] nahmen die Möglichkeit der Abgabe schriftlicher Stellungnahmen war, drei Staaten erwiderten diese abermals.[57] Sehr scharf formuliert waren hierbei die Stellungnahmen blockfreier Staaten wie Ägypten, Mexiko und Malaysia, aber auch die von Neuseeland und Australien. Trotz ihrer geringen Größe beträchtliche Beiträge wurden ebenfalls eingebracht durch die drei kleinen pazifischen Inselstaaten Samoa, die Marshall-Inseln und die Salomon-Inseln, was wohl wie auch im Falle von Neuseeland und Australien auf die Betroffenheit durch die Auswirkungen atomarer Versuche zurückzuführen ist.

Während die blockfreien Staaten, aber auch westlich orientierte Staaten wie Japan, Australien und Schweden[58] auf die Abrüstungsverpflichtung aus den verschiedenen Resolutionen und den NPT hinwiesen und die Illegalität eines Atomwaffeneinsatzes mit der einzigartigen Wirkung dieser Waffen selbst im Vergleich zu anderen Massenvernichtungswaffen begründeten, versuchten die Kernwaffenstaaten und ihre Verbündeten vehement die Stellungnahme des IGH zu verhindern.[59] Weiterhin wurde auf die bereits u.a. durch den NPT angedeutete Legalität von Nuklearwaffen hingewiesen, und darauf, daß jedenfalls im internationalen Recht bislang keine Norm existiere, die einen Atomwaffeneinsatz verbiete, es sich also maximal um *lex ferenda,* nicht jedoch um *lex lata* handele.[60] Obwohl die Gutachtenfrage auf den Atomwaffeneinsatz und nicht vorrangig auf einen Kernwaffenbesitz abstellte, nahmen viele Staaten unter den Nuklearwaffenbefürwortern in ihren Stellungnahmen auf den Atomwaffenbesitz Bezug, so beispielsweise Frankreich, daß sich auf folgende Passage einer früheren Entscheidung des IGH bezog: „*[I]n international law, there are no rules, other than such rules as may be accepted by the State concerned, by treaty or otherwise, whereby the level of armaments of a sovereign State can be limited*".[61]

---

55 Vgl. auch Art. 102ff. und 44ff. Verfahrensordnung des Internationalen Gerichtshofs.

56 Demokratische Volksrepublik Korea, Japan, Finnland, Samoa, San Marino, Iran, Nauru, Russische Föderation, Irland, Burundi, Ägypten, Indien, Niederlande, Schweden, Mexiko, Malaysia, Großbritannien, USA, Frankreich, Lesotho, Bosnien-Herzegowina, Neuseeland, Katar, Salomon-Inseln, Italien, Ecuador, Marshall-Inseln, Costa Rica; Nauru beantragte mit Schreiben vom 20. Oktober 1995 die Rücknahme seiner schriftlichen Stellungnahme; der Gerichtshof entsprach diesem Antrag mit Schreiben vom 30. Oktober 1995.

57 Ägypten, Nauru, die Salomon-Inseln.

58 Schweden, Schriftliche Stellungnahme, S. 1.

59 Vgl. beispielsweise Deutschland, Verbatim Record, S. 35ff.; Niederlande, Schriftliche Stellungnahme, S. 3ff..

60 Vgl. beispielsweise Deutschland, Verbatim Record, S. 36; Großbritannien, Schriftliche Stellungnahme, S. 21; Niederlande, Schriftliche Stellungnahme, S. 11.

61 *Military and Paramilitary Activities in and against Nicaragua*, Urteil vom 27. Juni 1986,

So stimmten etwa zwei Drittel der Staaten in ihren eingereichten Stellungnahmen für die Illegalität[62]. Dabei waren die beiden politischen Lager klar zu differenzieren, denn während die Kernwaffenstaaten keinerlei Einschränkungen hinnehmen wollten, setzten sich die blockfreien und einige andere Staaten dem entgegen, um somit wieder einmal auf die Notwendigkeit der nuklearen Abrüstung hinzuweisen. Die Verbündeten schlossen sich dabei den Kernwaffenstaaten an. Einziger Kernwaffenstaat, der nicht am Vorverfahren teilnahm, war China. Aus früheren Stellungnahmen ist jedoch bekannt, daß China Gegner eines atomaren Ersteinsatzes ist und sich bereits frühzeitig für eine umfassende Abschaffung auf dem Wege einer Konvention einsetzte.[63] Von den sog. Schwellenmächten plädierte Indien für die Illegalität, Pakistan und Israel nahmen nicht am Verfahren teil.[64]

II. Die mündlichen Stellungnahmen[65]

Wegen der Ähnlichkeit der Gutachtenanträge hatte das Gericht beschlossen, nur eine mündliche Anhörung zur Vorlage der WHO-Versammlung und der der UN-Generalversammlung durchzuführen.[66] Diese fand vom 30. Oktober bis 15. November 1995 im Friedenspalast in Den Haag statt, und sollte den Staaten, die dem Gerichtshof zuvor fristgerecht schriftliche Stellungnahmen vorgelegt hatten, zum einen Gelegenheit zu mündlicher Ergänzung geben, zum anderen aber auch dem Gerichtshof die Möglichkeit zur Fragestellung. Den interessierten Staaten wurden dabei vom World Court-Project angefertigte Musterentwürfe bezüglich der Darstellung der Illegalität von Atomwaffen zur Verfügung gestellt. Durch mündliche Stellungnahmen beteiligten sich 22 Staaten[67] an diesem

---

ICJ Reports 1986, S. 14 (135).

62 Auffällig war hierbei, daß manche Staaten, die noch in den Debatten der UN-Generalversammlung die vorgesehene Resolution mit großem Einsatz unterstützt hatten, in diesem Verfahren ihr Anliegen, nämlich die Völkerrechtskonformität von Kernwaffen prüfen zu lassen, nur noch sehr zurückhaltend vertraten, was möglicherweise auf den Einfluß der USA auf diplomatischer Ebene zurückzuführen ist, vgl. Falk, Nuclear Weapons, S. 235 (239).

63 United Nations, Nuclear Weapons, Appendix I.

64 Indien, Schriftliche Stellungnahme, S. 7; vgl. auch Burroughs, The (Il)legality, S. 12; Müller, Das Gutachten, S. 261 (265f.); Paech, Zwischen Politik und Recht, S. 176 (176); Richter Weeramantry, Dissenting Opinion, S. 440f..

65 Vgl. auch Art. 102ff. und 54ff. Verfahrensordnung des Internationalen Gerichtshofs.

66 Gutachten, Absatz 6.

67 Australien, Deutschland, Ägypten, Frankreich, Indonesien, Mexiko, Iran, Italien, Japan, Malaysia, Neuseeland, die Philippinen, Katar, die Russische Föderation, San Marino, Mar-

Vorverfahren, weitere Staaten sowie die WHO waren jedoch anwesend ohne sich selbst zu äußern. Die Länder plädierten in alphabetischer Reihenfolge. Allen Staaten standen neunzig Minuten Redezeit zu, jeden Tag kamen zwei oder drei Länder zu Wort. Die Äußerungen fielen dabei ähnlich den schriftlichen Stellungnahmen zuvor aus. Die Mehrheit der Pro-Gutachten- bzw. Anti-Kernwaffen-Gruppierung wurde hierbei von den Entwicklungsländern gebildet. Insgesamt stimmten 15[68] der 22 Staaten gegen die Legalität. Es gab zum Teil auch widersprüchliche Positionen, wie z.B. die von Australien und Neuseeland. Diese beiden Staaten waren an sich für eine Ächtung der Kernwaffen durch den IGH, was sich schon in Zusammenhang mit den Verfahren bezüglich der französischen Atomtests vor dem IGH gezeigt hatte, Australien plädierte jedoch wegen der Gefahr einer Negativfeststellung für die Nichtbefassung durch den IGH.[69]

D. Annahme des Antrags durch den IGH

Bereits aus der Ablehnung des Antrags der WHO-Versammlung durch den IGH wurde deutlich, daß nicht jeder Gutachtenantrag zwingend zur Erstellung eines Gutachtens führt. Die Voraussetzungen dafür, daß der IGH seine Gutachterfunktion wahrnimmt, setzt sich aus drei Komponenten zusammen, wobei die ersten beiden zwingend vorzuliegen haben, an dritter Stelle der IGH schließlich eine Ermessensentscheidung trifft. Im einzelnen sind diese sich aus Art. 65 Abs. 1 IGH-Statut ergebenden Voraussetzungen:

1. Der Gutachtenantrag muß von einer dazu berechtigten Organisation gestellt werden.
2. Inhaltlicher Gegenstand des Gutachtenantrags muß eine rechtliche Frage sein.
3. Liegen die ersten beiden Voraussetzungen vor, und nur dann, steht dem Gerichtshof ein Ermessen zu, ob er dem Gutachtenantrag entsprechen möchte oder nicht.

---

shall-Inseln, Salomon-Inseln, Samoa, Costa Rica, Großbritannien, USA und Simbabwe; eine Kurzzusammenfassung ist zu finden bei Riseley, Salzmann, Nuclear Weapons, S. 15ff..

68 Australien, Ägypten, Indonesien, Mexiko, Iran, Malaysia, Neuseeland, die Philippinen, Katar, Samoa, Marshall-Inseln, Salomon-Inseln, San Marino, Costa Rica und Simbabwe.

69 Australien, Verbatim Record, S. 33ff.; vgl. zu den mündlichen Stellungnahmen Clark, Sann, The Case, S. 5ff.; Deiseroth, Haager Votum, S. 1045 (1047); Hillgenberg, Das Gutachtenverfahren, S. 5 (6, 9); Mohr, Das IGH-Gutachten, S. 341 (342f.); Paech, Zwischen Politik und Recht, S. 176 (176); Weiss, Atomwaffen, S. 7 (7ff.).

I. Antragsberechtigung der UN-Generalversammlung

Die Zuständigkeit der UN-Generalversammlung zur Beantragung des Gutachtens folgerte der Gerichtshof aus Art. 65 Abs. 1 IGH-Statut. Demnach kann *„[d]er Gerichtshof ein Gutachten zu jeder Rechtsfrage auf Antrag jeder Einrichtung abgeben, die durch die Charta der Vereinten Nationen oder im Einklang mit ihren Bestimmungen zur Einholung eines solchen Gutachtens ermächtigt ist.*"

Gem. Art. 96 Abs. 1 SVN kann *„die Generalversammlung oder der Sicherheitsrat über jede Rechtsfrage ein Gutachten des Internationalen Gerichtshofs anfordern (...)*".

Einige Staaten, die gegen die Erteilung eines Gutachtens durch den Gerichtshof waren, machten geltend, die UN-Generalversammlung und der UN-Sicherheitsrat seien nicht berechtigt, Gutachten zu Angelegenheiten zu beantragen, die mit ihrer Arbeit grundsätzlich nicht in Zusammenhang stünden (vgl. Art. 96 Abs. 2 SVN[70]).[71] Gegen diese Auslegung von Art. 96 Abs. 1 SVN spricht zunächst der Wortlaut. Ein Argument für eine solche Einschränkung könnte dagegen ein Vergleich mit Art. 96 Abs. 2 SVN bieten, der bestimmt, daß *„andere Organe der Vereinten Nationen und Sonderorganisationen ... Gutachten des Gerichtshofs ... anfordern können, die sich in ihrem Tätigkeitsbereich stellen (...)*" (Hervorhebung nachträglich). Zugestimmt werden kann einer derart restriktiven Auslegung von Art. 96 Abs. 1 SVN jedoch deshalb nicht, weil gerade ein Vergleich mit Art. 96 Abs. 2 SVN verdeutlicht, daß der Gesetzgeber die UN-Generalversammlung und den UN-Sicherheitsrat bewußt durch Art. 96 Abs. 1 SVN von den übrigen Organisationen und Sonderorganisationen der Vereinten Nationen abheben wollte.[72] Die UN-Generalversammlung als solche ist auch im vorliegenden Fall somit nach Art. 96 Abs. 1 SVN antragsbefugt.[73]

---

[70] Art. 96 UN-Charta lautet: *(1) Die Generalversammlung oder der Sicherheitsrat kann über jede Rechtsfrage ein Gutachten des Internationalen Gerichtshofs anfordern. (2) Andere Organe der Vereinten Nationen und Sonderorganisationen können mit jeweiliger Ermächtigung durch die Generalversammlung ebenfalls Gutachten des Gerichtshofs über Rechtsfragen anfordern, die sich in ihrem Tätigkeitsbereich stellen.*

[71] Großbritannien, Schriftliche Stellungnahme, S. 9ff.; Niederlande, Schriftliche Stellungnahme, S. 3f.; auf eine derart restriktive Auslegung deutet auch die Kommentierung bei Simma/Mosler, The Charter, Art. 96, Rn. 11 hin.

[72] Regelmäßig wird es trotzdem so sein, daß die Gutachtenfrage thematisch dem Tätigkeitsbereich der UN-Generalversammlung zugeordnet werden kann.

[73] Vgl. auch Ägypten, Schriftliche Stellungnahme, S. 3, das auf ein Angelegenheit „intra" vires hinweist.

Auch der IGH folgt dieser restriktiven Auslegung von Art. 96 Abs. 1 SVN nicht und stellte vielmehr fest, daß nicht nur die Generalversammlung ohnehin auf Grund von Art. 96 Abs. 1 SVN über jede Rechtsfrage ein Gutachten des Gerichtshofs anfordern kann; der Gerichtshof fuhr fort, daß hier jedenfalls eine Entscheidung über die extensive oder eher restriktive Auslegung von Art. 96 Abs. 1 SVN deshalb nicht nötig ist, weil auch der Gutachtenantrag thematisch ohnehin in den Tätigkeitsbereich der UN-Generalversammlung fällt. Gem. Art. 10 SVN ist die Generalversammlung zunächst für *„jede Frage oder jede Angelegenheit*" innerhalb des Geltungsbereichs der UN-Charta zuständig. Eine inhaltliche Kompetenz ergibt sich außerdem aus Art. 11 SVN, der der UN-Generalversammlung die Berechtigung zuerkennt, sich mit *„den allgemeinen Grundsätze der Zusammenarbeit zur Wahrung des Weltfriedens und der internationalen Sicherheit einschließlich der Grundsätze für die Abrüstung und Rüstungsregelung [zu] befassen*" und aus Art. 13 SVN, wonach die UN-Generalversammlung Empfehlungen abgibt, um *„die fortschreitende Entwicklung des Völkerrechts sowie seine Kodifizierung zu begünstigen.*" Die im Gutachtenantrag gestellte Frage berührt nach Ansicht des Gerichtshofs aber gerade diese Bereiche. Weiterhin habe die UN-Generalversammlung seit jeher ein *longstanding interest* an der Thematik der Nuklearwaffen, was z.B. die Sondersitzungen zu Abrüstungsfragen der Jahre 1978, 1982 und 1988 sowie die alljährlich zu diesen Fragen verabschiedeten Resolutionen belegten. Der Gerichtshof fährt fort, daß es weiterhin auch nicht so ist, daß die UN-Generalversammlung nur in den Bereichen, in denen sie verbindliche Entscheidungen treffen kann, den Gerichtshof anrufen kann, Art. 96 Abs. 1 SVN läßt nach Ansicht der Richter insofern keine Differenzierung zu.[74]

Auch der Gerichtshof kommt somit zur Antragsberechtigung der UN-Generalversammlung.

II. Rechtlicher Charakter der gestellten Frage

Weitere Voraussetzung für die Annahme des Antrags ist, daß es sich bei der vorgelegten Frage um eine „Rechtsfrage" handelt. In einem früherem Fall hatte der Gerichtshof unzweideutig erklärt, daß er nur rechtliche Fragen prüfe: *„...the Court can give an advisory opinion only on a legal question. If a question is not a legal one, the Court has no discretion in the matter; it must decline to give the opinion requested*"[75]. Das Vorliegen einer rechtlichen Frage wurde im Vorver-

[74] Gutachten, Absatz 11f..

[75] *Certain Expenses of the United Nations (Article 17, paragraph 2, of the Charter)*, Gutachten vom 20. Juli 1962, ICJ Reports 1962, S. 151 (155).

fahren von zahlreichen Staaten verneint.[76]

Zur Einordnung einer Frage als rechtliche Frage merkt der Gerichtshof an, daß solche Fragen rechtlichen Charakter hätten, die „*framed in terms of law and raise problems of international law ... are by their very nature susceptible of a reply based on law ... [and] appear ... to be questions of a legal character*".[77]

Hier läge, so der Gerichtshof, deswegen eine rechtliche Frage vor, da nach der Völkerrechtskonformität des Nuklearwaffeneinsatzes gefragt sei. Bei Prüfung dieser müsse der Gerichtshof Regelungen und Prinzipien des Völkerrechts feststellen, interpretieren und auf den vorliegenden Fall, nämlich den Atomwaffeneinsatz und die Drohung mit dem selben anwenden.

Ihres rechtlichen Charakters werde die Frage auch nicht deswegen beraubt, daß es gleichzeitig eine Frage von politischem Interesse sei[78], was vielmehr im Völkerrecht größtenteils notwendigerweise der Fall sei. Dies könne dem Gerichtshof aber nicht seine Gutachterfunktion, die ihm durch das IGH-Statut verliehen werde, entziehen,[79] vielmehr sei es die Pflicht des Gerichtshofs durch Beurteilung der Rechtmäßigkeit der möglichen Verhaltensweisen der Staaten im Hinblick auf die Verpflichtungen, die ihnen das Völkerrecht auferlegt, seiner grundlegenden richterlichen Aufgabe nachzukommen,[80] denn „*[i]ndeed, in situations in which political considerations are prominent it may be particularly necessary for an international organization to obtain an advisory opinion from the Court as to the legal principles applicable with respect to the matter under debate ...*".[81]

In der internationalen Gerichtsbarkeit gibt es keine „*political question doctrine*", die Gerichte daran hindert, eine Entscheidung über eine bestimmte Frage

---

[76] Z.B. Deutschland, Verbatim Record, S. 37ff..

[77] *Western Sahara*, Gutachten vom 16. Oktober 1975, ICJ Reports 1975, S. 12 (18).

[78] V.a. die Kernwaffenstaaten und ihre wichtigsten Verbündeten – vgl. beispielsweise Deutschland, Verbatim Record, S. 35f. und die Niederlande, Schriftliche Stellungnahme, S. 2ff. - haben die Zuständigkeit des IGH für die - nach ihrer Auffassung - nicht völkerrechtliche, sondern vorrangig politische Frage bestritten und den IGH folgerichtig aufgefordert, sich einer Stellungnahme zu enthalten, vgl. hierzu Müller, Das Gutachten, S. 261 (264)).

[79] *Application for Review of Judgement No.158 of the United Nations Administrative Tribunal*, Gutachten vom 12. Juli 1973, ICJ Reports 1973, S. 166 (172).

[80] Vgl. *Conditions of Admission of a State to Membership in the United Nations (Article 4 of the Charter)*, Gutachten vom 28. Mai 1948, ICJ Reports 1947-1948, S. 57 (61f.); *Competence of the General Assembly for the Admission of a State to the United Nations*, Gutachten vom 3. März 1950, ICJ Reports 1950, S. 4 (6f.); *Certain Expenses of the United Nations (Article 17, paragraph 2, of the Charter)*, Gutachten vom 20. Juli 1962, ICJ Reports 1962, S. 151 (155).

[81] *Interpretation of the Agreement of 25 March 1951 between the WHO and Egypt*, Gutachten vom 20. Dezember 1980, ICJ Reports 1980, S. 73 (87).

zu fällen, weil diese zu politisch sei.[82] Der politische Einfluß bei der rechtlichen Beurteilung von Atomwaffen als einem Hauptinstrument, wenn nicht sogar dem Hauptinstrument, der Außenpolitik fünf weltpolitisch wichtiger Staaten, das auch auf die übrigen Staaten, seien es nun Alliierte oder nicht, Einfluß hat, ist nicht gänzlich auszumergeln. Dennoch wird sich im Verlaufe der Arbeit zeigen, daß der Hauptaspekt auf dem rechtlichen Moment des Sachverhalts liegt.

III. Ermessenspielraum des IGH

Bei Vorliegen der erforderlichen Voraussetzungen in einem streitigen Verfahren muß der Gerichtshof entscheiden. Art. 65 Abs. 1 IGH-Statut sieht hingegen für das Gutachtenverfahren vor: *„Der Gerichtshof kann ein Gutachten abgeben...“* (Hervorhebung nachträglich).[83] Der Gerichtshof selbst äußerte sich über diese Vorschrift folgendermaßen: *„The Court's Opinion is given not to the States, but to the organ which is entitled to request it; the reply of the Court, itself an „organ of the United Nations“, represents its participation in the activities of the Organization, and, in principle, should not be refused.“*[84], d.h. da der Gerichtshof sich seiner Aufgabe als Hauptrechtsprechungsorgan der Vereinten Nationen (Art. 92 SVN) bewußt ist, lehnt er nur aus *„compelling reasons“*[85] ab. Der Ge-

---

[82] Bothe, Atomwaffen, S. 22; vgl. hierzu auch 3. Kapitel, A.

[83] Vgl. hierzu Fitzmaurice, The Law, S. 565; weiterführend auch Franck, The „Powers of Appreciation“, S. 519ff..

[84] *Interpretation of Peace Treaties with Bulgaria, Hungary and Romania*, First Phase, Gutachten vom 30. März 1950, ICJ Reports 1950, S. 65 (71); vgl. auch *Reservations to the Convention on the Prevention and Punishment of the Crime of Genocide*, Gutachten vom 28. Mai 1951, ICJ Reports 1951, S. 15 (19); *Judgements of the Administrative Tribunal of the International Labour Organisation upon Complaints Made against United Nations Educational, Scientific and Cultural Organisation*, Gutachten vom 23. Oktober 1956, ICJ Reports 1956, S. 57 (86); *Certain Expenses of the United Nations (Article 17, paragraph 2, of the Charter)*, Gutachten vom 20. Juli 1962, ICJ Reports 1962, S. 151 (155); *Applicability of Article VI, Section 22, of the Convention on the Privileges and Immunities of the United Nations*, Gutachten vom 15. Dezember 1989, ICJ Reports 1989, S. 177 (189).

[85] *Judgements of the Administrative Tribunal of the International Labour Organisation upon Complaints Made against United Nations Educational, Scientific and Cultural Organisation*, Gutachten vom 23. Oktober 1956, ICJ Reports 1956, S. 57 (86); *Certain Expenses of the United Nations (Article 17, paragraph 2, of the Charter)*, Gutachten vom 20. Juli 1962, ICJ Reports 1962, S. 151 (155); *Legal Consequences for States of the continued Presence of South Africa in Namibia (South West Africa) notwithstanding Security Council Resolution 276 (1970)*, Gutachten vom 26. Januar 1971, ICJ Reports 1971, S. 3 (27); *Application for Review of Judgement No. 158 of the United Nations Administrative Tribunal*, Gutachten vom 12. Juli 1973, ICJ Reports 1973, S. 166 (183); *Western Sahara*, Gutachten vom

richtshof hat deshalb immer den angenommenen Bedarf an autoritätsbesitzender Anleitung als Grundlage für die Erstattung des Rechtsgutachtens akzeptiert.[86] So kam es denn bislang - abgesehen von dem Antrag der WHO-Versammlung - zu keiner Ablehnung eines Gutachtenantrags durch den gegenwärtigen Gerichtshof, und auch dessen Vorgänger, der Ständige Internationale Gerichtshof, lehnte lediglich einen Gutachtenantrag ab.[87]

Neben der Tatsache, daß der vorliegende Gutachtenantrag nicht wie gewöhnlich durch Staaten oder internationale Organisationen initiiert wurde, sondern vielmehr durch NGO, unterstützt durch verschiedene Regierungen, unterschied sich der Antrag der UN-Generalversammlung in zwei weiteren Punkten von vorhergehenden, dem Gerichtshof vorgelegten Gutachtenanträgen:

1. Zum einen war Auslöser des Gutachtenantrags kein konkreter Sachverhalt.
2. Weiterhin handelte es sich nicht um eine spezielle Frage, fixiert durch spezielle Normen.[88]

---

16. Oktober 1975, ICJ Reports 1975, S. 12 (21), *Applicability of Article VI, Section 22, of the Convention on the Privileges and Immunities of the United Nations*, Gutachten vom 15. Dezember 1989, ICJ Reports 1989, S. 177 (191).

[86] Vgl. *Certain Expenses of the United Nations*, Gutachten vom 20. Juni 1962, ICJ Reports 1962, S. 151 (155).

[87] *Status of Eastern Carelia*, Entscheidung vom 23. Juli 1923, PCIJ, Serie B, Nr. 5; als Begründung wurde damals gegeben, der Gerichtshof könne die besonderen Umstände des Falles nicht würdigen, die da unter anderem waren, daß die Diskussion bereits in vollem Gange war, eine der streitenden Parteien weder dem Statut des Gerichtshof angeschlossen, noch Mitglied des Völkerbundes war, etc.; Gutachten, Absatz 14; zur Gutachterfunktion des Ständigen Internationalen Gerichtshofs, vgl. Ägypten, Schriftliche Stellungnahme, S. 18ff..

[88] Vgl. Matheson, The Opinion, S. 417 (420); weiterhin Australien, Verbatim Record, S. 34ff..

1. Der Mangel der Anknüpfung an einen konkreten Sachverhalt

Der Gerichtshof wies in diesem Zusammenhang darauf hin, daß es seine Aufgabe als Hauptjustizorgan der Vereinten Nationen ist, die übrigen UN-Organe und ihre Sonderorganisationen in ihrer Arbeit durch Beratung zu unterstützen. Voraussetzung hierfür sei deshalb nicht die Anknüpfung an einen konkreten Sachverhalt. Da jedoch diese Unterstützung der Organisationen der Vereinten Nationen im Vordergrund stehe, sei weder Zweck noch Ursprung, politische Geschichte oder Verteilung der Stimmen, die zum Antrag der UN-Generalversammlung führten, entscheidend.[89]

Bereits an diesem Punkt setzt Richter Oda mit seiner Kritik an. Richter Oda war der einzige der vierzehn am Verfahren beteiligten Richter, der für eine Ermessensausübung des Gerichtshofs dahingehend votierte, die Erstellung des Gutachtens abzulehnen. Vor Darlegung seiner Begründung sei darauf hingewiesen, daß dieses ablehnende Votum große Verwunderung hervorrief, da allgemein erwartet wurde, daß ein Richter aus Japan, welches Opfer der ersten und bislang einzigen Atombombeneinsätze war, an einer authoritativen Verurteilung atomarer Kampfeinsätze interessiert sei.

Ansatzpunkt der Kritik war also zunächst der Mangel der Anknüpfung an einen konkreten Sachverhalt. Der IGH hatte bis 1996 zwanzig Gutachten erstellt, einige von diesen zur Auslegung der UN-Charta bzw. der Funktion der Vereinten Nationen[90], andere beispielsweise zu zwischenstaatlichen Problemen[91], bzw. hinsichtlich Staaten und internationalen Organisationen[92]. Da der IGH durch ein Gutachten jedoch erst einmal eine Frage von allgemeinem Interesse beantwortete[93], ist Richter Oda der Meinung, daß der IGH im vorliegenden Fall die Er-

---

[89] Gutachten, Absatz 15f..

[90] *Conditions of Admission of a State to Membership in the United Nations (Art. 4 UN-Charta)*, Gutachten vom 28. Mai 1948, ICJ Reports 1948, S. 56ff.; *Reparation for Injuries Suffered in the Service of he United Nations*, Gutachten vom 11. April 1949, S. 174ff.; *Competence of the General Assembly for the Admission of a State of the United Nations*, Gutachten vom 3. März 1950, S. 4ff.; *Effects of Awards of Compensations Made by the United Nations Administrative Tribunal*, Gutachten vom 13. Juli 1954, S. 47ff.; *Case concerning Certain Expenses of the United Nations*, Gutachten vom 20. Juli 1962, S. 151ff..

[91] Z.B. *Interpretation of Peace Treaties with Bulgaria, Hungary and Romania*, Gutachten vom 18. Juli 1950, ICJ Reports 1950, S. 221ff.; *Western Sahara*, Urteil vom 16. Oktober 1975, S. 12ff..

[92] Z.B. *South West Africa Case*, Gutachten vom 11. Juli 1950, S. 128ff.; *Applicability of the Obligation to Arbitrate under Section 21 of the United Nations Headquarters Agreement of 26 June 1947 Case*, Gutachten, vom 26. April 1988, S. 12ff..

[93] *Reservations to the Convention on the Prevention and Punishment of the Crime of Genocide*, Gutachten vom 28. Mai 1951, S. 4ff..

stellung des Gutachtens hätte ablehnen sollen, da im Gutachten von 1951 im Gegensatz zum vorliegenden, die Erstellung durch die Notwendigkeit gerechtfertigt worden sei. Richter Oda sieht keine Veranlassung zur Regelung der Atomwaffenfrage, da seiner Meinung nach der NPT bzw. die Verlängerung und die damit verbundenen Sicherheitsgarantien das Problem des Nuklearwaffeneinsatzes geregelt hätten. Da in einem späteren Kapitel hierzu noch ausführlicher Stellung genommen wird[94], soll hier zur Entkräftung des Arguments nur kurz auf ein nicht durch den NPT geregeltes Problem hingewiesen werden, nämlich die Schwellenmächte außerhalb des NPT.

Richter Oda folgert somit, daß der IGH die Erstellung des Gutachtens aus Gründen der *judicial propriety* - die Erstellung des Gutachtens schade nämlich dem Ansehen und der Glaubwürdigkeit des Gerichtshofs - und der *judicial economy* - wenn der Gerichtshof erst einmal damit angefangen habe, Fragen ohne tatsächliche Notwendigkeit zu behandeln, müsse er damit rechnen, daß dies nur der Anfang einer Reihe hypothetischer Fälle sei, und er somit seine eigentliche Funktion riskiere und Legislativorgan werde - ablehnen solle. Es käme sonst zu einem Mißbrauch seiner Gutachterfunktion. Da es sich hier um eine politische und keine juristische Frage handele, seien vielmehr politische Verhandlungen in Genf oder New York angebracht, nicht jedoch in Den Haag, denn dort sei es Aufgabe des Gerichtshofs, das geltenden Völkerrecht festzustellen, was jedoch immer nur dann statthaft sei, wenn eine tatsächliche Notwendigkeit bestehe. [95]

Dem setzt Richter Weeramantry entgegen, daß - wie politisch die Frage auch sein mag - die Klarstellung des Rechts immer von Wert sei und nicht unwirksam, sinnlos und inkonsequent. Es sei daher wichtig, daß der Gerichtshof das Recht so feststelle, wie es ist, da eine auf Recht gegründete Entscheidung Respekt aufgrund ihrer eigenen, inhärenten Autorität erzeuge und so zur Bildung einer das Recht respektierenden Meinung beitrage. Auf diese Weise werde die Autorität des Gerichtshofs erhöht, der seine Pflicht in der Klarstellung und Entwicklung des Rechts, unabhängig von politischen Erwägungen, erfülle.[96]

Dem pflichtet Richter Koroma mit dem Hinweis bei, daß die Verhütung eines Krieges, was eigentliches Thema hinsichtlich eines Nuklearwaffeneinsatzes sei, sehr wohl Gegenstand des internationalen Rechts sei, und es deshalb im Aufgabenbereich des Internationalen Gerichtshofs liege, auf Antragstellung ein dies-

---

[94] Vgl. 2. Kapitel, D, II.

[95] Richter Oda, Dissenting Opinion, S. 332f., 350, 371ff.; so auch Bekker, Anmerkungen, S. 127 (133).

[96] Richter Weeramantry, Dissenting Opinion, S. 550; vgl. auch Ägypten, Schriftliche Stellungnahme, S. 30, das auf den Unterschied zwischen einer hypothetischen („*moot court*") und einer abstrakten Frage hinweist.

bezügliches Gutachten anzufertigen, da ein solches einen Beitrag zur Verhütung eines Krieges leisten könne. Weiterhin werde durch die Arbeit des Gerichtshofs das System des internationalen Rechts gestärkt,[97] was sich der Gerichtshof im *Corfu Channel*-Fall selbst folgendermaßen zur Aufgabe gemacht habe: „ *the need to ensure respect for international law of which it is the organ*"[98].

Im *Western Sahara*-Fall stellte der Gerichtshof zur hier vorliegenden Problematik weiterhin selbst ausdrücklich fest, daß seine Gutachtenkompetenz nicht auf die Beantwortung von Fragen begrenzt sei

> „*on existing rights and obligations, or on their coming into existence, modification or termination, or on the powers of international organs... [T]he court may also be requested to give its opinion on questions of law which do not call for any pronouncement of this kind, though they may have their place within a wider problem the solution of which could involve such matters.*"[99]

Aus dem auf das Gutachten erfolgten veröffentlichten Schrifttum wurde deutlich ersichtlich, daß das Ansehen des Gerichtshofs, falls überhaupt, nicht durch die Annahme des Gutachtenantrags geschädigt wurde. Hierfür wurde dem Gerichtshof vielmehr zahlreich Dankbarkeit und Anerkennung gezollt. Wenn durch die Erstellung des Gutachtens negative Bewertungen bekannt wurden, bezogen sich diese in beinahe allen Fällen auf inhaltliche Feststellungen, nicht jedoch auf die Annahme des Gutachtenantrags an sich. Daß eine Klarstellung nicht an Notwendigkeit entbehrte und diese Aufgabe nicht bereits vom NPT wahrgenommen wurde, wurde aus den zahlreichen in verschiedene Richtungen geäußerten Meinungen hinsichtlich der Materie deutlich.[100]

---

97 Richter Koroma, Dissenting Opinion, S. 557.

98 *The Corfu Cannel Case*, Merits, Entscheidung vom 4. April 1949, ICJ Reports 1949, S. 1 (14).

99 *Western Sahara*, Urteil vom 16. Oktober 1975, ICJ Reports 1975, S. 12 (20).

100 Stellvertretend für viele ICRC, Stellungnahme, S. 118 (118); McCormack, A non liquet, S. 76 (91f.).

2. Der Mangel der speziellen Frage, fixiert durch spezielle Normen

Von den USA wurde im schriftlichen Vorverfahren festgestellt:

> „*The question presented is vague and abstract, addressing complex issues which are the subject of consideration among interested States and within other bodies of the United Nations which have an express mandate to address these matters. An opinion by the Court in regard to the question presented would provide no practical assistance to the General Assembly in carrying out its functions under the Charter. Such an opinion has the potential of undermining progress already made or being made on this sensitive subject and, therefore, is contrary to the interest of the United Nations Organization.*"[101]

Auch die Bundesregierung brachte in ihrer schriftlichen Stellungnahme dieser Ansicht der USA zustimmend vor, daß der Gerichtshof bei Beantwortung dieser Frage nicht umhin käme, eine Reihe spekulativer Feststellungen zu treffen, die außerhalb seiner richterlichen Funktion lägen. Solche Überlegungen müßten deshalb getroffen werden, um der Vielzahl der Situationen gerecht zu werden, in denen die Drohung mit einem Atomwaffeneinsatz oder ihr Einsatz denkbar sei. Zwar gehöre es zu den Aufgaben des Gerichtshofs, Tatsachen festzustellen, ebenso wie abstrakte Rechtsfragen zu beantworten; seien jedoch Probleme im Bereich der Faktenermittlung offensichtlich, könne das zu einer Ablehnung des Gutachtens führen. Es läge dann vielmehr eine Spekulation über hypothetische Szenarien vor, nicht jedoch eine richterliche Tatsachenfeststellung.[102]

Die Staaten, die nicht im Besitz von Kernwaffen sind, setzten dem entgegen, daß es die Pflicht des IGH als Organ der Vereinten Nationen sei, die Frage im Antrag der UN-Generalversammlung zu beantworten. Sie sei inhaltlich nicht zu hypothetisch, vielmehr müsse sie beantwortet werden, denn „*[t]o postpone giving an legal opinion on the threat or use of nuclear weapons until an actual case occurs is like substituting medicine with an autopsy.*"[103]

Auch auf die Formulierung des Art. 65 Abs. 1 IGH-Statut wird verwiesen, der festsetzt: „*Der Gerichtshof kann ein Gutachten zu jeder Rechtsfrage ... abge-*

---

[101] USA, Schriftliche Stellungnahme, S. 1f.; vgl. auch Finnland, Schriftliche Stellungnahme, S. 1f.; Großbritannien, Schriftliche Stellungnahme, S. 9ff..

[102] Deutschland, Schriftliche Stellungnahme, S. 5, abgedruckt auch bei Hillgenberg, Das Gutachtenverfahren, S. 21 (25).

[103] Mexiko, Verbatim Records, S. 56ff..

ben", und somit keine Einschränkung hinsichtlich beispielsweise der Allgemeinheit der Fragestellung macht.[104]

Der Gerichtshof stellte hierzu fest, daß die Behauptung, er solle sich nicht mit einer aus abstrakten Begriffen formulierten Frage befassen, „*a mere affirmation devoid of any justification*" sei, und daß „*the Court may give an advisory opinion on any legal question, abstract or otherwise*".[105] Da das Gutachten bestehendes Recht konstatiere und nicht neues Recht setze, überschreite der Gerichtshof somit auch nicht seine Kompetenz indem er Aufgaben der Legislative wahrnehme.[106]

Richter Oda kritisiert die abstrakte Fragestellung, indem er behauptet, daß es sich bei dem Gutachtenantrag der UN-Generalversammlung nicht um die Anfrage um ein Verfahren nach Art. 96 Abs. 1 SVN im eigentlichen Sinne handele, da nicht die Bewertung der völkerrechtlichen Lage erwünscht sei, sondern vielmehr die Bestätigung der Aussage „*No, the threat or use of nuclear weapons is not permitted under international law in any circumstance*". Der Entwurf der Resolution 49/75K, die dem Gutachtenantrag der UN-Generalversammlung zugrunde lag, wurde von Indonesien im Namen der Nicht-Alliierten-Staaten eingebracht. Dieses waren also zunächst die Staaten, die an der Erstellung des Gutachtens interessiert waren. Da es sich bei diesen Ländern um Nicht-Kernwaffenstaaten handelt, liegt es in der Natur der Sache, daß sie an einer offiziellen Ächtung des Nuklearwaffeneinsatzes durch den IGH interessiert waren. Dennoch läßt sich aber nicht einsehen, warum derartigen Erwartungen bzw. wohl eher Hoffnungen der Gutachtennatur des Verfahrens im Wege stehen sollten.

Hinsichtlich der Problematik, daß die Frage zu allgemein sei, muß jedoch zugegeben werden, daß dies dem Gerichtshof vor allem gegen Ende des Gutachtens erhebliche Probleme bereitete.[107] Eine Differenzierung zwischen verschiedenen Arten von Atomwaffen oder eine genauere Umschreibung der Einsatzsituation hätte dem Gerichtshof die Arbeit erleichtert. Die Annahme des Gutachtenantrags unter der von der UN-Generalversammlung gestellten Frage ist je-

---

[104] Vgl. auch Ägypten, Schriftliche Stellungnahme, S. 31.

[105] *Conditions of Admission of a State to Membership in the United Nations (Article 4 of the Charter)*, Gutachten vom 28. Mai 1948, ICJ Reports 1947-1948, S. 61; vgl. auch *Effects of Awards of Compensation Made by the United Nations Administrative Tribunal*, Gutachten vom 13. Juli 1954, ICJ Reports 1954, S. 47 (51); *Legal Consequences for States of the Continued Presence of South Africa in Namibia (South West Africa) notwithstanding Security Council Resolution 276 (1970)*, Gutachten vom 26. Januar 1971, ICJ Reports 1971, S. 3 (27); Gutachten, Absatz 15.

[106] Gutachten, Absatz 18.

[107] Siehe unten, 2. Kapitel, F.

doch dennoch zu befürworten, da ja gerade eine umfassende Beurteilung der rechtlichen Lage befreit von jeglichen Spezialisierungen und Einschränkungen gewünscht war.

IV. Ergebnis

Der Gerichtshof beschloß mit dreizehn zu einer Stimme, dem Gutachtenantrag nachzukommen.[108]

Der durch das World Court-Project und die Staaten auf den Gerichtshof ausgeübte Druck wurde jedoch sehr wohl wahrgenommen. So merkte Richter Guillaume in seinem Sondervotum an: „*Je suis certain que les pressions ainsi exercées ont été sans influence sur les délibération de la Cour, mais je me suis interrogé sur la question de savoir si, dans ces conditions, on pouvait encore regarder les demandes d'avis comme émanant des assemblées qui les avaient adoptées, ou si, appliquant la théorie de l'apparence, la Cour ne devait pas les écarter comme irrecevables.*"[109], und auch Großbritannien suggerierte im Vorverfahren: „*The Court should not feel – because I recognize, Mr. President, the pressure you must feel under – that if it declines that invitation, as we submit it should do, it would be failing in its duty, or that to decline would be a ground for legitimate criticism.*“[110]

Im weiteren Verlauf der Arbeit soll nun geprüft werden, inwiefern der Gerichtshof diesem Druck im Bezug auf die materielle Befassung mit dem Gutachtenantrag standhalten konnte.

[108] Gutachten, Absatz 105, 1.
[109] Richter Guillaume, Opinion Individuelle, S. 287f..
[110] Großbritannien, Verbatim Record, S. 66.

2. Kapitel: Die Analyse des Gutachtens

A. Eingrenzung und Gang der Untersuchung

Bevor nun die Prüfung des Gerichtshofs im einzelnen analysiert wird, sollen vorab vorgenommene Eingrenzungen und der Gang der Untersuchung aufgezeigt werden.

I. Eingrenzung der Untersuchung

1. Eingrenzung des Gegenstandes der Untersuchung

a) Atomwaffen

Eine Eingrenzung des Gegenstandes der Untersuchung ist zunächst hinsichtlich des Terminus „Atomwaffe" zu machen, da der Gutachtenantrag keine genauere Definition enthält. Weiterhin erscheint eine solche Definition auch aus aktuellem Anlaß erforderlich, denn es drängt sich die Frage auf, ob das Gutachten bereits durch sog. „Depleted Uranium Weapons", die im Golf- und Kosovo-Krieg verwendet wurden, aktuelle und praktische Relevanz erlangt hat. Die von Jugoslawien an den IGH wegen der Angriffe der NATO-Staaten gerichteten Klagen gründeten u.a. auf dem Vorwurf, daß der Einsatz dieser Waffe aufgrund der Strahlung des verwendeten Urans weitreichende Schäden für die menschliche Gesundheit und die Umwelt mit sich bringe[111], weiterhin die einzelnen Länder der NATO mit der Verwendung dieser Waffen verbotene Waffen eingesetzt hätten[112] und sich außerdem so eines Genozids am jugoslawischen Volk schuldig gemacht hätten.[113] Zu klären ist deshalb zunächst, was unter dem Begriff „Atomwaffe", bzw. „Kernwaffe", bzw. „Nuklearwaffe" zu verstehen ist.

---

[111] Vgl. unter B.
[112] Vgl. unter D und E.
[113] Vgl. unter B, III; Jugoslawien, Verbatim Record (*Legality of Use of Force*), S. 12, 15.

aa) Definitionen

Völkerrechtliche Legaldefinitionen sind in verschiedenen Verträgen zu finden. So umschreibt beispielsweise Art. 5 des Vertrags über das Verbot von Nuklearwaffen in Lateinamerika und der Karibik (Vertrag von Tlatelolco vom 14. Februar 1967)[114] die Atomwaffe als „*any device which is capable of releasing nuclear energy, irrespective of the objective for which such a weapon may be used.*" oder Anlage II des Waffenkontrollvertrags vom 23. Oktober 1954 als Atomwaffe „*jede Waffe, die Kernbrennstoff oder radioaktive Isotope enthält oder eigens dazu bestimmt ist, solche aufzunehmen oder zu verwenden und welche – durch Explosion oder andere unkontrollierte Kernumwandlung des Kernbrennstoffes oder durch Radioaktivität des Kernbrennstoffes oder der radioaktiven Isotope – Massenzerstörungen, Massenschäden oder Massenvergiftungen hervorrufen kann.*"[115]

Deutlich wird durch diese beiden Definitionen bereits, daß die Qualifizierung als Atomwaffe die Umwandlung eines Kernbrennstoffs verlangt, wodurch Energie freigesetzt wird. Dies ist auch der Definition von „*Kernwaffen, Nuklearwaffen, Atomwaffen*" der Brockhaus-Encyklopädie zu entnehmen: „*Sammelbezeichnung für alle Arten von Sprengkörpern (...), deren Wirkung auf der bei der Kernspaltung oder –fusion explosionsartig freigesetzten Energie beruht.*"[116] und auch die Encyclopaedia Britannica stellt auf diese Merkmale ab: „*[W]arhead, that derive force from either the fission or the fusion of atomic nuclei.*"[117] Die so veranlaßte Explosion realisiert sich durch Druck- und Hitzeentwicklung und die Freisetzung radioaktiver Strahlung.[118]

bb) Depleted Uranium Weapons

Zu klären ist nun noch, ob unter die so definierten Atomwaffen auch die oben erwähnten Depleted Uranium Weapons fallen. Diese Geschosse sind an der Spitze mit abgereichertem Uran (Uran-238) verstärkt. Die Bezeichnung „abge-

---

[114] 634 UNTS 281ff..

[115] Protokoll Nr. III über die Rüstungskontrolle, BGBl. 1955 II, S. 266; weitere Definitionen finden sich beispielsweise in Art. 1 des Vertrags von Rarotonga (South Pacific Nuclear Free Zone Treaty, 6. August 1985, abgedruckt in ILM 1985, S. 1440) und Art. XI, A Agreement for Cooperation on the Use of Atomic Energy for Mutual Defence Purposes vom 3. Juli 1958, 326 UNTS 4707.

[116] Brockhaus-Encyklopädie, Bd. 1, S. 679 „Kernwaffen, Nuklearwaffen, Atomwaffen".

[117] Encyclopaedia Britannica, Bd. 8, S. 820 „nuclear weapon".

[118] WHO Management Group, Report, S. 5 (7).

reichert" resultiert daraus, daß der Gehalt des Isotops Uran-235 so verringert wurde, daß er geringer ist als bei natürlich vorkommendem Uran.[119] Die USA nutzen abgereichertes Uran, ein Abfallproduk der Urananreicherung für Reaktoren und Atomwaffen, ungefähr seit 1970 um Granaten, Kugeln und Panzerwagen herzustellen. Es wird nicht wegen seiner Strahlung, sondern wegen seiner großen Durchschlagkraft verwendet, die daraus resultiert, daß Uran-238 die höchste Dichte und die größte Masse pro Kubikzentimeter hat.[120] Uran-238 emittiert eine Alpha-Strahlung, die nur auf eine kurze Distanz wirkt, jedoch bei Inhalation in Form von radioaktivem Uranoxid-Staub die Lunge schädigen kann. Weiterhin wird es von verschiedener Seite für das Golf-Krieg-Syndrom, genetische Defekte und Krebs verantwortlich gemacht.[121] Eine Gefahr bei einem Einsatz im Krieg besteht deshalb möglicherweise lokal am Detonationsort, was aber von anderer Seite her bestritten wird.[122] Umstritten ist weiterhin, welche Auswirkung Munitionsreste, die auf dem Schlachtfeld zurückbleiben, auf die Umwelt haben.[123]

Versucht man die Eigenschaften dieser Waffe unter die zuvor herausgearbeiteten Definitionsmerkmale der Atomwaffe zu subsumieren, nämlich die Umwandlung eines Kernbrennstoffs und die Freisetzung so gewonnener Energie, gelingt dies nicht, da die Technik der Depleted Uranium Weapons anderen Gesetzen gehorcht. Bezug genommen werden muß hier jedoch noch einmal auf die Definition der Anlage II des Waffenkontrollvertrags. Demnach gilt als Atomwaffe auch jede Waffe, die *„radioaktive Isotope enthält ... und ... durch Explosion ... Massenzerstörungen, Massenschäden oder Massenvergiftungen hervorrufen kann"*. Demnach könnte man möglicherweise Depleted Uranium Weapons als Atomwaffen einstufen, wenn man davon ausgeht, daß sie mit Uran-238 ein *„radioaktive[s] Isoto[p] enthalten [...]"* und *„durch Explosion ... Massenzerstörungen, Massenschäden oder Massenvergiftungen"* hervorrufen. Fraglich ist

[119] Caldicott, A New Kind, S. 18 (18).

[120] Fahey, Collateral Damage, S. 25 (26); Hoskin, Depleted Uanium, S. 164 (164).

[121] Dietz, DU Spread and Contamination, S. 134 (144ff.); Foerstel, Military, S. 61 (64); Gould, Nuclear Testing, S. 116 (118f.); Kaku, Depleted Uranium, S. 111 (111) mit weiteren Verweisen.

[122] Hinsichtlich des Golf-Kriegs beispielsweise Presidential Advisory Committee of Gulf War Veterans Illnesses, Final Report, December 1996, zit. bei Education Project, Depleted Uranium, S. 10; interessant in diesem Zusammenhang die sich widersprechenden Äußerungen der US-Regierung, Übersicht a.a.O.; wegen der von abgereichertem Uran herrührenden Gefahren werden die USA (Army Environmental Policy Institute, Technical Report on Health and Environmental Consequences of Depleted Uranium Use in the USArmy, S. 108) auch von Jugoslawien im Rahmen des Kosovo-Verfahrens zitiert, vgl. Jugoslawien, Verbatim Record (*Legality of Use of Force*), S. 43.

[123] Vgl. auch Blechschmidt, Radioaktive Munition, S. 6; Lauppe, Interview, S. 5.

aber bereits, ob eine Beschichtungen unter „*enthält*“ subsumiert werden kann, da „*enthält*“ vielmehr auf ein Vorkommen des Isotops im Waffeninneren hindeutet. Weiterhin unklar ist, inwiefern durch die Verwendung von Depleted Uranium Weapons „*Massenzerstörungen, Massenschäden oder Massenvergiftungen*“ hervorgerufen werden. Jedenfalls widerspricht die Einstufung der uranbeschichteten Waffen als Atomwaffen dem oben dargestellten grundsätzlichen Verständnis einer Nuklearwaffe, da nicht die Umformung eines Kernbrennstoffs stattfindet, wodurch Energie freigesetzt wird. Im Ergebnis ist deshalb festzustellen, daß Depleted Uranium Weapons nicht Kernwaffen im generell und hier verstandenen Sinn sind.

b) Einsatz und Drohung

Der Antrag der UN-Generalversammlung lautete auf die Beurteilung des *threat or use of nuclear weapons.* Der Gerichtshof setzte sich demzufolge auch nur mit der Drohung und dem Einsatz auseinander, d.h. Gegenstand der Prüfung sind zunächst nicht andere im Zusammenhang mit Atomwaffen stehende Sachverhalte, wie z.B. der Besitz oder die Stationierung von Atomwaffen, Atomwaffentests oder die friedliche Nutzung von Atomenergie.

Eine genaue Auslegung ist dennoch hinsichtlich der Formulierung *threat* notwendig.[124] Unklar ist in diesem Zusammenhang, ob unter *threat* lediglich die Androhung des Einsatzes oder bereits Besitz und Stationierung von Atomwaffen zu verstehen ist. Die Formulierung *threat of use* wurde zum ersten Mal in Resolution 37/100 der UN-Generalversammlung verwendet, die damals Anfang einer Reihe von 14 Resolutionen war, deren gemeinsames Ziel eine umfassende Nuklearwaffenkonvention war.[125] Produktion, Besitz und Stationierung von Nuklearwaffen werden von verschiedener Seite bereits deshalb unter den Begriff „*threat*“ subsumiert.[126] Dies wird damit begründet, daß auch die Vorbereitung eines Verbrechens strafbar sei[127] und nicht nur der Angriff selbst als Gefährdung

[124] Interessant in diesem Zusammenhang ist auch die Betrachtung, die die Drohung bereits als Einsatz ansieht: „*Nuclear weapons are being used today and can be expected to be used in the future. Not that they are being detonated ... [b]ut that is not a requirement of their being used. A man uses a gun when he sticks it in your ribs and demands your money. He does not need to fire the gun. And a country uses nuclear weapons when it makes it known that it may launch them unless certain conditions are met, ...*“, R.L. Holmes, On War and Morality, S. 8 (1989) zit. im Anhang zur schriftlichen Stellungnahme Naurus, S. 23.

[125] Vgl. hierzu 2. Kapitel, E.

[126] Vgl. Indonesien, Verbatim Record, S. 43.

[127] London Nuclear Warfare Tribunal, The Bomb, S. 4-18.

des Friedens anzusehen sei.[128] Das Gutachten geht auf dieses Problem insoweit ein, als daß es feststellt, daß der Besitz nicht generell der Drohung gleichkomme, dies vielmehr im Einzelfall von der Verhältnismäßigkeit abhänge. Ob der Besitz von Atomwaffen selbst schon eine „Bedrohung" i.d.S. sei, sei davon abhängig, ob die bestimmte ins Auge gefaßte Gewaltanwendung direkt gegen die territoriale Integrität, die politische Unabhängigkeit eines Staates oder gegen die Zielsetzung der Vereinten Nationen gerichtet wäre bzw. die Grundsätze der Notwehr oder Verhältnismäßigkeit verletzt seien.[129] Der Gerichtshof versteht unter *„threat"* somit lediglich *„threat of use"*, d.h. Produktion, Besitz und Stationierung fallen nicht unter den Begriff des *„threat"* i.S. der Gutachtenfrage.[130] Einer solch restriktiven Auslegung der Formulierung muß zugestimmt werden, allein der Besitz von Atomwaffen kann nicht ohne weiteres als Drohung verstanden werden, da es jedem Land frei steht, solange es sich nicht anderweitig - freiwillig - gebunden hat, für seine Selbstverteidigung Waffen zu entwickeln, zu besitzen bzw. zu stationieren.[131] Weiterhin wird auch im Völkerrecht allgemein und in der UN-Charta im besonderen zwischen dem bloßen Besitz einer Waffe und der Drohung differenziert.[132]

2. Eingrenzung des Maßstabs der Untersuchung

a) Heranziehung des Völkerrechts

Obschon es sich vorliegend um eine juristische Arbeit handelt, bringt es das Thema unausweichlich mit sich, daß in einigen Fällen auch ethisch-moralische sowie politische Argumente herangezogen werden. Eingebracht werden diese vor allem durch die Stellungnahmen der Staaten und Richter. Dies kann jedoch in einem Fall wie dem vorliegenden nicht als negative Erscheinung bzw. als Schwäche ausgelegt werden, da eine Arbeit, die einen Atomwaffeneinsatz the-

---

[128] Paech, Memorial, S. 30ff.; vgl. auch Indien, Schriftliche Stellungnahme, S. 6; Salomon-Inseln, Schriftliche Stellungnahme, S. 23; Vize-Präsident Schwebel, Dissenting Opinion, S. 357; a.A. Australien, Verbatim Record, S. 57; Malaysia, Verbatim Record, S. 52f..

[129] Gutachten Absatz 47f.; vgl. auch Hillgenberg, Das Gutachten-Verfahren, S. 9.

[130] A.A. Anhang zur schriftlichen Stellungnahme Naurus.

[131] Vgl. Großbritannien, Schriftliche Stellungnahme, S. 72f.; man hatte befürchtet, daß eine extensive Auslegung wegen der Anerkennung des Atomwaffenbesitzes verschiedener Staaten durch den NPT von vornherein zum Scheitern verurteilt gewesen wäre; zur Definition von *„threat"* vgl. auch Auflistung im Anhang zur schriftlichen Stellungnahme Naurus, S. 32ff.; Indonesien, Verbatim Record, S. 38ff.; Malaysia, Schriftliche Stellungnahme, S. 15.

[132] Vgl. San Marino, Verbatim Record, S. 29.

matisiert, nicht die wirkliche Problematik darstellen könnte, würden nicht auch diese Seiten der Thematik mit einbezogen. Richter Ranjeva formulierte dies in seiner Stellungnahme zum Gutachten so: „*Les exigences morales ne sont pas des sources directes et positives de prescriptions ou d'obligations, mais elles représentent un cadre à l'aune duquel sont scrutées et interpellées les techniques et les règles.*“[133]

Auch wenn diese Aspekte im Falle der Atomwaffenproblematik nicht aus den Augen verloren werden dürfen, ist vordergründiger Prüfungsmaßstab nichtsdestotrotz das Völkerrecht.

b) Allgemeine Prinzipien des Völkerrechts als Rechtsgrundlage

Die Formulierung der Gutachtenfrage gab im Vorfeld Anlaß, Mutmaßungen anzustellen, ob bei der Prüfung der Völkerrechtmäßigkeit einer Androhung oder eines Einsatzes von Atomwaffen der Gerichtshof seine Untersuchungen auf Verbote, Erlaubnissätze oder allgemeine Rechtssätze gründen solle.

Richter Ferrari Bravo legte dar, daß die Politik zwischen 1945 und 1985 zwar der Entstehung eines Verbotes entgegen gestanden sei, aufgrund der Wirkungsweise von Atomwaffen sich ein derartiges Verbot jedoch erübrige, da diese für sich selbst sprächen.[134] Dieses Vorbringen mag aus ethisch-moralischen Gründen zutreffend sein, ist zur Lösung der vorliegenden Frage jedoch nicht hilfreich, da ja gerade die Grundlage für die Erarbeitung eines juristisches Gutachtens festgestellt werden soll.

aa) Das Fehlen eines Erlaubnissatzes

Die Gutachtenfrage „*Is the threat or use of nuclear weapons in any circumstance permitted under international law?*“ suggeriert wohl eher, wenn möglicherweise auch ungewollt, daß nach einer Erlaubnis und nicht nach einem Verbot zu suchen sei. Eine ausdrückliche Gestattung hinsichtlich der Drohung oder des Einsatzes von Nuklearwaffen existiert jedoch nicht. Daraus könnte gefolgert werden, daß ein Nuklearwaffeneinsatz mangels ausdrücklicher Erlaubnis gesetzeswidrig ist.

Dem kann jedoch aufgrund der Systematik des Rechts nicht gefolgt werden. Nicht nur im Völkerrecht geschieht die rechtliche Regelung tatsächlicher Sach-

---

[133] Richter Ranjeva, Opinion Individuelle, S. 296.
[134] Richter Ferrari Bravo, Déclaration, S. 282.

verhalte grundsätzlich nicht durch das Aussprechen von Erlaubnissätzen, sondern vielmehr durch die Regelung verbotenen Verhaltens.[135] Auch der Gerichtshof stellt fest, daß das internationale Gewohnheits- und Vertragsrecht keine spezielle Bestimmung enthalte, die die Androhung oder Anwendung von Atomwaffen gestatte. Dies verhalte sich jedoch auch bei jeder anderen Waffe so. Es gebe weiterhin auch keinen Grundsatz oder keine Regel des Völkerrechts, wonach die Rechtmäßigkeit der Androhung oder Anwendung von Atomwaffen oder sonstigen Waffen von einer speziellen Genehmigung abhängig gemacht würde. Der Gerichtshof stellt hier nun explizit fest, daß die Staatenpraxis zeige, daß die Unrechtmäßigkeit der Anwendung bestimmter Waffen als solche nicht die Folge einer fehlenden Genehmigung sei, vielmehr in Verbotsbegriffen definiert werde.[136]

Weiterhin widerspricht die Auslegung des Gutachtenantrags auf eine explizite Gestattung hin auch der Staatensouveränität, denn durch das Erfordernis einer ausdrücklichen Erlaubnis - fraglich ist im übrigen, wer diese aussprechen dürfte - wäre jegliche Souveränität suspendiert.

Aus dem Fehlen einer ausdrücklichen Erlaubnis können vorliegend deshalb für die rechtliche Bewertung keine Folgerungen gezogen werden. Abzustellen ist deshalb grundsätzlich auf Verbote.

bb) Der Gegenschluß aus dem Fehlen eines expliziten Verbots

Zu klären bleibt in diesem Zusammenhang schließlich noch die Frage, ob für die Untersagung eines Atomwaffeneinsatzes und der Androhung desselben lediglich auf explizite Verbote abzustellen ist.

aaa) Die Lotus-Rechtsprechung

Mit Bezugnahme auf den *Lotus*-Fall des Ständigen Internationalen Gerichtshofs,[137] wurde die Ansicht vertreten, daß ein Kernwaffeneinsatz nicht gegen

---

[135] Russische Föderation, Schriftliche Stellungnahme zum Antrag der WHO-Versammlung, S. 5; im deutschen Recht z.B. StGB, §§ 823 ff. BGB, Sicherheits- und Ordnungsrecht etc..

[136] Gutachten, Absatz 52.

[137] *The Case of the S.S. „Lotus"*, Urteil vom 7. September 1927, PCIJ Reports, Series A, No. 10, S. 1ff.; auch diese Entscheidung wurde zufällig durch eines der seltenen *casting votes*, damals dem des Präsidenten Max Huber, entschieden; vgl. Clark, The Laws of Armed Conflict, S. 265 (280).

Völkerrecht verstoße, da ein diesbezügliches Verbot nicht existiere.[138] Im *Lotus*-Fall war der Ständige Internationale Gerichtshof mit der Frage der Gerichtsbarkeit in einer Strafsache wegen der Kollision zweier Schiffe auf hoher See befaßt, in der der türkische Staat den Offizier des französischen Dampfers „Lotus“ wegen des Vorwurfs der Fahrlässigkeit anklagen wollte. Der Ständige Internationale Gerichtshof entschied, daß die Türkei nicht zur Anklage berechtigt sei, und stellte die inzwischen klassische Formulierung der „*permissive theory*“ des Völkerrechts fest: „*Restrictions upon the independence of states cannot therefore be presumed.*“[139] Diese Formulierung wurde so ausgelegt, daß alles, was nicht ausdrücklich verboten ist, erlaubt ist.[140]

Fraglich ist jedoch, ob eine Heranziehung dieser Formulierung der *Lotus*-Rechtsprechung für die Klärung der hier problematischen Frage sinnvoll ist.

(1) Die Einordnung der Sachverhalte

Im Rahmen der Klärung dieser Frage muß zunächst festgestellt werden, daß der *Lotus*-Fall im Vergleich zu der hier vorliegenden Gutachtenfrage in einem gänzlich anderen Zusammenhang stand, so daß es bereits deshalb schwer fällt, überhaupt derartige Gemeinsamkeiten der beiden Entscheidungen festzustellen, die eine Heranziehung des einen zur Begründung innerhalb des anderen als sinnvoll erscheinen lassen.

---

[138] Vgl. beispielsweise Richter Guillaume, Opinion Individuelle, S. 291f., dieser stützt sich neben dem *Lotus*-Fall jedoch weiterhin auf eine Rechtsprechung des IGH, sowie die eines nationalen Gerichts, nämlich des Tokyo District Courts. Der IGH stellte im Nicaragua-Fall (*Case concerning military and paramilitary activities in and against Nicaragua*, Urteil vom 20. Juni 1986, ICJ Reports 1986, S. 14 (108)) fest, daß allen Staaten freistehe, „*the choice of a political, economic, social and cultural system, and the formulation of foreign policy*“. Der Tokyo District Court habe weiterhin in seiner Shimoda-Entscheidung vom 7. Dezember 1963 (vgl. Fn. 12) festgestellt: „*Of course, it is right that the use of a new weapon is legal, as long as international law does not prohibit it.*“ (S. 235) Auch sämtliche vertraglich formulierten Verbote, wie z.B. der Vertrag über das Verbot von Nuklearwaffen in Latein-Amerika von 1967 (634 UNTS 281), die Konvention hinsichtlich des Verbots der Entwicklung, Produktion und Lagerung bakterieller Waffen von 1972 (BGBl 1983 II S. 133), die Konvention hinsichtlich des Verbots der Entwicklung, Produktion, Lagerung und des Einsatzes chemischer Waffen sowie deren Zerstörung von 1993 (BGBl 1994 II S. 807), weiterhin sei auch der Entwurf zur Resolution 45/59 der UN-Generalversammlung auf den Beschluß eines Verbotes ausgelegt „*the prohibition of the use of nuclear weapons*“.

[139] *The Case of the S.S. „Lotus“*, Urteil vom 7. September 1927, PCIJ Reports, Series A, No. 10, S.18.

[140] Vgl. Mendlowitz, Datan, Advisory Opinion, S. 653 (658f.) mit weiteren Verweisen.

Der Sachverhalt, der dem *Lotus*-Fall des Ständigen Gerichtshofs zugrunde lag war folgender: Zu Friedenszeiten kam es zu einer Kollision auf hoher See zwischen dem Dampfer „Lotus", der unter französischer Flagge fuhr, und einem türkischen Schiff. Bei diesem Zusammenstoß starben insgesamt acht türkische Besatzungsleute und Passagiere, wofür der französische Offizier vor einem türkischen Gericht angeklagt wurde. Bereits zum damaligen Zeitpunkt war das Völkerrecht jedoch in die Sparten des Friedens- und des Kriegsvölkerrechts unterteilt. Gegen eine Heranziehung der Aussagen des *Lotus*-Falls als Argumentationsgrundlage im Rahmen dieses Gutachtens spricht deshalb bereits, daß für die Entscheidung des *Lotus*-Falls Friedensvölkerrecht anwendbar war, für die Erstellung des vorliegenden Gutachtens jedoch v.a. Kriegsvölkerrecht. Das humanitäre Völkerrecht mit seinen allgemeinen Grundsätzen, das im vorliegenden Gutachten eine wesentliche Rolle spielt, war zu diesem Zeitpunkt zwar bereits sehr weit entwickelt, aber als Bestandteil des Kriegsvölkerrechts eben nicht auf diesen Fall anwendbar. Das bedeutet aber, wenn überhaupt mit der betreffenden Aussage des *Lotus*-Falls argumentiert werden kann, dies immer in dem Bewußtsein geschehen muß, daß es sich nur um eine insofern analoge Anwendung handelt.

(2) Weiterentwicklung von Globalisierung und Völkerrecht

Neben dieser unterschiedlichen Sachverhaltskonstellationen sind weiterhin die Verhältnisse zu beachten, die zur Zeit der *Lotus*-Rechtsprechung vorherrschten. Die Tragweite des damaligen Beschlusses des Ständigen Gerichtshofs würde überschätzt, wenn man ihn aus den Umständen, unter denen er gefaßt wurde, herauslöste und hier zur Argumentation heranzöge.

Beachtliches Kriterium ist in diesem Zusammenhang die Entstehungszeit des *Lotus*-Falles im Vergleich zur heutigen Zeit. Der *Lotus*-Fall wurde 1927 verhandelt.

(a) Weiterentwicklung der Globalisierung

Wichtiger Aspekt, der einen Unterschied zu damaligen Gegebenheiten aufweist, ist zunächst die Fortentwicklung des Erscheinungsbildes der Internationalen Gemeinschaft. Die Rechtsprechung zum *Lotus*-Fall spiegelt den damaligen Zeitgeist wieder, der von einer Gesellschaft geprägt war, die nur über wenige internationale Einrichtungen verfügte. Auch das damals existierende Völkerrecht, auf dem diese internationale Gemeinschaft basierte, war lediglich auf die Koexistenz der Staaten ausgerichtet, der Grundsatz der Staatensouveränität hatte somit eine weitaus größere Bedeutung.

Seit dem damaligen Zeitpunkt kam es diesbezüglich zu einer Weiterentwicklung. Der *„supra-nationalisme“*, wie Präsident Bedjaoui sich ausdrückt, ist zwar längst nicht vollendet, trotzdem zeigt die wachsende Zahl der internationalen Einrichtungen die Fortschritte der Institutionalisierung. Das schrittweise Ersetzen des klassischen Koexistenzrechtes durch ein Recht der Zusammenarbeit sowie der Versuch, eine internationale Gemeinschaft zu subjektivieren, sind Beweise dafür, daß „Integration“ und „Globalisierung“ längst keine Utopie mehr sind, was sich auch durch völkerrechtliche Begriffe wie Verpflichtung *erga omnes*, und *ius cogens* verdeutlicht.[141]

(b) Die Fortentwicklung des Völkerrechts seit der Lotus-Rechtsprechung

Neben dieser Entwicklung der internationalen Gemeinschaft steht die Fortentwicklung des Völkerrechts selbst einer Argumentation mit der Rechtsprechung des *Lotus*-Falles entgegen. Eine damaligen Definition, der sich der ständigen Gerichtshof im *Lotus*-Fall anschloß, lautete folgendermaßen:

> *„International law governs relations between independent States. The rules of law binding upon States therefore emanate from their own free will as expressed in conventions or by usages generally accepted as expressing principles of law and established in order to regulate the relations between these co-existing independent communities or with a view to the achievement of common aims“*.[142]

Diese bewußt positivistische und voluntaristische Betrachtungsweise ist einer objektiven Auffassung gewichen, wonach sich das Völkerrecht inzwischen mehr als Ausdruck eines juristisch-kollektiven Bewußtseinszustandes und als Reaktion der sozialen Bedürfnisse der zu Gemeinschaften organisierten Staaten verstehe.[143]

---

[141] Vgl. hierzu Präsident Bedjaoui; Déclaration, S. 270f.; Mendlowitz, Datan, Advisory Opinion, S. 653 (655, 659); Mexiko, Verbatim Record, S. 57; Rostow, The World Health Organization, S. 151 (164f.).

[142] *The Case of the S.S. „Lotus“*, Urteil vom 7. September 1927, PCIJ Reports, Series A, No. 10, S. 18.

[143] Vgl. Präsident Bedjaoui, Déclaration, S. 270f.; vgl. auch Australien, Verbatim Record, S. 38; Rostow, The World Health Organization, S. 151 (164f.).

Diesen Vorgang hatte der Ständige Internationale Gerichtshof vier Jahre vor der Entscheidung im *Lotus*-Fall festgestellt, als er in einem Gutachten bemerkte, daß die Bedeutung der Staatensouveränität gleichermaßen an Bedeutung verliere, wie das Völkerrecht durch seine Weiterentwicklung an Bedeutung gewinne.[144]

Wie bereits festgestellt, hat sich das Völkerrecht in den ca. 60 Jahren seit der *Lotus*-Entscheidung aber fortentwickelt, und im *Corfu Channel*-Fall hat der IGH selbst entschieden, daß das Völkergewohnheitsrecht allen Staaten die Pflicht auferlege, ihre Angelegenheiten ohne die negative Beeinträchtigung anderer Staaten zu regeln, ohne daß hierfür eine Regelung *expressis verbis* notwendig sei.[145] Es ist deshalb schwer nachzuvollziehen, weshalb im Anschluß an derartige Erkenntnisse durch den IGH selbst zur gegenteiligen Begründung eine Äußerung seines Vorgängers mit der - wie sich zeigen wird - vermeintlich gegenteiligen Aussage herangezogen wird.[146]

(3) Bedeutung der jeweiligen Entscheidung für andere Sachverhalte

Neben Entwicklungsstand der internationalen Gemeinschaft und des Völkerrechts sind jedoch auch die Art des Problems sowie die Bedeutung der Weltanschauung, die dem damaligen Fall zugrunde lagen, heute andere. Das im *Lotus*-Fall verhandelte Problem war längst nicht von derart immenser Bedeutung, als der Ständige Internationale Gerichtshof feststellte, daß ein Verhalten, das nicht ausdrücklich durch das Völkerrecht verboten sei, schon aus diesem Grunde erlaubt sei.[147] Die *Lotus*-Rechtsprechung war relevant für die Regelung eines Sachverhalts, das vom IGH zu erstellende Gutachten bezieht sich hingegen mangels Anknüpfung an einen konkreten Sachverhalt auf eine unbestimmte Vielzahl von Fällen.

(4) Abschließende Betrachtung zur Einbeziehung der Lotus-Rechtsprechung

Zieht man trotz all dieser vorgebrachten Bedenken die betreffende Aussage des *Lotus*-Falls zur Argumentation heran, so muß sich daraus nicht zwingend die Folgerung ergeben, welche die betreffenden Staaten der Feststellung des Ständi-

---

[144] *Nationality Decress Issued in Tunis and Morocco,* Gutachten vom 7. Februar 1923, PCIJ Series B, No. 4 (1923), S. 24.

[145] *The Corfu Channel Case*, Urteil vom 9. April 1949, ICJ Reports 1949, S. 4 (22).

[146] Vgl. Richter Weeramantry, Dissenting Opinion, S. 494ff..

[147] Vgl. Präsident Bedjaoui, Déclaration, S. 49.

gen Gerichtshofs entnommen haben. Wohl zutreffend ist eine Interpretation dahingehend, daß der *Lotus*-Fall auf einem hohen Ansehen der Staatensouveränität basierte. Fraglich ist jedoch, wie diese Staatensouveränität mit dem Einsatz einer Waffe, nämlich dem der Nuklearwaffe, harmoniert, die grundsätzlich gerade nicht - worauf später noch eingehend Bezug genommen wird[148] - Ländergrenzen respektiert.[149]

Insgesamt kann deshalb festgestellt werden, daß die oben zitierte Rechtsprechung des *Lotus*-Falls hier nicht zur Argumentation dafür herangezogen werden kann, daß lediglich explizite Verbote ihre Wirksamkeit im Völkerrecht entfalten und im übrigen alles, was so nicht ausdrücklich verboten ist, zulässig ist.[150]

bbb) Systematische Erwägungen

Abgesehen von diesen aus der *Lotus*-Rechtsprechung gewonnenen Erkenntnissen sprechen systematische Erwägungen gegen das alleinige Abstellen auf ausdrückliche Verbote.

Richter Weeramantry kritisierte die Vorgehensweise, lediglich auf explizite Untersagungen abzustellen, folgendermaßen:

> „*If tomorrow a ray were invented which would immediately incinerate all living things within a radius of 100 miles, does one need to wait for an international treaty specifically banning it to declare that it offends the basic principles of the ius in bello and cannot therefore be legitimately used in war? It would seem rather ridiculous to have to await the convening of an international conference, the drafting of a treaty, and all the delays associated with the process of ratification, before the law can treat such a weapon as illegal.*“[151]

Und tatsächlich kann es in einem derart entwickelten System wie dem Völkerrecht nicht lediglich darauf ankommen, ob explizite Verbote bestehen. Dies läßt sich anhand einer logischen Erklärung sowie aus einer Beobachtung begründen.

Zunächst zur Erklärung. Wäre notwendige Voraussetzung für das Verbot einer bestimmten Vorgehensweise, Waffe o.ä. jeweils ein explizites Verbot, wäre das Völkerrecht bei jeder nur kleinsten Neuentwicklung auf dem Gebiet der

---

[148] Siehe unter F, II, 3, b, aa, bbb, (4).

[149] Vgl. Richter Weeramantry, Dissenting Opinion, S. 494ff..

[150] Vgl. auch Philippinen, Verbatim Record, S. 70f.; Samoa, Verbatim Record, S. 59ff..

[151] Richter Weeramantry, Dissenting Opinion, S. 492.

Waffentechnik in Zugzwang gesetzt. D.h. um in einer kriegerischen Auseinandersetzung nach den Regeln des Völkerrechts legitim vorgehen zu können, trotzdem aber in höherem Maße „effektiv" agieren zu können, wäre lediglich Voraussetzung, einen Waffentyp zu schaffen, der bis zu diesem Zeitpunkt so noch nicht bekannt bzw. völkerrechtlich geächtet war. Bereits diese Überlegung legt die Vermutung nahe, daß nicht erst ein explizites Verbot zur völkerrechtlichen Illegalität einer Vorgehensweise, einer Waffe etc. führt.

Nun zur Beobachtung. Wie weiter unten ausführlicher erläutert wird, sind im Völkerrecht, vor allem im hier relevanten humanitären Völkerrecht, allgemeingültige Aussagen getroffen, d.h. Aussagen, die auf bestimmte allgemeine Waffen- oder Kampfmerkmale abstellen. Diese Regelungen erübrigten sich, würde man mit einigen Staaten jeweils ein explizites Verbot verlangen. Weiterhin wurden genau diese eben genannten Regelungen in der Vergangenheit herangezogen, um zu einem Verbot anderer Waffen oder Kampfarten zu kommen. Warum sollte hinsichtlich Kernwaffen entgegen der üblichen Handhabung ein ausdrückliches, spezielles Verbot notwendig sein? Weiterhin bleibt noch zu bemerken, daß ein Rechtssystem, das für jegliche möglichen Vorkommnisse ein explizites Verbot bereit hält, von seiner Übersichtlichkeit und Struktur her eher fragwürdig wäre.[152]

Wenn jedoch tatsächlich - wie von einigen Staaten vertreten - lediglich nach einem expliziten Verbot zu suchen wäre, wäre es dann überhaupt notwendig gewesen, daß dem IGH eine diesbezügliche Gutachtenfrage vorgelegt wird, die allgemein als so wichtig eingestuft wird, daß sie nach erstmaliger Ablehnung durch den IGH diesem durch ein anderes Organ der Vereinten Nationen erneut vorgelegt wurde? In einer weltpolitisch derart wichtigen Frage wie der der Völkerrechtskonformität eines Atomwaffeneinsatzes bzw. der Drohung mit demselben ist wohl - ohne dabei vermessen erscheinen zu wollen - davon auszugehen, daß ein explizit verhängtes Verbot nicht an den einzelnen Organen, hier der WHO und der UN-Generalversammlung, der Vereinten Nationen vorbeigegangen wäre. Aufgabe einer derart angesehenen juristischen Instanz wie dem IGH kann es deshalb nicht sein, lediglich nach einem expliziten Verbot zu suchen, die Arbeit des IGH ist vielmehr deshalb von Interesse, weil völkerrechtliche Normen, die gerade allgemein gültige Aussagen machen, von einer hohen juristischen Autorität interpretiert werden. Das britisch-amerikanische Arbitral Tribunal formulierte dies in vergleichbarem Zusammenhang des *Eastern Extension, Australia and China Telegraph Company limited (Great Britain) v. United States*-Fall bereits am 9. November 1923 folgendermaßen:

[152] Vgl. auch ebd., S. 492ff..

„International law, as well as domestic law, may not contain, and generally does not contain, express rules decisive of particular cases; but the function of jurisprudence is to resolve the conflict of opposing rights and interests by applying, in default of any specific provision of law, the corollaries of general principles, and so to find - exactly as in the mathematical sciences - the solution of the problem. This is the method of jurisprudence; it is the method by which the law has been gradually evolved in every country, resulting in the definition and settlement of legal relations as well between States as between private individuals."[153]

cc) Ergebnis und Entscheidung des Gerichtshofs

Nach all diesen angestellten Überlegungen muß man zu dem Ergebnis kommen, daß bei der völkerrechtlichen Überprüfung eines Atomwaffeneinsatzes und der Androhung desselben nicht lediglich auf explizit verhängte Verbote abgestellt werden darf.

Der Gerichtshof entschied sich dafür, zu prüfen, ob es ein Verbot gebe: „*...the illegality of the use of certain weapons as such does not result from an absence of authorization but, on the contrary, is formulated in terms of prohibition. The Court must therefore now examine whether there is any prohibition of recourse to nuclear weapons as such...*",[154] wie sich später zeigen wird, untersucht der IGH jedoch nicht nur, ob es ein hinsichtlich Atomwaffen spezifisches Verbot gibt, sondern prüft auch allgemeine Regeln des Völkerrechts auf eine Vereinbarkeit mit einem Atomwaffeneinsatz.[155]

II. Gang der Untersuchung

Bevor nun endlich die einzelnen Prüfungsschritte des Gerichtshofs nachvollzogen werden, soll vorab noch der Übersichtlichkeit wegen der Gang der Untersuchung aufgezeigt werden. Der IGH prüft zunächst mit dem Menschenrechtsschutz, dem Genozidverbot und dem Umweltschutz Vorschriften, die nicht spe-

---

[153] RIAA, Vol. VI, S. 112 (114); vgl. hierzu Richter Herczegh, Déclaration, S. 225; Richter Koroma, Dissenting Opinion, S. 575; Lawyers' Committee on Nuclear Policy, Völkerrechtswidrigkeit, S. 8 (16).

[154] Gutachten, Absatz 52f..

[155] Vgl. auch Meyrowitz, Nuclear weapons, S. 35 (37).

ziell oder auch gar nicht dem Kriegsrecht zugeordnet werden können. Daraufolgend untersucht der IGH die UN-Charta auf ein Verbot eines Nuklearwaffeneinsatzes oder der Drohung mit demselben. Im Anschluß daran wendet sich der Gerichtshof solchen Normen zu, die als spezielle Atomwaffeneinsatzverbote in Betracht kommen, innerhalb dessen zuerst den Giftwaffenverbote, an zweiter Stelle atomwaffenspezifischen Verträgen. Vor Prüfung allgemeiner Grundsätze, die v.a. dem humanitären Völkerrecht entnommen werden, untersucht der IGH schließlich, ob sich aus der Staatenpraxis oder den Resolutionen der UN-Generalversammlung ein gewohnheitsrechliches Verbot ableiten läßt.

Auf die Vereinbarkeit der Androhung eines Kernwaffeneinsatzes mit dem Völkerrecht geht der IGH nur an zwei Stellen explizit ein, zum einen im Rahmen der Prüfung der UN-Charta, weiterhin im Zusammenhang mit dem humanitären Völkerrecht und dem Neutralitätsprinzip.

Im Anschluß an die völkerrechtliche Prüfung nimmt der IGH schließlich noch Stellung zur nuklearen Abrüstung.

B. Die Vereinbarkeit mit dem Menschenrechtsschutz, dem Genozidverbot und dem Umweltschutz

Der Gerichtshof wendet sich also zunächst dem Menschenrechtsschutz, dem Genozidverbot und dem Umweltschutz zu[156], da von einigen Staaten behauptet wurde, diese enthielten ein Verbot.[157]

I. Menschenrechtsschutz

1. Rechtliche Grundlage

Hinsichtlich der Prüfung der Vereinbarkeit mit dem Menschenrechtsschutz bezieht sich der IGH auf Art. 6 des Internationalen Paktes über bürgerliche und

[156] Daß die in diesem Bereich gefundene Erkenntnisse sich nicht im Tenor des Gutachtens niederschlagen, soll nach Aussage des Gerichtshofs ohne Bedeutung sein: „*Some of these grounds are not such as to form the object of formal conclusions in the final paragraph of the Opinion; they nevertheless retain, in the view of the Court, all their importance.*“ (Gutachten, Absatz 104).

[157] Anhang zur schriftlichen Stellungnahme Naurus, S. 20ff..

politische Rechte (IPBPR)[158] von 1966, dessen Wortlaut folgender ist: „*Jeder Mensch hat ein angeborenes Recht auf Leben. Dieses Recht ist gesetzlich zu schützen. Niemand darf willkürlich seines Lebens beraubt werden.*"

Art. 6 IPBPR stellt eine Erweiterung zu Art. 6 der Allgemeinen Erklärung der Menschenrechte[159] dar, der festlegt, daß jeder überall vor dem Gesetz als Mensch anzusehen ist. Auch Art. 2 der Europäischen Konvention zum Schutz der Menschenrechte und der Grundsätze des Friedens von 1950[160] und die Amerikanische Menschenrechtskonvention[161] enthalten eine ähnliche Formulierung. Das Menschenrechts-Komitee der Vereinten Nationen hat in einer Veröffentlichung vom 2. November 1984 mit dem Titel „*The Right to Life and Nuclear Weapons*"[162] die Ansicht der UN-Generalversammlung[163] bestätigt, daß das Recht auf Leben hinsichtlich Atomwaffen zu erörtern sei. Die UN-Generalversammlung hat in diesem Zusammenhang festgestellt, daß Nuklearwaffen eine der größten Bedrohung dieses Rechts seien, und deshalb ihr Einsatz als Verbrechen gegen die Menschlichkeit deklariert werden sollte.[164]

2. Vorbringen der Staaten

Während auch von verschiedenen blockfreien Staaten[165] die Aussage des UN-Menschenrechts-Komitees, das die Einhaltung des IPBPR überwacht, folgendermaßen zitiert wurde:

> „*It is evident that the designing, testing, manufacture, possession and deployment of nuclear weapons are among the greatest threats to the right to life which confront mankind today. This threat is compounded by the danger that the actual use of such weapons may be brought about, not only in the event of war, but*

[158] BGBl. 1973 II, S. 1533.

[159] Abgedruckt bei Sartorius II, Nr. 19.

[160] BGBl. 1952 II, S. 685, 953.

[161] Abgedruckt in ILM 1970, S. 9.

[162] General Comment of Article 6, 14 (23) „*(...) nuclear weapons are among the greatest threats to the right to life.*", United Nations, Report of the Human Rights Committee, Official Records of the General Assembly, 40 th Session, Supplement No. 40 (A/40/40), 1985, S. 162 abgedruckt auch bei Nowak, U. N. Covenant, S. 861.

[163] Res. 38/75, „*Condemnation of Nuclear War*", Paragraph 1.

[164] Vgl. Richter Weeramantry, Dissenting Opinion, S. 506f..

[165] Ägypten, Schriftliche Stellungnahme, S. 15f.; Indonesien, Verbatim Record, S. 36; Malaysia, Verbatim Record, S. 66; Malaysia, Schriftliche Stellungnahme, S. 13f.; Salomon-Inseln, Schriftliche Stellungnahme, S. 91f..

even through human or mechanical error or failure. (...) use of nuclear weapons should be prohibited and recognized as crimes against humanity.“[166],

vertreten die Atomwaffenstaaten Rußland[167], Frankreich[168], die USA[169] und Großbritannien[170] die Ansicht, daß ein Atomwaffeneinsatz bzw. Atomwaffen an sich nicht zwingend gegen Art. 6 IPBPR verstoßen. Das Recht auf Leben nach Art. 6 IPBPR sei kein absolutes Recht, somit keine Garantie gegenüber rechtmäßigen Maßnahmen im Rahmen bewaffneter Konflikte.

3. Bewertung durch den IGH

Der IGH stellt fest, daß Art. 6 IPBPR ebenfalls „*in hostilities*“ anwendbar sei, da dieses Recht auf Leben auch nicht von Art. 4 Abs. 1 IPBPR suspendiert werden könne, der bezüglich anderer Garantien des IPBPR im Falle eines öffentlichen Notstandes eine Ausnahme schafft, Art. 4 Abs. 2 IPBPR. Generell sei somit von einer Anwendbarkeit des Art. 6 IPBPR in kriegerischen Auseinandersetzungen auszugehen. Notwendig sei gem. Art. 6 Abs. 1 S. 3 IPBPR eine willkürliche Tötung; ob eine solche vorliege, könne jedoch nur anhand der Normen des Rechts des bewaffneten Konflikts - als *lex specialis* - entschieden werden.[171] Hiermit macht der Gerichtshof eine aufschlußreiche Aussage, weil daraus gefolgert werden kann, daß das Recht des bewaffneten Konflikts zur Interpretation der Menschenrechte herangezogen werden kann, vielmehr sogar, daß zumindest im Falle der kriegerischen Auseinandersetzung Menschenrechte nicht anders als das Recht des bewaffneten Konflikts interpretiert werden können, wenigstens dann, wenn Gegenstand eine vorsätzliche Tötung ist.[172]

---

[166] Siehe Fn. 162.

[167] Russische Föderation, Schriftliche Stellungnahme, S. 9f..

[168] Frankreich, Schriftliche Stellungnahme, S. 20.

[169] USA, Schriftliche Stellungnahme, S. 43ff..

[170] Großbritannien, Schriftliche Stellungnahme, S. 65f.; weiterhin auch die Niederlande, Schriftliche Stellungnahme, S. 10f..

[171] Gutachten, Absatz 24f..

[172] Vgl. Doswald-Beck, International humanitarian law, S.35 (51); Ticehurst, Nuclear Weapons, S. 107 (110).

4. Diskussion

Die Bewertung durch den Gerichtshof erscheint zunächst zu absolut. Zuzustimmen ist dem Gerichtshof insofern, als Art. 6 IPBPR eine willkürliche Tötung erfordert. Bhagwati bringt jedoch vor, daß jeder Atomwaffeneinsatz ein Verstoß gegen Art. 6 IPBPR darstellt, da er willkürlich sei: „*Es ist von grundlegender Wichtigkeit, daß alles, was unnötig oder exzessiv ist, als „willkürlich" bezeichnet wird, weil es einer rationalen Überprüfung nicht standhält.*"[173] Diffizil an dieser Aussage, die die Annahme eines Verstoßes gegen Art. 6 IPBPR ermöglicht, ist jedoch zunächst, daß die von Bhagwati vorgetragene Definition von „*willkürlich*" äußerst eigentümlich ist und einer Überprüfung an der allgemeinen Auffassung nicht standhalten kann. Schwer vertretbar an der Definition von Bhagwati ist die Behauptung, daß alles unnötige und exzessive „*willkürlich*" sei. Gemeinhin wird „*willkürlich*" umschrieben als „*ohne Rücksicht auf objektive Gegebenheiten, je nach Laune, vom Willen gesteuert*"[174] oder „*nicht nach einem System erfolgend, sondern wie es sich zufällig ergibt, vom eigenen Willen gesteuert bewußt erfolgend gewollt*"[175]. Eine Umschreibung durch „*unnötig*" oder „*exzessiv*" ist dagegen nicht gebräuchlich. Auch im englischen Originalwortlaut „*arbitrarily*" ist diese nicht enthalten, sondern vielmehr „*at will, without sufficient reason, capriciously, unconstitutionally, despotically*"[176]. Einer juristischen Subsumtion, ermöglicht durch ein eigenes, eigentümliches Verständnis eines Rechtsbegriffes kann jedoch nicht Folge geleistet werden. Selbst wenn der Definition Bhagwatis zugestimmt werden könnte, bedeutet das nicht automatisch, daß jeder Atomwaffeneinsatz willkürlich i.S.d. Art. 6 IPBPR ist. Es ist nicht zwingend anzunehmen, daß jeder Atomwaffeneinsatz ohne auf rationaler Basis nachvollziehbaren Grund exzessiv und unnötig zur Vernichtung menschlichen Lebens führt. Es ist auch nicht verständlich, wie Bhagwati zu diesem Ergebnis kommt. Ob ein Waffeneinsatz auf rationaler Ebene nachvollziehbar ist, steht mit dem jeweils beabsichtigten Zweck in Zusammenhang. Bhagwati geht wohl in seiner Ausführung davon aus, daß ein Atomwaffeneinsatz deswegen willkürlich ist, weil jedenfalls Menschen ihr Leben verlieren und dies nicht kontrolliert werden könne. Dies ist jedoch eine im Rahmen des Art. 6 IPBPR nicht zutreffende Auslegung von „*willkürlich*". Abzustellen ist auch bei der Beurteilung eines Atomwaffeneinsatzes vielmehr darauf, ob er jeweils darauf ausgerichtet ist,

[173] Bhagwati, Stellenwert, S. 289 (293); vgl. auch Anhang zur schriftlichen Stellungnahme Naurus, S. 18f..
[174] Wörterbuch der deutschen Gegenwartssprache, Bd. 6, S. 4355.
[175] Duden, S. 1742.
[176] The Oxford English Dictionary, Bd. 1, S. 602.

menschliches Leben aus rational nicht nachvollziehbaren Gründen unnötig zu zerstören. Abgestellt werden muß deshalb auf den Einzelfall.

Problematisch und mit dem von Bhagwati angesprochenem Problem zusammenhängend ist dennoch der tatsächliche Sachverhalt. Kann eine Verletzung der Menschenrechte deshalb verneint werden, weil eine willkürliche Tötung nicht beabsichtigt ist, wenn die eingesetzte Waffe so konzipiert ist, daß bei ihrer Verwendung notwendigerweise eine sehr hohe Anzahl von Menschen stirbt? Richter Weeramantry beantwortet diese Frage folgendermaßen:

> „*It has been argued that the right to life is not an absolute right and that the taking of life in armed hostilities is a necessary exception to this principle. However, when a weapon has the potential to kill between one million and one billion people, as WHO has told the Court, human life becomes reduced to a level of worthlessness that totally belies human dignity as understood in any culture.*"[177]

Können diese nachvollziehbaren Bedenken der Bewertung des Menschenrechtsschutzes durch den Gerichtshof entgegengesetzt werden?

5. Bewertung und Ergebnis

Zur Auflösung der so entstandenen Spannung - auf der einen Seite der Begriff der willkürlichen Tötung in Art. 6 IPBPR, auf der anderen Seite die vermutlich große Anzahl Toter durch einen Atomwaffeneinsatz - kann eine in der Literatur von Matheson vorgetragene Argumentation herangezogen werden. Problematisch hinsichtlich der Anwendung des Art. 6 IPBPR und einer damit verbundenen evt. Erweiterung nach den Gedanken Weeramantrys ist, daß diese Norm - wenngleich vom Gerichtshof auch im Rahmen von *hostilities* für anwendbar erklärt - ursprünglich für die Anwendung zu Friedenszeiten entwickelt wurde. Dies ergibt sich bereits daraus, daß Art. 4 IPBPR eine explizite Regelung für den Fall „*eines öffentlichen Notstandes, der das Leben der Nation bedroht*" enthält, die dann nicht notwendig wäre, wäre der Pakt zu Zeiten des Krieges von eben solcher Bedeutung wie zu Friedenszeiten. Dies hat aber zur Folge, daß eine undifferenzierte Anwendung zu Zeiten kriegerischer Auseinandersetzungen nicht ohne weiteres stattfinden kann. Bevor eine derartige Anwendung sinnvoll

[177] Richter Weeramantry, Dissenting Opinion, S. 506f.; ähnlich auch Graefrath, Der aktuelle Stand, S. 124 (124f.).

sein kann, ist vielmehr erforderlich, daß eine sensible Anpassung auf die so entstandene neue Anwendungsweise vorgenommen wird. Ohne eine derartige Weiterentwicklung wird eine nicht differenzierende Anwendung jedoch nicht nur den Voraussetzungen einer kriegerischen Auseinandersetzung nicht gerecht, da in solchem Zusammenhang Verbote häufig nicht absolut sind, sondern zunächst lediglich eine Abwägung stattzufinden hat. Vielmehr beachtenswert ist weiterhin, daß eine derart undifferenzierte Anwendung auch zu einer Schwächung der für Friedenszeiten entwickelten Normen führt. Den strengen Regeln der speziell für Friedenszeiten entworfenen Normen kann kein Staat im Rahmen einer kämpferischen Auseinandersetzung gerecht werden. Wollte man deshalb einen ständigen, so natürlicherweise zu erwartenden Verstoß gegen diese Vorschriften vermeiden, erforderte eine gleichzeitige Anwendung dieser Normen für den Fall des Krieges deshalb immer die Bildung von Ausnahmen, was sicherlich auch gewisse Vorteile in sich birgt, die absolute Formulierung des Art. 6 IPBPR jedoch schwächt.[178]

Art. 6 IPBPR allein ist deshalb nicht geeignet, um festzustellen, ob ein Atomwaffeneinsatz gegen den Menschenrechtsschutz verstößt. Abgestellt werden muß vielmehr auf den Einzelfall. Der Bewertung durch den Gerichtshof ist hier zuzustimmen.

II. Genozidverbot

Im Anschluß an die Prüfung einer Menschenrechtsverletzung beschäftigte sich der Gerichtshof mit der Frage, ob der Einsatz von Nuklearwaffen als Verbrechen des Völkermordes angesehen werden kann.

1. Rechtsgrundlage und Entscheidung des Gerichtshofs

Als Rechtsgrundlage für diese Prüfung zog der Gerichtshof die Genozid-Konvention heran. Art. II der Konvention über die Verhinderung und Bestrafung des Verbrechens des Völkermordes vom 09. Dezember 1948[179] setzt für die Annahme eines Genozids die Absicht voraus, *„eine nationale, ethnische, rassische oder religiöse Gruppe als solche ganz oder teilweise zu zerstören“*. Der Gerichtshof stellt hierzu fest, daß die Bewertung, ob eine derartige Absicht vorliege, wiederum nur unter der Beachtung der Umstände eines jeden einzelnen Fal-

[178] Vgl. Matheson, The Opinion, S. 417 (423).
[179] BGBl. 1954 II, S. 729.

les möglich sei.[180] Pauschal könne deshalb keine Verletzung des Genozidverbots festgestellt werden.

2. Kritik

Dieser Feststellung des Gerichtshofs wird von verschiedenen Richtern widersprochen.[181] Aufgrund der besonderen Wirkungsweise von Atomwaffen, die dazu führt, daß möglicherweise durch eine einzige Bombe mehrere Millionen Menschen - also unter Umständen ganze Völker - getötet werden, sei sehr wohl ein Genozid anzunehmen. Hinsichtlich der in der oben genannten Definition geforderten Absicht stellt Weeramantry fest, daß diese aufgrund der beschriebenen Wirkungsweise eines Atombombeneinsatzes jedenfalls gegeben sei: „*If the killing of human beings, in numbers ranging from a million to a billion, does not fall within the definition of genocide, one may well ask what will.*" Auch juristische Objektivität erfordere nicht, daß der Gerichtshof seine Augen vor diesen Tatsachen verschließe.[182]

Diese Bedenken werden bestätigt, wenn man eine Erklärung des IGH zur Genozid-Konvention in einem früheren Fall zur Kenntnis nimmt. In dieser stellte der IGH fest, daß unter einem Genozid „ '*a crime under international law' involving a denial of the right of existence of entire human groups, a denial which shocks the conscience of mankind and results in great losses to humanity and which is contrary to moral law and the spirit and aims of the United Nations*"[183]. Fraglich ist, ob dieses Verständnis vermag, die aktuelle Auffassung des Gerichtshofs hinsichtlich des Genozids in Frage zu stellen. Aus der damaligen Entscheidung des Gerichtshofs ist jedoch keine Absicht desselben zu erkennen, den Völkermord anders zu definieren als dies in der Genozid-Konvention bereits geschehen ist. Die vom IGH im *Reservation*-Fall gemachte Umschreibung des Genozids steht jedoch zu der Definition der Genozid-Konvention nicht in Widerspruch, da auch eine willkürliche Tötung eines wie auch immer charakterisierten Volkes „'*a crime under international law' involving a denial of the right of existence of entire human groups, a denial which shocks the conscience of*

[180] Gutachten, Absatz 26; vgl. auch Berber, Kriegsrecht, S. 173; Großbritannien, Schriftliche Stellungnahme, S. 55; Ney, Atomwaffen, S. 235.

[181] Richter Koroma, Dissenting Opinion, S. 576f.; Richter Weeramantry, Dissenting Opinion, S. 501f.; vgl. auch Australien, Verbatim Record, S. 43.

[182] Richter Weeramantry, Dissenting Opinion, S. 517; so auch Bhagwati, Stellenwert, S. 246 (251).

[183] *Reservation to the Convetions on the Prevention and Punishment of the Crime of Genocide*, Urteil vom 28. Mai 1951, ICJ Reports 1951, S. 15 (23).

mankind and results in great losses to humanity and which is contrary to moral law and the spirit and aims of the United Nations" sein kann. Auch die zitierte Äußerung des Gerichtshofs im *Reservation*-Fall vermag somit nicht, die absolute Forderung der Genozid-Konvention zu relativieren.

3. Ergebnis

Hier ist deshalb der in der mündlichen Stellungnahme der Vereinigten Staaten veröffentlichten Meinung zu folgen, daß nämlich mit einem Nuklearwaffeneinsatz verschiedene politische Ziele verfolgt werden, nicht notwendigerweise jedoch mit jedem Einsatz das Ziel erreicht werden soll, ein ganzes, wie auch immer definiertes Volk auszulöschen.[184] Dem IGH ist hinsichtlich seiner Feststellung bezüglich einer Verletzung der Genozid-Konvention somit zuzustimmen.

III. Umweltschutz

1. Rechtsgrundlage

Von verschiedenen Staaten[185] wurde als Grundlage zur Prüfung eines Atomwaffeneinsatzes als Verstoß gegen Grundsätze des Umweltrechts Grundsatz 21 der Erklärung von Stockholm[186], Grundsatz 2 der Erklärung von Rio[187], Art. 35 III des Zusatzprotokolls I von 1977 zu den Genfer Konventionen von 1949 (ZP I)[188] und Art. 1 der Konvention über das Verbot militärischer oder sonstiger feindseliger Anwendung von Mitteln zur Einwirkung auf die Umwelt[189] herangezogen und eine Verletzung derselben behauptet. Zur weiteren Unterstützung der Behauptung, daß Atomwaffen aus umweltrechtlichen Gründen verboten seien, zitierte der Iran den Grundsatz 24 der Erklärung von Rio: „*Warfare is inherently destructive of sustainable development. States shall therefore respect international law providing protection for the environment in times of armed conflict*

---

[184] Vgl. USA, Verbatim Records, S. 96f.; so auch Ney, Atomwaffen, S. 235 mit zahlreichen weiteren Nachweisen; a.A. Paech, Memorial, S. 28; a.A. für den „*großen Atomschlag (...)*" von der Heydte, Atomare Kriegsführung, S. 162 (177); Kimminich, Völkerrecht, S. 289.

[185] Ägypten, Schriftliche Stellungnahme, S. 17f.; Iran, Schriftliche Stellungnahme, S. 4f.; San Marino, Schriftliche Stellungnahme, S. 4.

[186] United Nations Conference on the Human Environment, 16. Juni 1972, abgedruckt in ILM 1972, S. 1416 (1420).

[187] Rio Declaration on Environment and Development, 14. Juni 1992, abgedruckt in ILM 1992, S. 874 (876).

[188] BGBl. 1990 II S. 1551.

[189] BGBl. 1983 II, S. 126.

and cooperate in its future development, as necessary."[190]. Weiterhin werden, neben diesen Vorschriften, die auch der Gerichtshof wieder aufgreift, weitere Abkommen zum Schutz der Umwelt aufgezählt.[191]

2. Stellungnahme der Länder

Großbritannien wies darauf hin, daß diese Vorschriften zum einen auf Atomwaffen keine Anwendung fänden, weiterhin generell nur zu Friedenszeiten ihre Wirkung entfalten.[192] Von den Salomon-Inseln wird dieses Vorbringen als inkonsequent kritisiert, da gerade diese Staaten immer mit hervorragenden Umweltschutzprogrammen werben, bei derart katastrophalen Umweltgefährdungen jedoch dem Umweltschutz kein Entgegenkommen zeigen.[193]

3. Bewertung durch den Gerichtshof

Der Gerichtshof stellte im Ergebnis fest[194], daß das Völkerrecht hinsichtlich des Schutzes der Umwelt einen Atomwaffeneinsatz nicht verbiete.[195]

4. Kritik

Diese Feststellung des IGH wird von Richter Weeramantry verurteilt. Wie breits oben erläutert,[196] widerspreche es dem System des Völkerrechts jeweils nur ein explizites Verbot als ausreichend anzusehen:

> „*To consider that these general principles are not explicit enough to cover nuclear weapons, or that nuclear weapons were designedly left unmentioned and are therefore not covered, or*

---

[190] Iran, Verbatim Record, S. 43.
[191] Ebd..
[192] Großbritannien, Verbatim Record, S. 50; Großbritannien, Schriftliche Stellunganhme, S. 63, 69.
[193] Salomon-Inseln, Schriftliche Stellungnahme, S. 77ff..
[194] Vgl. hierzu näher unter 5.
[195] Gutachten, Absatz 33.
[196] Siehe oben A, 2b.

even that there was a clear understanding that these provisions were not intended to cover nuclear weapons, is to emphasize the incongruity of prohibiting lesser weapons of environmental damage, while leaving intact the infinitely greater agency of causing the very damage which it was the rationale of the treaty to prevent.“[197]

Im Rahmen des Umweltrechts konzipierte allgemeine Verbote verlören ihren Sinn, wenn ein Verbot nur dann einschlägig sei, wenn eine bestimmte Waffe oder Vorgehensweise explizit aufgezählt werde. Weeramantry weist außerdem darauf hin, daß verschiedene andere nicht vom IGH geprüfte Grundsätze des Umweltrechts durch einen Nuklearwaffeneinsatz verletzt würden, wie z.B. der Grundsatz des gleichen Anspruchs aller Generationen auf eine möglichst gut erhaltene Umwelt, die Pflicht eines gewissenhaften Vorgehens mit der Umwelt sowie der Grundsatz, sich um eine möglichst gute Erhaltung der Ressourcen zu bemühen.[198] Weeramantry stellt weiter fest, daß eine Prüfung des Umweltrechts sich dann erübrige, wenn einmal ins Bewußtsein gerufen werde, welchen Stellenwert eine weitgehend intakte Umwelt allein im menschlichen Leben habe und zitiert in diesem Zusammenhang Jonathan Schell, der über einen Nuklearwaffeneinsatz in Zusammenhang mit der Schädigung der Umwelt feststellte:

„... *To that extent, our failure to acknowledge the magnitude and significance of the peril is a necessary condition for doing the deed. We can do it only if we don't quite know what we're doing. If we did acknowledge the full dimensions of the peril, admitting clearly and without reservation that any use of nuclear arms is likely to touch off a holocaust in which the continuance of all human life would be put at risk, extinction would at that moment become not only „unthinkable“ but also undoable.*“[199]

---

[197] Richter Weeramantry, Dissenting Opinion, S. 505.

[198] Ausführlich hierzu mit weiteren Verweisen, Richter Weeramantry, Dissenting Opinion zu *Request for an Examination of the Situation in accordance with Paragraph 63 of the Court's Judgement of 20 December 1974 in the Nuclear Tests (New Zealand v. France) Case,* ICJ Reports 1995, S. 317 (339ff.), sowie derselbe in Dissenting Opinion zu *Use of Nuclear Weapons*, ICJ Reports 1996, S. 110 (139ff.).

[199] Schell, The Fate, S. 186; so auch Richter Koroma, Dissenting Opinion, S. 578f..

5. Anerkennung der Umwelt als schützenswertes Gut durch den IGH

Wohlweislich blieb der IGH nicht bei der oben dargestellten ablehnenden Ansicht bezüglich einer Verletzung des Umweltrechts, sondern stellte vielmehr fest, daß er die Umwelt generell als schützenswertes Gut anerkenne. Fraglich jedoch sei, ob dies zur vollständigen Berücksichtigung während einer kriegerischen Auseinandersetzung führe. So könne der Umweltschutz beispielsweise nicht das Notwehrrecht überwiegen, generell müsse deswegen die Verhältnismäßigkeit gewahrt werden.

Gestützt wird diese Auffassung durch Prinzip 24 der Erklärung von Rio: „*Warfare is inherently destructive of sustainable development. States shall therefore respect international law providing protection for the environment in times of armed conflict and cooperate in its further development, as necessary.*“ Dies bedeutet, daß die Umwelt als „ziviles Objekt“ in einer Abwägung mit der Wichtigkeit des anvisierten militärischen Ziels Beachtung finden muß. Ausgehend von dieser Auslegung folgt dann jedoch auch, daß dem Gebot der Verhältnismäßigkeit nicht bereits damit Genüge getan ist, daß der Angriff sich gegen eine nur mäßig zivil bevölkerte Gegend richtet.[200]
Der Gerichtshof fährt weiter fort, daß in diesem Zusammenhang auch Art. 35 Abs. 3 und 55 ZP I von Bedeutung seien, und es sich hierbei um „*...powerful constraints for all the States having subscribed to these provision*“[201] handelt. Mit Hinweis auf Resolution 47/37 der UN-Generalversammlung vom 25. November 1992 betreffend den Schutz der Umwelt in Kriegszeiten weist der Gerichtshof darauf hin, daß dies „*...affirms the general view...[that]...destruction of the environment, not justified by military necessity and carried out wantonly, is clearly contrary to existing international law*“.[202]

Der IGH stellt fest, daß das Völkerrecht hinsichtlich des Umweltschutzes Atomwaffen zwar nicht verbiete, aber auf wichtige Umweltfaktoren hinweise.[203]

---

[200] Vgl. mit ausführlichen Verweisen Doswald-Beck, International humanitarian law, S. 35 (52).

[201] Gutachten, Absatz 31.

[202] Gutachten, Absatz 32.

[203] Gutachten, Absatz 29ff..

6. Diskussion und Ergebnis

a) Erklärungen von Stockholm und Rio

Was die Erklärung von Stockholm[204] und die Erklärung von Rio betrifft, so ist - wie auch im Bereich des Menschenrechtsschutzes[205] - zunächst darauf hinzuweisen, daß auch diese Vorschriften im Vordergrund v.a. für eine Anwendung zu Friedenszeiten entwickelt wurden, eine undifferenzierte Anwendbarkeit im Bereich einer kriegerischen Auseinandersetzung jedoch nicht ohne weiteres angenommen werden kann.[206] Ein grundsätzliches Verbot eines Atomwaffeneinsatzes ergibt sich aus diesem Abkommen deshalb nicht.

b) Art. 35 Abs. 3 und Art. 55 ZP I

Fraglich ist jedoch weiterhin, wie es sich hinsichtlich Art. 35 Abs. 3 ZP I verhält, der den Einsatz derjenigen Waffen oder Methoden verbietet, „... *die dazu bestimmt sind, oder von denen erwartet werden kann, daß sie ausgedehnte und lang anhaltende Schäden der natürlichen Umwelt verursachen.*" Auch Art. 55 ZP I bezieht sich auf den Schutz der Umwelt:

> *„Bei der Kriegführung ist darauf zu achten, daß die natürliche Umwelt vor ausgedehnten, lang anhaltenden und schweren Schäden geschützt wird. Dieser Schutz schließt das Verbot der Anwendung von Methoden oder Mitteln der Kriegführung ein, die dazu bestimmt sind oder von denen erwartet werden kann, daß sie derartige Schäden der natürlichen Umwelt verursachen und dadurch Gesundheit oder Überleben der Bevölkerung gefährden..."*

---

[204] Zur Entstehung der Erklärung vgl. weiterführend von Heinegg, Internationales öffentliches Umweltrecht, S. 805 (806ff.); Sohn, The Stockholm Declaration, S. 423 (508ff.) weist daraufhin hin, daß alle Versuche auf der Konferenz, Prinzip 26 auch auf Atomwaffen anwendbar zu erklären, abgewiesen wurden.

[205] Siehe oben I, 5.

[206] Vgl. auch Großbritannien, Schriftliche Stellungnahme, S. 63, 69, das auch darauf hinweist, daß die Konventionen keine Bindungswirkung entfalten; weiterhin Großbritannien, Verbatim Record, S. 50; sehr ausführlich auch USA, Schriftliche Stellungnahme, S. 34.

Däubler stellt fest: *„Daß Nuklearwaffen schwerste Umweltschäden hervorrufen ist so evident, daß es keiner weiteren Ausführungen bedarf.“*[207] und so erscheint[208] eine Verletzung dieser Vorschriften durchaus möglich, wenn nicht sogar unvermeidlich.[209]

Beinahe[210] so alt wie das ZP I selbst ist jedoch der Streit darüber, ob Atomwaffen in den Anwendungsbereich dieses Abkommens fallen. Die zitierten Vorschriften Art. 33 Abs. 3 und Art. 55 ZP I sind daher möglicherweise überhaupt nicht auf Atomwaffen anwendbar.

aa) Anwendung der Normen als Völkergewohnheitsrecht

Trotz des eben erwähnten Streits hinsichtlich der Anwendbarkeit des ZP I auf Atomwaffen, stand von Anfang an fest, daß jedenfalls diejenigen Vorschriften des Protokolls auf Atomwaffen anwendbar sind, die lediglich Vorschriften des Völkergewohnheitsrechts kodifizieren.[211]

Die zitierten Vorschriften des ZP I zum Schutze der Umwelt wären also unabhängig von einer grundsätzlichen Anwendbarkeit des ZP I auf Atomwaffen jedenfalls dann anwendbar, wenn es sich bei Art. 33 Abs. 3 und Art. 55 ZP I um die vertragliche Fixierung völkergewohnheitsrechtlich anerkannter Normen handelte.

Bhagwati geht von einer gewohnheitsrechtlichen Anerkennung der Umweltschutzvorschriften deshalb aus, da in der Erklärung von Stockholm, Resolution 2966 der UN-Generalversammlung und der normativen Verankerung im ZP I anerkannt werde, daß jede langfristige Schädigung der Umwelt eine Katastrophe für das Überleben der Menschheit darstelle, und deshalb unter allen Umständen verhindert werden müsse.[212]

---

[207] Däubler, Stationierung, S. 46; vgl. auch Australien, Verbatim Record, S. 43; Grief, The Legality, S. 22 (35).

[208] Zur Problematik der Substumtion, vgl. Lehnes, Probleme, S. 23ff..

[209] Vgl. Ticehurst, Nuclear Weapons, S. 107 (114).

[210] Während der damaligen Konferenz wurde über diese Frage nicht verhandelt, vgl. Kimminich, Der Einfluß, S. 407 (420); Randelzhofer, Das Kriegsrecht, S. 725 (734).

[211] Vgl. z.B. Blumenwitz, Fragen der Zulässigkeit, S. 11, Fn. 7; Eichen,Walz, Neuere Entwicklungen, S. 204; Empell, Die Vorbehalte, S. 127 (128, 137); ICRC, Commentary, Rn. 1843, 1852; Ney, Atomwaffen, S. 197; Sandoz, The Advisory Opinion, S. 6 (7); allerdings besteht auch hier nicht immer Einigkeit im Bezug darauf, welche Vorschriften zum Völkergewohnheitsrecht zu zählen sind, vgl. Empell, Die Vorbehalte, S. 127 (127ff.).

[212] Bhagwati, Stellenwert II, S. 289 (290); ähnlich auch Däubler, Stationierung, S. 47.

Dem kann jedoch nicht ohne weiteres zugestimmt werden. Völkergewohnheitsrecht bildet sich nur bei Vorliegen bestimmter Voraussetzungen.[213] Allein eine Erklärung, eine Resolution und eine normative Verankerung sind für die Bildung von Völkergewohnheitsrecht jedenfalls nicht ausreichend. Weder Bhagwati noch Däubler vermögen aber in ihren Ausführungen die für die Entstehung von Völkergewohnheitsrecht notwendigen Voraussetzungen nachzuweisen. Auch dürfte dieser Nachweis nur schwer gelingen.[214] Von einer Anerkennung der Umweltschutzvorschriften als Völkergewohnheitsrecht kann deshalb nicht ausgegangen werden.[215]

Die zitierten Vorschriften Art. 33 Abs. 3 sowie Art. 55 ZP I können vorliegend deshalb nur dann als Rechtsgrundlage herangezogen werden, wenn das ZP I grundsätzlich im Falle eines Nuklearwaffeneinsatzes anwendbar ist.

bb) Anwendbarkeit des ZP I auf Nuklearwaffen

aaa) Vorbringen der Staaten

Einige Kernwaffenstaaten brachten vor, daß das Zusatzprotokoll jedenfalls hinsichtlich der umweltrechlichen Vorschriften nicht auf Atomwaffen anwendbar sei,[216] und zitierten an dieser Stelle eine Stellungnahme des Internationalen Komitees des Roten Kreuzes: „*problems relating to atomic, bacteriological and chemical weapons are subjects of international agreements or negotiations by governments, and in submitting these draft Additional Protocols the ICRC does not intend to broach these problems*."[217] Ägypten erwiderte dem, daß aus der Tatsache, daß das ICRC beschlossen hatte, nicht über Atomwaffen zu diskutie-

---

[213] *Consuetudo* und *opinio iuris*. Da vorliegend weder eine allgemeine Übung durch die Staaten, noch eine Anerkennung dieser Übung nachgewiesen werden konnte, soll hier nicht näher auf diese Voraussetzungen eingegangen werden. Eine genaue Darstellung unter E, I.

[214] So auch Großbritannien, Schriftliche Stellungnahme, S. 57 mit zahlreichen weiteren Verweisen; Ney, Atomwaffen, S. 242.

[215] Vgl. Bothe, Partsch, Solf, New Rules, S. 190; Eichen, Walz, Neuere Entwicklungen, S. 146 (155); Empell, Die Vorbehalte, S. 127 (130); ICRC, Commentary, Rn. 1843; Paech, Memorial, S. 20; Tietje, Die Völkerrechtswidrigkeit, S. 266 (278f.); Weston, The „Sources", S. 7 (19); vgl. auch *United Nations Decade of International Law, Report of the Secretary-General on the Protection of the environment in times of armed conflict,* UN-Doc. A/48/29, S. 7; USA, Verbatim Record, S. 94.

[216] Großbritannien, Verbatim Record, S. 42; USA, Verbatim Record, S. 93f.; vgl. auch Russische Föderation, Schriftliche Stellungnahme, S. 13.

[217] ICRC, Commentary, S. xxxii.

ren, nicht abgeleitet werden könne, daß die Vorschriften des ZP I nicht auf Atomwaffen anwendbar seien.[218]

Zu klären ist hier also, ob das ZP I, soweit es nicht Völkergewohnheitsrecht kodifiziert, auf Atomwaffen anwendbar ist.

bbb) Bewertung durch den Gerichtshof

Besonders interessant wäre an dieser Stelle eine autoritative Bewertung durch den Gerichtshof als Wegweiser für eine Streitentscheidung gewesen. Der Gerichtshof hält eine Analyse hinsichtlich des ZP I für problematisch: „*The fact that certain types of weapons were not specifically dealt with by the 1974-1977 Conference does not permit the drawing of any legal conclusions relating to the substantive issues the use of such weapons would raise*“,[219] und zieht sich schließlich aus der Verantwortung, indem er feststellt „*[n]or is there any need for the Court [to] elaborate on the question of the applicability of Additional Protocol I of 1977 to nuclear weapons*“.[220] Die Aussage des Gerichtshofs ist hier deshalb nicht hilfreich zur Klärung der umstrittenen Frage der Anwendbarkeit der „neuen“ Vorschriften des ZP I auf Nuklearwaffen.

ccc) Diskussion[221]

Strittig ist, ob Erklärungen verschiedener Kernwaffenmächte so aufzufassen sind, daß sie als Ausdruck einer Übereinkunft,[222] die gem. Art. 31 Abs. 2 lit. a des Wiener Übereinkommens über das Recht der Verträge vom 23. Mai 1969 (WVRK)[223] in die Interpretation des Protokolls einbezogen werden muß, zu ei-

---

[218] Ägypten, Verbatim Record, S. 41f.; vgl. u.a. auch Australien, Verbatim Record, S. 43; Mexiko, Schriftliche Stellungnahme, S. 12; Salomon-Inseln, Schriftliche Stellungnahme, S. 31ff..

[219] Gutachten, Absatz 84.

[220] Gutachten, Absatz 95.

[221] Aufgrund der äußerst umfangreichen Diskussionen, die anläßlich dieses Streitpunktes in der Literatur der letzten zwanzig Jahren erfolgt sind, und mangels neuer Erkenntnisse, soll hier nur schwerpunktorientiert aufgezeigt werden, woran sich der Streit entzündete.

[222] Hinsichtlich der grundsätzlichen Möglichkeit der Einbeziehung eines solchen nicht schriftlichen Konsenses Fitzmaurice, The Law, S. 1 (12); Meyrowitz, Kriegsrecht, S. 689 (692); Schwarzenberger, International Law, S. 516; Yasseen, L'interprétation, S. 1 (37).

[223] BGBl. 1985 II, S. 926.

ner Auslegung des Protokolls dahingehend führen, daß hinsichtlich des ZP I ein Ausschluß der Anwendung auf Atomwaffen angenommen werden muß.[224]

Bei den umstrittenen Äußerungen handelt es sich um „*understandings*", die die USA, Großbritannien und Frankreich aus Anlaß der Zeichnung des Protokolls am 12. Dezember 1977 gaben. So äußerten z.B. die USA bei der Unterzeichnung des Protokolls: „*It was his Government's understanding that the rules established by the protocol were not intended to have any effect on and did not regulate or prohibit the use of nuclear weapons.*"[225] und Frankreich „*[T]he rules of the Protocols do not apply to the use of nuclear weapons.*"[226]

Während nun auf der einen Seite davon ausgegangen wird, daß es sich hierbei lediglich um interpretative Erklärungen handelt, die den Konsens der Konferenzteilnehmer über einen Ausschluß von Atomwaffen widerspiegeln, Art. 31 Abs. 1 lit. a WVRK,[227] wird dieser Ansicht entgegengesetzt, daß die Erklärungen vielmehr Vorbehalte i.S.v. Art. 2 Abs. 1 lit. d WVRK der Atomwaffenmächte seien, welche unvereinbar mit dem ZP I sind.[228]

Zu diesem Streit ist zunächst festzustellen, daß schon deshalb von einem Konsens hinsichtlich des Ausschlusses ausgegangen werden muß, da sonst die westlichen Atommächte nicht an den Verhandlungen über das ZP I teilgenommen hätten. Frankreich, Großbritannien und die USA haben sich damals wie heute gegen jede vermeidbare Einschränkung ihrer Nuklearpolitik gewehrt.[229] Zu

---

[224] Vgl. Shaw, Nuclear Weapons, S. 1 (7).

[225] Official Records of the Diplomatic Conference on the Reaffirmation and Development of International Humanitarian Law Applicable in Armed Conflicts, Genf (1974 - 1977), Bern 1978, Bd. I - XVII (OR), OR VII, S. 295; OR XIV, S. 441.

[226] OR VII, S. 193; vgl. auch die Erklärung der Bundesregierung anläßlich der Ratifikation der Genfer Abkommen: „*Nach dem Verständnis der Bundesrepublik Deutschland sind die vom I. Zusatzprotokoll eingeführten Bestimmungen über den Einsatz von Waffen in der Absicht aufgestellt worden, nur auf konventionelle Waffen Anwendung zu finden, unbeschadet sonstiger auf andere Waffenarten anwendbarer Regeln des Völkerrechts.*", abgedruckt in Anlage 3 der BT-Drs. 11/6770 v. 22.3.1990; Anlage 3 der BR-Drs. 64/90; BGBl. 1991 II, S. 968 (968).

[227] Als erster vertrat dies Bothe, Partsch, Solf, New Rules, S. 191; Kalshoven, Protocols Additional, S. 202 (203); Meyrowitz, Kriegsrecht, EA 1981, S. 689 ff; Ney, Atomwaffen, S. 195ff.; im Ergebnis auch Pokstefl, Bothe, Bericht, S. 574 (619).

[228] Fischer, Der Einsatz, S. 81ff.; Forch, Harndt, Neue Regeln, S. 45 (49); Fujita, Status, S. 1 (28); Graefrath, Zum Anwendungsbereich, S. 133 (136); Grief, The Legality, S. 22 (35); im Ergebnis auch Kimminich, Der Einfluß, 407 (423); Kimminich, Schutz des Menschen, S. 263ff; zurückhaltend Mothersson, From Hiroshima, S. 75; Rauch, The Protocol, S. 71ff.; Rosas, International Law, S. 73 (90ff.); sehr umfangreich, aber zurückhaltender Empell, Nuklearwaffeneinsätze, S. 181ff..

[229] Vgl. hierzu Blumenwitz, Fragen der Zulässigkeit, S. 23f.; Ney, Atomwaffen, S. 201.

denken ist dabei an den steinigen Weg zu den Negativen Sicherheitsgarantien[230] und nicht zuletzt auch an die Bemühungen dieser Staaten, die Erstellung des IGH-Gutachtens zu verhindern.[231] Nicht erst zum Anlaß der Zeichnung des Protokolls, sondern bereits vor Konferenzbeginn hatten sie ihre Teilnahme davon abhängig gemacht, daß die Nuklearwaffenfrage von den Verhandlungen ausgeschlossen wird,[232] und auch während des Verfahrens sprachen sich die Kernwaffenmächte gegen eine Anwendung des Protokolls auf Atomwaffen aus.[233] Auch der Widerspruch zahlreicher Staaten[234] auf unterschiedlicher Art und Weise steht einem Konsens nicht entgegen, da zwar mehrere Staaten sich für eine Einbeziehung von Kernwaffen aussprachen, jedoch hierbei bereits von einem Konsens über den Ausschluß von Nuklearwaffen ausgingen.[235] Als diese Frage zur Abstimmung vorlag,[236] stimmte weiterhin kein einziges Land für die Anwendbarkeit des Protokolls auf Kernwaffen.[237] Auch die bereits im Vorverfahren zitierte Aussage des ICRC deutet auf eine Übereinstimmung hinsichtlich des Aus-

---

[230] Vgl. Bunn, The Legal Status, S. 1ff..

[231] Siehe Kapitel 1.

[232] Paech, Memorial, S. 8.

[233] *„In connection with the articles adopted by Committee III ... the Red Cross had not included any rules 'governing atomic, bacteriological and chemical warfare'. His delegation recognised that such problems, which called for urgent action in other forums, were beyond the scope of the Conference...*" (Erklärung der USA, OR XIV, S. 441);
„...[the draft Protocols] were not intended to broach problems concerned with atomic, bacteriological or chemical warfare, which were the subject of existing international agreements and current delicate negotiations by Governments elsewhere. It was on the assumption that the draft Protocols would not affect those problems that the United Kingdom Government had worked and would continue to work towards final agreement on the Protocols." (Erklärung Großbritanniens, OR V, S. 134);
„His delegation agreed with the point of view of the ICRC as to the tasks of the Conference with regard to the prohibition of weapons. As was pointed out by the ICRC in the introduction to the draft Additional Protocols: "Problems relating to atomic, bacteriological and chemical warfare are subjects of international agreements or negotiations by Governments, and in submitting these draft Additional Protocols the ICRC does not intend to broach those problems." (Erklärung der Sowjetunion, OR XVI, S. 188; weiterhin OR XVI, S. 192, Nr. 17).

[234] Z.B. Erklärungen Ghanas (OR V, S. 97), Chinas (OR V, S. 90, 120, OR XVI, S. 26) sowie Vorschlag Chinas vom 15.2.1974, diese Frage zu diskutieren, OR XVI S. 26), Albaniens (OR XIV, S. 70; OR XVI, S. 27), Rumäniens (OR XVI, S. 28), des Iraks (OR V, S. 123) und Nord Koreas (OR XIV, S. 241).

[235] Vgl. Ney, Atomwaffen, S. 207.

[236] Auf den Vorschlag Rumäniens hin, OR V, S. 86.

[237] Mit 68 Stimmen bei keiner Gegenstimme und 10 Enthaltungen, vgl. OR V, S. 90; allein dieses Abstimmungsergebnis läßt auch auf einen Konsens schließen, vgl. Blumenwitz, Fragen der Zulässigkeit, S. 18.

schlusses von Atomwaffen hin und kann gem. Art. 32 WVRK in die Interpretation mit einbezogen werden.[238] Von einem Konsens, der über Art. 31 Abs. 2 lit. a WVRK in die Auslegung des ZP I mit einbezogen werden muß, ist deshalb auszugehen. Die Aussagen der Kernwaffenmächte anläßlich der Zeichnung des Protokolls sind somit keine Vorbehalte i.S.d. Art. 2 Abs. 1 lit. d WVRK.

Nun ist es jedoch so, daß die Einwände, die gegen den Ausschluß von Atomwaffen aus dem Anwendungsbereich des ZP I vorgebracht werden, wie z.B. daß der Wortlaut des Protokolls insofern eindeutig ist, als er keine Waffenart ausschließt,[239] nicht als unbedeutend beiseite gelassen werden können.[240] Das Verhalten der westlichen Nuklearmächte wurde hiervon dennoch in der Vergangenheit nur wenig beeinflußt, und dies wird wohl auch in Zukunft so bleiben. So kommt denn neben der juristischen Auslegung hinzu, daß auch aus diesem Grund das ZP I nicht als autoritatives internationales Vertragswerk zur Regelung eines Nuklearwaffeneinsatzes angesehen werden kann.[241]

---

[238] Vgl. Blumenwitz, Fragen der Zulässigkeit, S. 21; vgl. auch Erklärung der Bundesregierung BT-Drs. 10/445, S. 11; Erklärung der USA OR VII, S. 295; Erklärung Großbritanniens OR V, S. 134, OR VII, S. 303; im Schrifttum vgl. Bothe, Partsch, Solf, New Rules, S. 188ff.; Meyrowitz, Kriegsrecht, S.689 (690); Randelzhofer, Das Kriegsrecht, S. 725 (734); a.A. Graefrath, Zum Anwendungsbereich, S. 133 (136); allerdings konnte das ICRC die Konferenz in dieser Frage nicht binden, vgl. Ney, Atomwaffen, S. 201.

[239] Bothe, Ipsen, Partsch, Die Genfer Konferenz, S. 1 (43f.); Fischer, Der Einsatz, S. 100f.; Nahlik, International Law, S. 289 (298); gerade dies wird aber auch in den Erklärungen verneint, vgl. Blumenwitz, Fragen der Zulässigkeit, S. 14.

[240] Nur wenn die Auslegung nach Art. 31 WVRK (BGBl. 1985 II, S. 926) nicht zu einem eindeutigen oder vernünftigen Ergebnis führt, darf nach Art. 32 WVRK auf die Entstehungsgeschichte des Protokolls zurückgegriffen werden (vgl. Köck, Vertragsrechtsinterpretation, S. 93; Sinclair, The Vienna Convention, S. 71), weshalb nach Ipsen vorliegend eine Auslegung des Wortlauts selbst ausreichend ist, um festzustellen, daß Nuklearwaffen in den Anwendungsbereich des Protokolls einbezogen sind (Vgl. Bothe, Ipsen, Partsch, Die Genfer Konferenz, S. 41 (43)); weiterhin vgl. auch Bedjaoui, Humanitarian law, S. 1 (30).

[241] Vgl. Paech, Memorial, S. 9; selbst wenn man hinsichtlich der Anwendung der „neuen“ Vorschriften des ZP I zu einem anderen Ergebnis kommt, kann dem ZP I zumindest bislang nicht große Bedeutung zugemessen werden, da es bis heute lediglich von zwei Kernwaffenstaaten (China und der Russischen Föderation) ratifiziert wurde. Auch die Bundesrepublik zögerte lange Zeit und ratifizierte erst am 14. März 1991; im Ergebnis auch Randelzhofer, Flächenbombardement, S. 471 (493); Sassòli, Bedeutung, S. 518; Tietje, Völkerrechtswidrigkeit, S. 266 (274).

cc) Ergebnis

Die Normen des ZP I mit Ausnahme derer, die bestehendes Völkergewohnheitsrecht kodifizieren, sind somit nicht auf Atomwaffen anwendbar. Da es sich bei den Vorschriften zum Schutze der Umwelt nicht um Völkergewohnheitsrecht handelt, finden diese auch auf Atomwaffen keine Anwendung. Der Atomwaffeneinsatz ist somit nicht gem. Art. 33 Abs. 3 oder Art. 55 ZP I völkerrechtswidrig.

c) Das Verbot militärischer oder sonstiger feindseliger Anwendung von Mitteln zur Einwirkung auf die Umwelt

Art. 1 des Abkommens verlangt

> *„umweltverändernde Techniken, die weiträumig, lange andauernde oder schwerwiegende Auswirkungen haben, nicht zu militärischen Zwecken oder in sonstiger feindseliger Absicht als Mittel der Zerstörung, Schädigung oder Verletzung eines anderen Vertragsstaates zu nutzen*".

D.h., vermieden werden sollen diejenigen Umweltschäden, die mit der Absicht eingesetzt werden, dem Feind gerade auf diese Weise Schaden zuzufügen. Verständlich wird die Regelung, wenn man einen Blick auf die Entstehungsgeschichte wirft. Die Konvention war eine Antwort u.a. auf die von den USA im Vietnamkrieg eingesetzten Entlaubungsgifte.[242] Im Bezug auf den Einsatz von Atomwaffen wird somit aber klar, daß diese von dem umweltrechtlichen Verbot nur ausnahmsweise dann getroffen werden, wenn sie tatsächlich eingesetzt werden, um die Natur so zu verändern, daß dem Gegner gerade daraus Schaden erwächst, wie z.B. die Zerstörung der Ernte. Ein derartiger Einsatz von Nuklearwaffen ist denkbar. Grundsätzlich kann von einer solchen Absicht jedoch nicht ausgegangen werden, vielmehr ist auf den jeweiligen Einzelfall abzustellen.[243]

Weiterhin sollte Sinn und Zweck des Verbots sein, *„to limit the potential danger to mankind from possible **new** means of warfare*"[244] (Hervorhebung

---

[242] Auch weiterführend Hinz, Rauch, Kriegsvölkerrecht, Nr. 1520.

[243] Vgl. auch Großbritannien, Schriftliche Stellungnahme, S. 56; Ney, Atomwaffen, S. 240f.; a.A. Däubler, Stationierung, S. 46.

[244] Gemeinsame Stellungnahme der USA und der Sowjetunion vom 3. Juli 1974 abgedruckt bei Rovine, Digest, S. 744.

nachträglich). Es sollten Umweltschädigungen durch solche Methoden verhindert werden, die zu diesem Zeitpunkt noch nicht bekannt waren:

> „*While the international modification of the environment at present can be done only on a local and small scale at best, we scarcely need remind ourselves that in our era technology can advance to make possible actions which would cause hitherto inconceivable environmental consequences. So we believe it would be wise to outlaw what is commonly called „environmental warfare" before it has a real chance to develop significantly for military purposes, with potentially disastrous consequences.*"[245]

Da das Verbot aus dem Jahre 1977 stammt, sollten somit nicht die durch den Einsatz von Nuklearwaffen verursachten Kollateralschäden verboten werden.[246]

d) Ergebnis

Keine der umweltrechtlichen Vorschriften untersagt somit den Einsatz von Atomwaffen explizit. Aus diesem Grund ist dem Gerichtshof zuzustimmen.

C. Die Vereinbarkeit mit der UN-Charta

Anschließend prüfte der Gerichtshof die Vereinbarkeit des Einsatzes und der Androhung des Einsatzes von Kernwaffen mit der UN-Charta.

I. Der Atomwaffeneinsatz

Bereits Resolution 1653 der UN-Generalversammlung aus dem Jahre 1961 bezeichnete den Nuklearwaffeneinsatz als „*contrary to the spirit, letter and aims of the United Nations and, as such, a direct violation of the Charter of the United Nations*". Diese Feststellung wurde in mehreren darauffolgenden Resolutionen wiederholt. Fraglich ist, ob ihr uneingeschränkt zugestimmt werden kann.

---

[245] Abgedruckt bei Boyd, Digest, S. 966.
[246] Vgl. Großbritannien, Schriftliche Stellungnahme, S. 56.

1. Art. 2 Nr. 4 SVN

Als Rechtsgrundlage aus der UN-Charta zieht der Gerichtshof das Gewaltverbot, Art. 2 Nr. 4 SVN, heran, das *„jede gegen die territoriale Unversehrtheit oder die politische Unabhängigkeit eines Staates gerichtete oder sonst mit den Zielen der Vereinten Nationen unvereinbare Androhung oder Anwendung von Gewalt"* verbietet.

Wesentlich im Rahmen der Prüfung eines Verstoßes gegen Art. 2 Nr. 4 SVN ist, daß das Gewaltverbot nicht uneingeschränkte Beachtung findet. Vielmehr ist eine Einschränkung möglich, beispielsweise durch das Notwehrrecht des Art. 51 SVN oder gem. Art. 42 SVN im Einklang mit Kapitel VII SVN innerhalb militärischer Zwangsmaßnahmen.[247]

a) Bewertung durch den Gerichtshof

Der Gerichtshof stellt fest, daß diese Normen nicht auf spezielle Waffen Bezug nehmen, sondern den Einsatz von Gewalt generell betreffen, unabhängig von den dabei eingesetzten Waffenarten. Weder verbiete noch gestatte die Charta ausdrücklich die Anwendung einer speziellen Waffe. Allerdings werde eine Waffe, die *per se* unrechtmäßig sei, nicht durch Verwendung eines der Charta zufolge legitimen Zwecks rechtmäßig.

Jedoch unterliege auch das Notwehrrecht Einschränkungen, nämlich dem Vorbehalt der Erforderlichkeit und der Verhältnismäßigkeit[248]. Dabei wirken sich diese beiden Gebote so aus, daß ein Nuklearwaffeneinsatz unter diesen Gesichtspunkten nur erlaubt ist, wenn einem vergleichbar schwerem Angriff auf keine andere Art und Weise entgegengetreten werden kann.[249]

Nach Ansicht einiger Staaten kann ein Atomwaffeneinsatz aufgrund des ihm innewohnenden zerstörerischen Potentials dem Gebot der Verhältnismäßigkeit in keinem Falle standhalten.[250] Der Gerichtshof folgt dieser Auffassung von einem grundsätzlichen Verstoß nicht, da vielmehr im einzelnen auf die Grundsät-

[247] Berber, Kriegsrecht, S. 41; Simma/Randelzhofer, The Charter, Art. 2 Nr. 4, Rn. 39ff.; während der Gerichtshof im Rahmen der Prüfung des humanitären Völkerrechts, siehe unter F, ausführliche Anmerkungen zu dem durch Art. 51 SVN gewährleisteten Selbstverteidigungsrecht macht, merkt er in Absatz 49 des Gutachtens an, daß die ihm übermittelten Erklärungen keine Notwendigkeit zu einer Äußerung zu Kapitel VII SVN gäben.

[248] Berber, Kriegsrecht, S. 45f..

[249] Condorelli, Nuclear weapons, S. 9 (15).

[250] Z.B. Ägypten, Schriftliche Stellungnahme, S. 11; Mexiko, Schriftliche Stellungnahme, S. 10f.; vgl. auch Australien, Verbatim Record, S. 43.

ze des Rechts des bewaffneten Konflikts abgestellt werden muß, was ebenso für Vergeltungsmaßnahmen zutreffe.[251]

b) Diskussion und Ergebnis

Das Kriegsvölkerrecht ist in das *ius in bello* und das *ius ad bellum* aufgeteilt.[252] Art. 2 Nr. 4 SVN ist eine Norm des *ius ad bellum*, d.h. derjenigen Regelungen, die bestimmen, wann ein Recht **zum** Krieg besteht. Dem gegenüber steht das *ius in bello* als das Recht, das Regelungen hinsichtlich dessen enthält, welche Mittel **im** Krieg zulässig sind.[253] Da Art. 2 Nr. 4 SVN aber gerade keine schrankenlose Geltung entfaltet, kann nur im Einzelfall entschieden werden, ob ein Verstoß gegen dieses *ius ad bellum* vorliegt oder nicht. Gegebenenfalls ist im Rahmen der Prüfung eines Verstoßes gegen Art. 2 Nr. 4 SVN als *ius ad bellum* auch die Heranziehung des *ius in bello* notwendig.[254]

Dem Gerichtshof ist insofern hinsichtlich der Bewertung von Art. 2 Nr. 4 SVN zuzustimmen.[255]

Fraglich bleibt weiterhin, ob Resolution 1653 der UN-Generalversammlung diesem Ergebnis entgegensteht. Hierzu muß jedoch zunächst festgestellt werden, daß die Resolutionen der UN-Generalversammlung gegenüber den UN-Mitgliedsstaaten keine Bindungswirkung entfalten,[256] weiterhin die Generalversammlung kein Organ der Vereinten Nationen ist, daß zu einer autoritativen Interpretation der Charta ermächtigt ist.[257]

Zusammenfassend kann deswegen festgestellt werden, daß ein Atomwaffeneinsatz nicht grundsätzlich einen Verstoß gegen Art. 2 Nr. 4 SVN darstellt.

---

[251] Gutachten, Absatz 37ff..

[252] Greenwood, The Relationship, S. 221 (221); Kunz, Kriegsrecht, S. 354 (354ff.).

[253] Vgl. Berber, Lehrbuch, S. 61; Greenwood, The relationship, S. 221 (221).

[254] Vgl. hierzu unter F.

[255] Bereits im Vorverfahren wiesen einige Staaten auf diesen Lösungsansatz hin z.B. Großbritannien, Schriftliche Stellungnahme, S. 37f.; Indonesien, Verbatim Record, S. 19; Malaysia, Schriftliche Stellungnahme, S. 2f.; USA, Schriftliche Stellungnahme, S. 23.

[256] Gutachten, Absatz 70; Verdross, Simma, Universelles Völkerrecht, vgl. hierzu unter E, III, 2.

[257] Stein, Impact of New Weapons , S. 221 (290) mit weiteren Verweisen.

2. Art. 2 Nr. 1 SVN

Richter Koroma weist in seiner abweichenden Stellungnahme darauf hin, daß der Gerichtshof es fälschlicherweise versäumt habe, im Rahmen der Prüfung der UN-Charta auf Art. 2 Nr. 1 SVN einzugehen. Dieser lautet *„Die Organisation beruht auf dem Grundsatz der souveränen Gleichheit ihrer Mitglieder"*. Richter Koroma weist darauf hin, daß es sich bei diesem um einen allgemein verbindlichen Grundsatz handele, der auf dem Respekt hinsichtlich der Souveränität und der territorialen Integrität aller Staaten aufbaue. Diesen Werten werde im Völkerrecht ebenso Anerkennung gezollt wie der körperlichen Integrität der Zivilbevölkerung. Diese in Art. 2 Nr. 1 SVN verankerten Rechte könnten jedoch möglicherweise durch die allseits bekannten Folgen eines Atomwaffeneinsatzes verletzt werden, da aufgrund der radioaktiven Kontamination die territoriale Integrität dritter Staaten gefährdet sei.[258]

Da eine territoriale Begrenzung der Auswirkungen eines Atomwaffeneinsatzes in der Tat nur schwer möglich zu sein scheint - zu denken ist hier neben den allgemein bekannten Auswirkungen durch Hitze, Druck und Strahlung[259] unter anderem an das Phänomen des Nuklearen Winters[260] und des elektromagnetischen Pulses[261], ist die Argumentation von Koroma durchaus nachvollziehbar. Inhaltlich ist ein diesbezüglich eventuelles Versäumnis des IGH jedoch nicht

---

[258] Richter Koroma, Dissenting Opinion, S. 576.

[259] WHO Management Group, Report, S. 5 (7).

[260] Gemeint ist damit das Phänomen, daß aufgrund der durch den Atomwaffeneinsatz verursachten Brände der Städte und Wälder soviel Ruß und andere Partikel in die Atmosphäre entweichen können, daß ein „Auslöschen" des Sonnenlichtes möglich wird. Es handelt sich hierbei nicht um eine Atomwaffen eigentümliche Folge, jedoch ist die Wahrscheinlichkeit dieses Ereignisses beim Einsatz von Atomwaffen wegen der Besonderheiten dieser gegenüber konventionellen Waffen um ein ungleiches größer. Ein solcher Nuklearer Winter kann u.a. Mißernten und dadurch verursachten Hunger zur Folge haben, was noch dadurch verkompliziert wird, daß die Möglichkeit besteht, daß die Wolke innerhalb kurzer Zeit von einer Hemisphäre in die andere verweht wird. Die in die Stratosphäre aufgewirbelten Teilchen bewirken weiterhin, daß es Monate später noch zu erneutem nuklearen Ausfall bei deren Rückfall auf die Erde kommen kann; vgl. hierzu Crutzen, Climatic Effects, S. 65 (65ff.); WHO Management Group, Report, S. 5 (17).

[261] Eine plötzliche und auf hohem Niveau angesiedelte Freisetzung von Energie, der elektromagnetische Puls, bewirkt, daß in seinem „Einwirkungsbereich" jegliche durch elektrische Energie gewonnenen Funktionen verloren gehen. Dies ist Resultat bestimmter in höheren Atmosphären explodierter Atombomben, woraufhin frei werdende Elektronen das Magnetfeld der Erde stören; vgl. Rotblat, Physical Effects, S. 45 (47f.); WHO Management Group, Report, S. 5 (11).

von hohem Gewicht, da dieser die angesprochene Problematik im Zusammenhang mit dem Neutralitätsprinzip diskutiert.[262]

II. Die Vereinbarkeit der Androhung eines Atomwaffeneinsatzes mit Art. 2 Nr. 4 SVN

1. Bedeutung

Der Gerichtshof wendet sich an dieser Stelle zum ersten Mal innerhalb des Gutachtens der Frage der UN-Generalversammlung nach der Völkerrechtskonformität der Drohung mit einem Atomwaffeneinsatz zu.

Bereits John F. Kennedy und Nikita Chruschtschow hatten während der gefährlichsten Krise des Atomzeitalters, der Kubakrise, festgestellt, daß die Atombombe aufgrund ihrer immensen Zerstörungskraft und dadurch, daß sie an beiden Fronten vorhanden war, zum Einsatz ungeeignet, allenfalls durch Nichtbenutzung Sicherheit schaffen kann oder wie der Journalist Christoph Bertram es in seinem Rückblick auf das 20. Jahrhundert beschreibt: *„Die Bombe taugt nicht zum Bomben. Sie taugt jedoch zum Abschrecken(...).“* D.h. die Nuklearwaffe wirkt durch ihre bloße Existenz, deshalb funktioniert sie zur Abschreckung.[263] Obschon realiter die Drohung atomarer Schläge also eine wesentlich größere Rolle spielt als der Einsatz selbst, äußert sich der Gerichtshof außer an dieser Stelle nur noch einmal[264] im Rahmen des Gutachtens explizit zur Drohung. Gerade diese Bewertung durch den Gerichtshof ist hinsichtlich der politischen Bedeutung der Androhung eines Atomwaffeneinsatzes im Rahmen der Abschreckungspolitik besonders interessant. Der zentrale Gedanke der Abschreckungsdoktrin liegt darin, der jeweils gegnerischen Seite glaubhaft die Gewißheit zu vermitteln, im Bedarfsfall bei einer militärischen Auseinandersetzung das vorhandene eigene nukleare Potential auch einzusetzen. Abschreckung bedeutet deshalb nicht lediglich die Lagerung von Kernwaffen mit der Absicht einer für den Eventualfall glaubhaften Bedrohung, sondern vielmehr die einsatzbereite Stationierung in der Absicht der Anwendung, falls die militärische Lage dies erfordert. Genau diese permanente Einsatzbereitschaft bringt die Abschreckungspolitik in den unmittelbaren Bereich der Bestimmungen des Völkerrechts, die den tatsächlichen Einsatz von Kernwaffen verbieten.[265]

---

[262] Vgl. unter F, II, 3, b, aa, bbb, (4).

[263] Bertram, Die Bombe, S. 110 (110ff.); allerdings ist auch dieses „Funktionieren“ äußerst umstritten.

[264] Vgl. unten, F, III.

[265] Vgl. Brockhaus-Encyklopädie, Bd. 1, S. 69, “Abschreckung”; Fujita, The Advisory Opin-

Zu prüfen war nun, ob die Drohung mit einem Atomwaffeneinsatz gegen die Vorschriften der Charta der Vereinten Nationen verstößt. Art. 2 Nr. 4 SVN ächtet die Bedrohung der territorialen Integrität oder der politischen Unabhängigkeit eines jeden Staates.

2. Resolutionen der UN-Generalversammlung und Stellungnahmen der Staaten

Resolution 2625 (XXV) der UN-Generalversammlung von 1970 legt fest: „*Such a threat or use of force constitutes a violation of international law and the Charter of the United Nations and shall never be employed as a means of settling international issues.*" Sinngemäß gleiche Aussagen sind weiterhin in den Resolutionen der UN-Generalversammlung 2131 (XX) von 1965 und 42/22 von 1987 zu finden. Auch Malaysia und Costa Rica hatten im Vorverfahren vorgebracht, daß die Drohung mit einem Atomwaffeneinsatz die Charta der Vereinten Nationen verletze, da ihr eine Bedrohung der politischen und territorialen Integrität eines jeden Staates innewohne.[266] Mexiko wies darauf hin, daß eine derartige Maßnahme weder verhältnismäßig noch notwendig sei.[267]

3. Bewertung durch den Gerichtshof

Art. 2 Nr. 4 SVN differenziert nicht zwischen der Gewaltanwendung an sich und einer Drohung mit Gewalt, sondern erklärt beides gleichermaßen für illegal.

Der Gerichtshof folgert daraus, daß eine in Aussicht gestellte Gewaltanwendung als Bedrohung gem. Art. 2 Nr. 4 SVN dann verboten sei, wenn die Gewaltanwendung selbst rechtswidrig sei.[268] Der Gerichtshof folgt somit nicht den unbedingten Aussagen von Costa Rica, Malaysia und Mexiko im Vorverfahren.

Das Gutachten stellt hier einen direkten Zusammenhang zur Abschreckungspolitik her. D.h. daß auch die Rechtmäßigkeit dieser in den letzten 50 Jahren praktizierten Politik von dem in ihr angedrohten Einsatz abhängig ist, daß also an dieser Stelle ein grundsätzliches Urteil hinsichtlich der Abschreckungspolitik nicht abgegeben werden kann.

---

ion, S. 56 (59); Grief, Völkerrecht, S. 20; weiterhin Anhang zur schriftlichen Stellungnahme Naurus, S. 30.

[266] Costa Rica, Verbatim Record, S. 31f.; Malaysia, Schriftliche Stellungnahme, S. 17.

[267] Mexiko, Schriftliche Stellungnahme, S. 10.

[268] Zur Logik dieser Verknüpfung vgl. Paech, Memorial, S. 29f. mit weiteren Verweisen; vgl. auch Grief, Völkerrecht, S. 19.

4. Diskussion und Ergebnis

Diese differenzierende Feststellung des Gerichtshofs überrascht zunächst, da Art. 2 Nr. 4 SVN sich deutlich gegen die Rechtmäßigkeit einer Drohung ausspricht. Da Art. 2 Nr. 4 SVN aber gewissen Einschränkungen unterliegt[269], muß dies auch für die der Gewaltanwendung in Art. 2 Nr. 4 SVN gleichgestellte Gewaltandrohung gelten. Der Feststellung des Gerichtshofs ist insofern nichts entgegenzusetzen.

Hinsichtlich der an dieser Stelle mit Spannung erwarteten Bewertung der Abschreckungspolitik konnte der Gerichtshof hier deshalb keine abschließende Aussage machen.

Weiterhin prüft der Gerichtshof nun, ob spezielle Normen die Anwendung von Atomwaffen verbieten.

D. Verbot der Anwendung von Atomwaffen durch spezielle Normen

Der IGH differenziert innerhalb des völkerrechtlichen Kriegsrechts zwischen dem Verbot bestimmter Waffen und dem Verbot bestimmter Kampfmethoden, deren Kern darin liegt, daß der Einsatz verbotener Waffen auch dann unzulässig ist, wenn im Einzelfall die Vorschriften über unzulässige Kampfmethoden nicht verletzt werden.[270]

Zunächst prüft der IGH deshalb, ob spezielle Verbote Atomwaffen untersagen, an späterer Stelle des Gutachtens[271] wird schließlich untersucht, ob es sich bei einem Atomwaffeneinsatz um eine unzulässige Kampfmethode handelt.

I. Giftwaffenverbote

In diesem Zusammenhang wurde das Argument vorgebracht, daß Atomwaffen ebenso wie Giftwaffen zu behandeln seien, somit unter die Giftwaffenverbote fielen.[272]

---

269 Vgl. oben I, 1, a.
270 Vgl. Marauhn,Oellers-Frahm, Atomwaffen S. 221 (234).
271 Siehe unter F, II, 3, b, aa, bbb.
272 Schweden, Schriftliche Stellungnahme, S. 5.

1. Rechtsgrundlagen

Als Rechtsgrundlagen wurden hier herangezogen

- die Zweite Haager Erklärung vom 29. Juli 1899, die „*die Anwendung von Geschossen verbietet, deren Ziel die Diffusion Erstickung hervorrufender oder gesundheitsschädlicher Gase ist*“[273],

- das Genfer Protokoll vom 17. Juni 1925[274], das „*die Verwendung von erstickenden, giftigen oder gleichartigen Gasen sowie allen ähnlichen Flüssigkeiten, Stoffen oder Verfahrensarten im Kriege*“ verbietet und

- Art. 23 a der Bestimmung hinsichtlich der Gesetze und Bräuche des Landkriegs im Anhang zum Haager Übereinkommen IV vom 18. Oktober 1907[275], wonach „*[e]s ausdrücklich verboten ist..., Gift- oder vergiftete Waffen einzusetzen*“.

2. Subsumtion

Gegenstand der folgenden Untersuchung ist, ob auch ein Atomwaffeneinsatz durch diese Giftwaffenverbote untersagt wird.

a) Die Zweite Haager Erklärung von 1899

Die Zweite Haager Erklärung untersagt „*die Anwendung von Geschossen, deren Ziel die Diffusion Erstickung hervorrufender oder gesundheitsschädlicher Gase ist (...)*“. Hilfreich ist für eine genaue Subsumtion der authentische Wortlaut, der „*l' emploi de projectiles qui ont pour but* ***unique*** *de répandre des gaz asphyxiants ou délétères.*“ (Nachträgliche Hervorhebung).[276] Erfaßt werden von dem Verbot somit nur diejenigen Waffen, deren **einziges** Ziel die Diffusion Erstickung hervorrufender oder gesundheitsschädlicher Gase ist.

Die Atomwaffe zeichnet sich durch drei ihr eigentümliche Eigenschaften aus, nämlich

[273] Abgedruckt bei 26 Martens NRG, 2. Serie (1899), S. 998ff..
[274] Genfer Giftgasprotokoll, RGBl. 1929 II, S. 173.
[275] Haager Landkriegsordnung, RGBl. 1910, S. 107.
[276] Fauchille, Traité de droit, S. 120.

1. durch die unvergleichliche Menge an Energie, die durch die Explosion freigesetzt wird,
2. durch die durch die Explosion freigesetzte Helligkeit und Hitze und
3. durch die durch die Explosion frei werdende radioaktive Strahlung.[277]

Atomwaffen fallen somit nicht in den Anwendungsbereich der Zweiten Haager Erklärung von 1899, da ihr einziges Ziel somit jedenfalls nicht die „*Diffusion Erstickung hervorrufender Gase*“ ist.[278]

b) Genfer Giftgasprotokoll

Das Genfer Giftgasprotokoll verbietet „*die Verwendung von erstickenden, giftigen oder gleichartigen Gasen sowie allen ähnlichen Flüssigkeiten, Stoffen oder Verfahrensarten*“ (Hervorhebungen hinzugefügt). Bezüglich der Wirkungen von Kernwaffen käme eine Subsumtion der radioaktiven Strahlung als *giftiger Stoff* in Betracht. Zu beweisen wäre zunächst also zum einen, daß die von Kernwaffen verursachte Strahlung *giftig* ist und weiterhin, daß es sich bei der den Körper beeinträchtigenden Strahlung um *Stoffe* handelt.

aa) Radioaktive Strahlung als Gift

Gift wird allgemein definiert als „*jeder Stoff, der im Organismus Funktionsstörungen hervorrufen kann (...).*“[279] Die bekanntlich von der radioaktiven Strahlung hervorgerufenen Zerstörung von Zellen bzw. Gewebe zeigt, daß es sich bei den aufgrund dieser Wirkung von Atomwaffen hervorgerufenen Folgen um eine Schädigung des Körpers handelt.[280] Auch der Justizminister von Katar stellte fest, daß „*[t]here is no basis to make a distinction between the physical properties of poisonous gas and the physical properties of radiation as aptly illustrated by the radiation-enhanced neutron bomb.*“[281] Radioaktivität habe einen „*effect on living organisms [that] is similar to that of genotoxic poison and causes long term genetic risks even for those who are not directly involved in the conflict,*

---

[277] WHO Management Group, Report, S. 5 (7).

[278] So auch Australien, Verbatim Record, S. 46; Euler, Die Atomwaffe, S. 133; Scheuner, Krieg und Kriegswaffen, S. 93; a.A. Lachs, Kollektive Sicherheit, S. 1017 (1019).

[279] Universallexikon, S. 282.

[280] Vgl. Richter Koroma, Dissenting Opinion, S. 566ff.; Leaf, Health Problems in the Short Term, S. 155 (155ff.); Leaf, Intermediate and Long-Term Health Effects, S. 165 (165ff.); WHO Management Group, Report, S. 18f..

[281] Katar, Verbatim Record, S. 43.

including the children of those who are directly exposed"[282]. Diese Tatsache wurde nicht nur in der Literatur bestätigt[283], sondern auch von Staaten anerkannt, wenn sie Nuklearwaffen bezeichnen als

> *„jede Waffe, die Kernbrennstoff oder radioaktive Isotope enthält oder eigens dazu bestimmt ist, solche aufzunehmen oder zu verwenden und welche - durch Explosion oder andere unkontrollierte Kernumwandlung des Kernbrennstoffes oder durch Radioaktivität des Kernbrennstoffes oder der radioaktiven Isotope - Massenzerstörungen, Massenschäden oder Massen**vergiftungen** hervorrufen kann.*“ (Hervorhebung nachträglich)[284].

Die erste Voraussetzung für eine Subsumtion unter das Genfer Giftgasprotokoll ist somit gegeben.[285]

bb) Radioaktivität als Stoff

Weiterhin ist zu untersuchen, ob es sich bei der Strahlung, die auf den Körper einwirkt, um *Stoffe* handelt. Die Definition von Gift spricht von einer *Substanz*, das Genfer Giftgasprotokoll von *Stoffen*. Zu prüfen ist deshalb an dieser Stelle, ob es sich bei der radioaktiven Strahlung, die auf den Körper einwirkt, um eine *Substanz* bzw. *Stoffe* handelt oder lediglich Strahlung vergleichbar einer Strahlung, durch die Licht weiterverbreitet wird. Dabei wird *radioaktiv* folgendermaßen definiert: *„Capable (as radium) of emitting spontaneously rays consisting of material particles travelling at high velocities*“.[286] Wesentlich für eine Einstufung der radioaktiven Strahlung ist dabei, zu wissen, daß in Wissenschaftskreisen eine Unterscheidung gemacht wird, zwischen dem Spektrum elektromagnetischer Strahlung, deren Masse gleich Null ist, wenn sie sich - jedenfalls theoretisch - in absoluter Ruheposition befindet, wie beispielsweise Röntgen-, Gamma-, Radio- und Infrarotstrahlen oder die Strahlen einer Mikrowelle und der Strahlung, die Teilchen wie Elektronen, Protonen oder Neutronen enthält, deren

[282] Ebd., S. 44.
[283] Kimminich, Der Einfluß, S. 407 (418); Menzel, Legalität, S. 35f..
[284] Nicht überzeugend diesbezüglich Ney, der hier differenziert zwischen einer Waffe, die die Wirkung von Gift hat, und Gift selbst; vgl. Ney, Atomwaffen, S. 171.
[285] Vgl. auch Großbritannien, Schriftliche Stellungnahme, S. 48; Schweden, Schriftliche Stellungnahme, S. 5.
[286] The Shorter Oxford Dictionary, S. 1649.

Masse nicht gleich null ist.[287] Radioaktive Strahlung die durch den Einsatz von Atomwaffen freigesetzt wird, zählt zu derjenigen Strahlung, deren Masse nicht gleich null ist, da sie Teilchen[288] enthält, die dafür verantwortlich sind, wenn sie mit einem Körper in Kontakt kommen, dessen Gewebe zu zerstören. Es handelt sich bei dieser radioaktiver Strahlung also um *Stoffe* im Sinne des Genfer Giftgasprotokolls.

Die beiden Voraussetzungen für die Subsumtion von Kernwaffen unter das Genfer Giftgasprotokoll wären somit gegeben.[289]

cc) Der Aggregatszustand

Fraglich ist, ob einer Subsumtion die Formulierung „Gift**gas**protokoll" entgegensteht, d.h. durch das Protokoll nur gasförmige Stoffe verboten sind. Widmet man jedoch der Formulierung des oben zitierten Verbots Aufmerksamkeit, wird ersichtlich, daß das „Giftgasprotokoll" *Flüssigkeiten, Stoffe* und *Verfahrensarten* erfaßt.

Erwähnt sei diesbezüglich weiter, daß bestimmte Stoffe, die eine nicht gasförmige Aggregatsform aufweisen, bereits von jeher als Gifte anerkannt sind, wie z.B. Senfgas, bei dem es sich tatsächlich um eine Flüssigkeit handelt.[290] Somit spricht auch die Aggregatsform radioaktiver Strahlung nicht gegen eine Subsumtion unter die Vorschriften des Genfer Giftgasprotokolls.

dd) Verfahrensart

Hält man jedoch dennoch eine Subsumtion der radioaktiven Strahlung unter die Merkmale *giftiger Stoff* für nicht möglich, sei ergänzend darauf hingewiesen, daß die Wirkungen einer Atombombe von vielen Seiten auch unter das Merkmal *Verfahrensart* subsumiert wird.[291]

---

[287] Vgl. Encyclopaedia Britannica, Bd. 26, S. 492ff. „Radiation".

[288] Die Brockhaus-Encyklopädie definiert „*Strahlung*" folgendermaßen: „*gerichtete räumliche und zeitliche Ausbreitung von Energie in Form von Wellen ... oder (elementaren) Teilchen ...; jede Strahlung kann sowohl in der einen als auch in der anderen Art beschrieben werden (Welle-Teilchen-Dualismus)*", vgl. Bd. 21, S. 284.

[289] Vgl. Richter Weeramantry, Dissenting Opinion, S. 509ff..

[290] Vgl. Singh, McWhinney, Nuclear Weapons, S. 126.

[291] Vgl. Spetzler, Kriegsrechtliche Probleme, S. 134 (139); Richter Weeramantry, Dissenting Opinion, S. 511.

ee) Ergebnis

Da es sich bei radioaktiver Strahlung somit um einen *giftigen Stoff* und eine *ähnliche Verfahrensart* handelt, können Atomwaffen als Giftwaffen unter das Genfer Giftgasprotokoll subsumiert werden.[292]

c) Art. 23 a HLKO

Weil Kernwaffen Giftwaffen sind, stellt ihr Einsatz aber auch einen Verstoß gegen Art. 23 a HLKO dar,[293] wonach *„[e]s ausdrücklich verboten ist..., Gift- oder vergiftete Waffen einzusetzen*".

3. Vorbringen der Staaten

Auch viele Staaten brachten vor, daß diese Vorschriften einen Nuklearwaffeneinsatz wegen der so verursachten Strahlenwirkung verbieten.[294]

Großbritannien wandte dagegen ein, daß das Genfer Giftgasprotokoll und andere internationale Abkommen, die chemische, biologische und giftige Waffen verbieten, zu keiner Zeit von den ratifizierenden Staaten als auf Atomwaffen anwendbar angesehen wurden. Das Genfer Giftgasprotokoll sei vielmehr lediglich auf diejenigen Waffen anwendbar, deren *„primary effects of which were poisonous ... whereas, the primary effects of nuclear weapons are devastating heat and blast.*"[295]

Die Salomon-Inseln setzen dem eine Stelle aus einem Bericht des UN-Generalsekretärs von 1990 entgegen, worin festgestellt wird, daß die Hauptwir-

292 Berber, Lehrbuch, S. 172; Falk, Meyrowitz, Sanderson, International Law, S. 27ff.; Falk, Meyrowitz, Sanderson, Nuclear Weapons, S. 547 (563); Fujita, Reconsideration, S. 50 (73); Grief, The Legality, S. 22 (29); Lachs, Kollektive Sicherheit, S. 1017 (1019); Menzel, Atomwaffen, S. 148 (166); a.A. Kraus, Weltfremdes Atomkriegsrecht, S. 512 (517).

293 Von Arx, Atombombenversuche, S. 52; Berber, Lehrbuch, S. 172; Falk, Meyrowitz, Sanderson, International Law, S. 27; vgl. auch Menzel, Legalität, S. 35ff.; Paust, Weapons, S. 39 (44) (bezüglich der Neutronenwaffe); Singh, Nuclear Weapons, S. 157; Singh, McWhinney, Nuclear Weapons, S. 127; a.A. Euler, Die Atomwaffe, S. 127ff.; Kimminich, Der Einfluß, S. 407 (418); ders., Völkerrecht, S. 288f.; Krauss, Weltfremdes Atomkriegsrecht, S. 512 (517); ders., Atomrüstung, S.13 (19f.); Rosas, International Law, S. 73 (76).

294 Z.B. Katar, Verbatim Record, S. 43f.; Salomon-Inseln, Schriftliche Stellungnahme, S. 60f..

295 Großbritannien, Verbatim Record, S. 43; vgl. auch Großbritannien, Schriftliche Stellungnahme, S. 48; USA, Schriftliche Stellungnahme, S. 24f..

kung von Atomwaffen in den Verletzungen, die durch die Strahlung hervorgerufen werden, liege.[296] Weiterhin argumentierten sie:

> *„To say that the use of nuclear weapons does not violate the prohibition on chemical weapons on the basis that the radiation they produce is not their primary effect (apart from being incorrect) amounts to saying that the speed limit imposed by the road traffic laws do not apply to racing cars because their primary purpose is not to be driven on road!"*[297]

4. Bewertung durch den Gerichtshof

Der Gerichtshof vertritt hier die Ansicht, die auch die USA in ihrer schriftlichen Stellungnahme vorbrachten: „*The prohibition was not intended to apply, and has not been applied, to weapons that are designed to kill or injure by other means, even though they may create asphyxiating or poisonous byproducts.*"[298]

5. Diskussion

Atomwaffen fallen demnach nicht unter das Giftwaffenverbot, da sie neben der radioaktiven Strahlung auch durch die Freisetzung von Hitze und Druck Schaden anrichten.

a) Konsequenz der Einschränkung der Giftwaffenverbote

Zweifelhaft an dieser Feststellung ist zunächst, ob angesichts der Erfahrungen, die in Hiroshima und Nagasaki gemacht wurden, tatsächlich die Giftwirkung als reine „Nebenwirkung" eingestuft werden kann.[299] Die Langzeitfolgen eines Nuklearwaffeneinsatzes jedenfalls, die sich in schweren Krankheitsbilder, genetischen Defekten und dem Tod selbst realisieren, sind hauptsächlich auf die radioaktive Strahlung zurückzuführen. Gerade auch dies spricht gegen eine Einord-

---

[296] Salomon-Inseln, Schriftliche Stellungnahme zum Antrag der WHO-Versammlung, S. 38.
[297] Ebd., S. 39.
[298] Gutachten, Absatz 54ff.; USA, Schriftliche Stellungnahme, S. 25; so auch Großbritannien, Verbatim Record, S. 43f.; hinsichtlich der HLKO Bothe, Das völkerrechtliche Verbot, S. 18; Euler, Die Atomwaffe, S. 129; von der Heydte, Atomare Kriegsführung, S. 162 (173).
[299] Däubler, Stationierung, S. 41.

nung der Nuklearwaffen in die Reihe der konventionellen Waffen, die im übrigen aufgrund der Einschränkung auf die Hauptwirkung aus dem Anwendungsbereich der Giftwaffenverbote fallen.[300] Jedenfalls sind jedoch, trotz der Einschränkung auf die Hauptwirkung der Waffe, die Neutronenbomben und die Kobaldbombe Giftwaffen i.S.d. Giftwaffenverbots, da ihre Hauptwirkung in der Freisetzung radioaktiver Strahlung liegt.[301]

Geht man aber davon aus, daß unter die Giftwaffenverbote tatsächlich nur diejenigen Waffen fallen, deren hauptsächliche Wirkung die Giftwirkung ist, bedeutete dies, daß die Neutronenbombe, die die wenigsten physikalischen Schäden unter den Nuklearwaffen herbeiführt, verboten ist, während andere, aufgrund ihrer höheren Hitze- und Druckwirkungen weitaus destruktivere Atomwaffen legal sind.[302] Fraglich ist, ob tatsächlich der Meinung des Gerichtshofs und einiger Staaten gefolgt werden kann, die zu diesem absurden Ergebnis führt.

b) Die Giftwirkung als Hauptwirkung

Möglicherweise kann eine Auslegung der Vorschrift diesbezüglich Klarheit verschaffen. Herangezogen werden sollen hierfür Art. 31f. WVRK. Problematisch erscheint jedoch zunächst, daß gem. Art. 4 WVRK das Abkommen keine Rückwirkung entfaltet, d.h. die Vorschriften der WVRK sind nicht auf diejenigen Abkommen anwendbar, die vor ihr in Kraft getreten sind. So verhält es sich jedoch hinsichtlich aller hier relevanten Giftwaffenverbote, da sie jeweils mehrere Jahrzehnte vor der am 27. Januar 1980 in Kraft getretenen WVRK ihre Wirkung entfalteten. Dies bedeutet allerdings nicht, daß hinsichtlich einer Auslegung vorliegend andere Maßstäbe anzuwenden sind, als es die Art. 31f. WVRK vorgeben. Innerhalb der WVRK ist vielmehr zwischen den Vorschriften zu differenzieren, die erst ihre Wirkung entfalten können, wenn die betreffenden Staaten die WVRK ratifiziert haben, und denen, die lediglich schon bestehendes Völkergewohnheitsrecht kodifizieren,[303] vgl. auch Art. 4 WVRK. Hinsichtlich Art. 31f. WVRK ist aber eine Zuteilung zu letzterer Gruppe anerkannt.[304] Daraus

---

[300] Paech, Memorial, S. 27.

[301] Vgl. Brockhaus-Encyklopädie, Bd. 11, S. 679 „ Kernwaffen, Nuklearwaffen, Atomwaffen"; Ney, Atomwaffen, S. 188; Salomon-Inseln, Schriftliche Stellungnahme zum Antrag der WHO, S. 38f.; Ticehurst, Nuclear Weapons, S. 107 (112).

[302] Vgl. Ticehurst, Nuclear Weapons, S. 107 (112).

[303] Blumenwitz, Die Ostverträge, S. 12; Grief, The Legality, S. 22 (33); Sinclair, The Vienna Convention, S. 9.

[304] Fischer, Der Einsatz, S. 91; Verdross/Simma, Universelles Völkerrecht, § 775.

folgt, daß die in Art. 31f. WVRK formulierten Regelungen auf völkergewohnheitsrechtlicher Basis auch für die Auslegung der hier relevanten Giftwaffenverbote gelten.[305]

aa) Der Wortlaut, Art. 31 Abs. 1 WVRK

Entscheidend für die Auslegung ist gem. Art. 31 Abs. 1 WVRK zunächst der Wortlaut.

Unproblematisch verhält es sich im Bezug auf die Zweite Haager Erklärung von 1899. Hier ist die Eingrenzung bereits im Wortlaut verankert.[306]

Weniger deutlich sind die Formulierungen von Art. 23 a HLKO und des Genfer Protokolls vom 17. Juni 1925. Nach Art. 23 a HLKO ist es lediglich nicht erlaubt „*Gift oder vergiftete Waffen einzusetzen*", nach dem Genfer Protokoll vom 17. Juni 1925 ist „*die Verwendung von erstickenden, giftigen oder gleichartigen Gasen sowie alle[n] ähnlichen Flüssigkeiten, Stoffen oder Verfahrensarten im Kriege*" verboten. Dem Wortlaut nach findet hier somit keine Eingrenzung auf solche Waffen statt, deren hauptsächliche Wirkung Gift ist.

bb) Sinn und Zweck, Art. 31 Abs. 1 WVRK

Gem. Art. 31 Abs. 1 WVRK ist ein Abkommen auch „*im Lichte seines Zieles und Zweckes auszulegen.*" Möglicherweise kann aus Sinn und Zweck der Giftwaffenverbote eine Einschränkung dahingehend abgeleitet werden, daß nur diejenigen Waffen unter die Verbote fallen, deren hauptsächliche die Giftwirkung ist. Nicht einzusehen ist aber, warum die Giftwaffenverbote nicht auch solche Waffen in ihren Anwendungsbereich ziehen sollten, die neben der Giftwirkung noch andere Wirkungen haben. Diese anderen Wirkungen neutralisieren die Giftwirkung nicht.[307] Könnten somit solche Waffen, die nicht die Giftwirkung als einzige Wirkung nach sich ziehen, nicht unter Art. 23 a HLKO und das Genfer Giftgasprotokoll subsumiert werden, würde das dem Sinn und Zweck der Giftwaffenverbote, nämlich den Einsatz von Giftwaffen zu verhindern, entgegenstehen. Die Behauptung des Gerichtshofs, Kernwaffen seien nicht wie Giftwaffen zu behandeln, weil sie neben deren eigentümlicher Wirkung zusätzlich eine Explosion und damit verbunden Hitze und Druck verursachen, ist gleichbe-

---

[305] Zur Vertragsauslegung vgl. auch Jaenicke, Völkerrechtsquellen, S. 766 (769); Schwarzenberger, International Law, S. 498ff..

[306] Vgl. oben unter 2, a.

[307] So auch Däubler, Stationierung, S. 41.

deutend mit der Feststellung, daß eine chemische Waffe, die explodiert aus diesem Grunde keine chemische mehr ist oder die Kombination einer legalen mit einer illegalen Eigenschaft, die Sache legalisiert.[308] In ihrer schriftlichen Stellungnahme zum Antrag der WHO-Versammlung stellten die Salomon-Inseln zu dieser gedanklichen Verknüpfung fest: *„The logic of this approach is, to say the least, disconcerting: he who does more cannot do less; the greater the destruction the more likely the legality of the weapon. The absurdity of the conclusion is matched only by the absurdity of the reasoning“*[309]. Schon aus rein praktischen Gründen ist schwer vorstellbar, daß eine Waffe eine lediglich chemische Wirkung hat, ohne sonstige Verletzungen hervorzurufen. Auch aus dem Sinn und Zweck der Vorschriften ist eine Eingrenzung des Anwendungsbereichs auf diejenigen Waffen, deren hauptsächliche die Giftwirkung ist, nicht abzuleiten.

cc) Staatenpraxis, Art. 31 Abs. 3 lit. b WVRK

Mit einzubeziehen in ein Auslegung ist gem. Art. 31 Abs. 3 lit. b WVRK auch *„jede spätere Übung bei der Anwendung des Vertrags, aus der die Übereinstimmung der Vertragsparteien über seine Auslegung hervorgeht“*.

Der Gerichtshof behauptet, daß die Staatenpraxis Atomwaffen vom Anwendungsbereich des Art. 23 a des Haager Rechts von 1907 und des Genfer Protokolls von 1925 ausschließt.[310] Damit widerspricht die Ansicht des Gerichtshofs bezüglich dieser Staatenpraxis aber verschiedenen Resolutionen der UN-Generalversammlung, angefangen bei Resolution 1653 (XVI) von 1961, die inhaltlich 1972 und ab 1978 häufiger in den Resolutionen, die einen Nuklearwaffeneinsatz verurteilen,[311] wiederholt wurde. Diese Resolution stellte jedoch fest, daß Kernwaffen unter anderem vom Anwendungsbereich der Haager Konvention von 1907 und dem Genfer Protokoll von 1925 erfaßt werden und kann hier aufgrund der UN-Generalversammlung als Vollversammlung der UN-Mitgliedstaaten auch Indiz für die Staatenpraxis sein. Auch die NATO-Mitgliedstaaten haben die vergiftende Wirkung von Nuklearwaffen bereits in ihrem Annex II des Protokolls zum Waffenkontrollvertrag von Paris vom 23. Oktober 1954 anerkannt, in dem sie Kernwaffen definierten als: *„bestimmt,*

[308] Vgl. Richter Weeramantry, Dissenting Opinion, S. 58.

[309] Salomon-Inseln, Schriftliche Stellungnahme zum Antrag der WHO-Versammlung, S. 40.

[310] Vgl. auch hinsichtlich der HLKO Bothe, Das völkerrechtliche Verbot, S. 18; von der Heydte, Atomare Kriegsführung, S. 162 (173); Großbritannien, Schriftliche Stellungnahme, S. 48.

[311] Beispielsweise Resolution 2936 (XXVIII) vom 29. November 1972, Resolution 33/71 B vom 14. Dezember 1978 etc., aus jüngerer Zeit Resolution 50/71 vom 12. Dezember 1995.

*Massenzerstörungen, Massenschäden oder Massen**vergiftungen** hervorzurufen (...)*" (Hervorhebung nachträglich).

Insofern kann eher von einer Praxis gesprochen werden, daß diese Normen auf Kernwaffen anwendbar sind. Es wird deshalb nicht klar, worauf der Gerichtshof seine Behauptung stützt, daß nur diejenigen Waffen vom Anwendungsbereich erfaßt werden, deren „*prime, or even exclusive, effect is to poison or asphyxiate*"[312].

Auch aus der Staatenpraxis läßt sich somit keine derartige Eingrenzung ableiten.

dd) Entstehungsgeschichte, Art. 32 WVRK

Zuletzt könnte noch die Entstehungsgeschichte für eine Einschränkung der Verbote auf diejenigen Waffen sprechen, deren hauptsächliche Wirkung die Giftwirkung ist, da bereits die Zweite Haager Erklärung von 1899, wie oben dargestellt, eine dem Wortlaut nach bereits eindeutige Einschränkung vorgibt.[313] Zweifelhaft ist, ob die Zweite Haager Erklärung überhaupt als „*Entstehungsgeschichte*" für Art. 23 a HLKO oder das Genfer Giftgasprotokoll herangezogen werden kann. Blickt man auf die Entstehungsgeschichte des Genfer Giftgasprotokolls, so kann hieraus keine Einschränkung des Anwendungsbereichs hergeleitet werden, da während der Konferenz über eine diesbezügliche Einschränkung nicht gesprochen wurde.[314]

Die Entstehungsgeschichte darf gem. Art. 32 WVRK überhaupt nur dann zur Auslegung herangezogen werden, wenn

> „*die Auslegung nach Art. 31 [WVRK]*
> *a) die Bedeutung mehrdeutig oder dunkel läßt oder*
> *b) zu einem offensichtlich sinnwidrigen oder unvernünfti gen Ergebnis führt.*"

Wie bereits dargestellt, ist dem jedoch vorliegend nicht so. Eine Einbeziehung der Entstehungsgeschichte in die Auslegung ist deshalb bereits mehr als fraglich.

---

312 Gutachten, Absatz 55.

313 Vgl. Euler, Die Atomwaffe, S. 129; Ney, Atomwaffen, S. 187; vgl. auch Roberts, Guelff, Documents, S. 35.

314 So David, The Opinion, S. 21 (26) mit Verweis auf den im September 1925 in Genf erschienenen Bericht *Actes de la Conference pour le Contrôle du Commerce International des Armes et des Matériels des Guerre. Genève, 4 mai - 17 juin 1925.*

Weiterhin ist es zwar zutreffend, daß der Wortlaut der Zweiten Haager Erklärung von 1899 sehr eng ist. Daß in der HLKO und dem Genfer Giftgasprotokoll in Kenntnis der Zweiten Haager Erklärung jedoch gerade auf eine derart unflexible Wendung verzichtet wurde, spricht dies eher dafür, daß nicht von einer diesbezüglichen Eingrenzung insofern auszugehen ist, daß lediglich diejenigen Waffen in den Regelungsbereich einbezogen werden, deren hauptsächliche Wirkung die Giftwirkung ist.

Auch aus der Entstehungsgeschichte läßt sich somit also keine Aussage hinsichtlich der Einschränkung des Anwendungsbereichs des Genfer Giftgasprotokolls und Art. 23 a HLKO ableiten.

ee) Zwischenergebnis

Art. 23 a HLKO und das Genfer Giftgasprotokoll sind somit nicht nur auf diejenigen Waffen anwendbar, deren hauptsächliche Wirkung die Giftwirkung ist.[315]

c) Ergebnis

Im Ergebnis kann folglich behauptet werden, daß der Einsatz von Atomwaffen durch die Giftwaffenverbote des Art. 23 a HLKO und das Genfer Giftgasprotokoll von 1925 untersagt ist. Nur nebenbei sei erwähnt, daß diese Verbote auch gewohnheitsrechtlich anerkannt sind. Die Präambel des Giftgasprotokolls von 1925 stellt hierzu fest: *„Deshalb wurde der kriegerische Einsatz von Erstikkungs-, Gift- und anderen Gasen sowie aller ähnlichen Flüssigkeiten, Materialien oder Geräten rechtmäßig durch die akzeptierte Meinung der zivilisierten Welt verurteilt ...“*. Das Genfer Protokoll wurde von allen Nuklearstaaten ratifiziert, wenn auch unter dem Vorbehalt, daß ein diesbezüglicher Verstoß des Gegners einen eigenen legitimiere. Das Verbot des (Erst-)Einsatzes von Giftga-

[315] Hinsichtlich der deswegen gegebenen Möglichkeit der Einbeziehung von Nuklearwaffen vgl. von Arx, Atombombenversuche, S. 52; Falk, Meyrowitz, Sanderson, International Law, S. 27; wohl auch Menzel, Legalität oder Illegalität, S. 36ff.; ders., Atomwaffen, S. 148 (165ff.); Lachs, Kollektive Sicherheit, S. 1017 (1019); Marks, Weller, Use of Nuclear Weapons, S. 1 (4): *„confining the word 'vehicle' to the horse and cart“*; a. A. Euler, Die Atomwaffe, S. 129; von der Heydte, Atomare Kriegsführung, S. 162 (172f.); allgemein Jaschinski, Neuartige chemische Kampfstoffe, S. 46f.; Kimminich, Völkerrecht, S. 289; ders., Der Einfluß, S. 407 (418); Rauschning, Nuclear Warfare, S. 44 (48); zurückhaltend Rosas, International Law, S. 73 (76); wohl auch Strupp, Das internationale Landkriegsrecht, S. 58.

sen oder ähnlichen Flüssigkeiten, Materialien und Geräten erfährt deshalb umfassende Anerkennung.[316]

Der Bewertung des Gerichtshofs hinsichtlich der Giftwaffenverbote kann somit nicht zugestimmt werden.[317]

II. Atomwaffenspezifische Verträge

Hinsichtlich anderer Massenvernichtungswaffen neben Atomwaffen verhält es sich so, daß sie anhand spezieller Übereinkünfte für unrechtmäßig erklärt wurden. Die letzten dieser Abkommen sind das Übereinkommen über das Verbot der Entwicklung, Herstellung und Lagerung bakteriologischer und Giftwaffen und über ihre Vernichtung vom 10. April 1972 und das Übereinkommen über das Verbot der Entwicklung, Herstellung, Lagerung und Anwendung chemischer Waffen und über ihre Vernichtung vom 13. Januar 1993[318].

1. Rechtsgrundlagen

Da jedoch hinsichtlich Nuklearwaffen trotz stetiger Bemühungen von vielen Seiten[319] kein vergleichbares spezielles Übereinkommen existiert, prüft der Gerichtshof einen Reihe von Verträgen, die in Zusammenhang mit Atomwaffen stehen:[320]

- Verträge über Beschaffung, Herstellung und Besitz von Atomwaffen (Friedensverträge vom 10. Februar 1947[321]; Staatsvertrag über die Wiederherstellung eines unabhängigen und demokratischen Österreichs vom 15. Mai 1955[322]; Vertrag von Tlatelolco vom 14. Februar 1967 und seine Zusatzprotokolle; Atomwaffensperrvertrag vom 1. Juli 1968[323]; Vertrag von Rarotonga

[316] So auch Richter Koroma, Dissenting Opinion, S. 580; Motherson, From Hiroshima, S. 69, der dies auch hinsichtlich Art. 23 a der vierten Genfer Konvention feststellt; ebenso Bhagwati, Stellenwert, S. 246 (251).

[317] Vgl. David, The Opinion, S. 21 (25ff.); Doswald-Beck, International humanitarian law, S. 35 (47); Richter Koroma, Dissenting Opinion, S. 580; Richter Weeramantry, Dissenting Opinion, S. 508ff..

[318] Siehe Fn. 138.

[319] Vgl. Ney, Atomwaffen, S. 63ff.; Paech, Memorial, S. 3ff..

[320] Vgl. Gutachten, Absatz 57.

[321] 49 UNTS 3.

[322] 217 UNTS 223.

[323] Siehe Fn. 27.

vom 6. August 1985 und seine Protokolle; Vertrag vom 12. September 1990 über die endgültige Regelung in bezug auf Deutschland[324]);

■ Verträge hinsichtlich der Aufstellung von Atomwaffen (Antarktisvertrag vom 1. Dezember 1959[325]; Vertrag vom 27. Januar 1967 über bestimmende Grundsätze für die Aktivität von Staaten bei der Erforschung und Nutzung des Weltraums einschließlich Mond und anderen Himmelskörpern[326]; Vertrag von Tlatelolco vom 14. Februar 1967 und seine Zusatzprotokolle; Vertrag vom 11. Februar 1971 über das Verbot der Aufstellung von Atomwaffen und sonstigen Massenvernichtungswaffen auf dem Meeresgrund und dem Ozeanboden sowie deren Untergrund[327]; Vertrag von Rarotonga vom 6. August 1985 und seine Protokolle); und

■ Verträge bezüglich Atomwaffenversuchen (Antarktisvertrag vom 1. Dezember 1959; Vertrag vom 5. August 1963 über das Verbot von Atomwaffenversuchen in der Atmosphäre, im Weltraum und unter der Wasseroberfläche[328]; Vertrag vom 24. Januar 1967 über bestimmte Grundsätze für die Aktivitäten von Staaten bei der Erforschung und Nutzung des Weltraums einschließlich Mond und anderen Himmelskörpern; Vertrag von Tlatelolco vom 14. Februar 1967 und seine Zusatzprotokolle; Vertrag von Rarotonga vom 6. August 1985 und seine Protokolle[329]).

2. Vorbringen der Staaten

Nach Ansicht einiger Staaten bilden diese verschiedenen Abkommen eine allgemeine Regel bezüglich „*the emergence of a rule of complete legal prohibition of all uses of nuclear weapons*“[330].

Nach Ansicht anderer Staaten ist dem nicht Folge zu leisten, vielmehr widerspreche diese Schlußfolgerung der Logik einiger Verträge. Die Aushandlung

---

[324] BGBl. 1990 II, S. 1318.
[325] BGBl. 1978 II, S. 1517.
[326] BGBl. 1969 II, S. 1967.
[327] BGBl. 1972 II, S. 326.
[328] Treaty Banning Nuclear Weapon Tests in the Atmosphere, in Outer Space and Under Water, 5. August 1963, 480 UNTS 43.
[329] Der Comprehensive Test Ban Treaty war zum Zeitpunkt der Erstellung des Gutachtens noch nicht existent.
[330] Gutachten, Absatz 60; z.B. Costa Rica, Verbatim Record, S. 28f.; Samoa, Schriftliche Stellungnahme, S. 3; San Marino, Schriftliche Stellungnahme, S. 3f..

und der Abschluß dieser Verträge mache nur Sinn angesichts der Tatsache, daß die internationale Gemeinschaft nicht umfassend den Besitz, die Drohung mit oder den Einsatz von Kernwaffen unter allen Umständen geächtet habe, weder durch Vertrags- noch durch Gewohnheitsrecht. Im Gegenteil, die verschiedenen Verträge über Kernwaffen bestätigten, was die Staatenpraxis besage: die Drohung mit oder der Einsatz von Kernwaffen sei nicht unter allen Umständen verboten. Was machte die Ratifikation solcher einzelner Verträge für einen Sinn, wenn längst von einem umfassenden Atomwaffeneinsatzverbot auszugehen wäre?[331]

3. Bewertung durch den Gerichtshof

Der Gerichtshof stellt fest, daß die Zuhilfenahme von Atomwaffen in dreien der aufgezählten Übereinkommen direkt angesprochen werde:

- So bestimmt Art. 3 des Zusatzprotokolls II des Vertrags von Tlatelolco: „*The Governments represented by the undersigned Plenipotentiaries also undertake not to use or threaten to use nuclear weapons against the Contracting Parties of the Treaty for the Prohibition of Nuclear Weapons in Latin America.*"
- Art. 1 des Protokolls 2 zum Vertrag von Rarotonga setzt fest: „*Each Party undertakes not to use or threaten to use any nuclear explosive device against:*

  (a) Parties to the Treaty; or

  (b) any territory within the South Pacific Nuclear Free zone for which a State that has become a Party to Protocol 1 is internationally responsible.
- Bereits 1968 gaben die Kernwaffenstaaten im NPT den Nichtkernwaffenstaaten sog. Positive Sicherheitsgarantien, d.h. den Nichtkernwaffenstaaten unter den Vertragsstaaten gegebenenfalls bei einer Bedrohung durch Atomwaffen Hilfe zu leisten. Anläßlich der Verlängerung des Vertrages 1995 wurden diese um sog. Negative Sicherheitsgarantien erweitert, die regeln, daß die Atomwaffenstaaten Kernwaffen nicht gegen andere Vertragsstaaten einsetzen werden.[332]

---

[331] Z.B. Deutschland, Verbatim Record, S. 36; Großbritannien, Schriftliche Stellungnahme, S. 30; Niederlande, Schriftliche Stellungnahme, S. 11f.; Russische Föderation, Schriftliche Stellungnahme, S. 7ff.; USA, Schriftliche Stellungnahme, S. 9ff.; USA, Verbatim Record, S. 76f.; so auch Vize-Präsident Schwebel, Dissenting Opinion, S. 317f..

[332] Vgl. Burroughs, The (Il-)legality, S. 26; Großbritannien, Schriftliche Stellungnahme, S. 8.

Es sind somit Regelungen vorhanden, die den Einsatz von Atomwaffen in bestimmten Gebieten oder gegen bestimmte Staaten untersagen. Allerdings haben sich die Kernwaffenstaaten in allen diesen Vereinbarungen vorbehalten, unter bestimmten Umständen von den getroffenen Abmachungen abzuweichen. Diese Vorbehalte sind dabei weder auf Einwände der Vertragsstaaten des Vertrages von Tlatelolco noch derer von Rarotonga gestoßen, und auch der UN-Sicherheitsrat hat nicht Anstoß daran genommen.

Der IGH weist deswegen darauf hin, daß diese Verträge sicherlich auf eine zunehmende Besorgnis bezüglich Nuklearwaffen in der Völkergemeinschaft hinweisen, sieht sie jedoch v.a. auch aufgrund der aufgezeigten Einschränkungen durch die Atomwaffenstaaten und der Hinnahme dieser Einschränkungen durch die anderen Vertragsstaaten sowie den UN-Sicherheitsrat lediglich als Vorboten eines Verbots, nicht jedoch als Verbot selbst.[333]

4. Diskussion

a) Herausbildung eines umfassenden Verbots

Zuzustimmen ist hier den Kernwaffenstaaten, da es jeglicher Logik widerspräche, einzelne Abkommen zu ratifizieren, wenn bereits ein allumfassendes Verbot existierte. Einem derart allgemeinen Verbot stehen auch die vom Gerichtshof aufgeführten Einwände der Kernwaffenstaaten entgegen, und die Hinnahme dieser durch die übrigen Staaten und den UN-Sicherheitsrat. Die Verträge deuten darauf hin, daß ein globales Bewußtsein der Problematik und Gefahren hinsichtlich der Atomwaffen sehr wohl existiert. Durch die Einwände der Kernwaffenstaaten und deren unwidersprochener Hinnahme wird jedoch deutlich, daß der Wille und die Bereitschaft zu einem umfassenden Verbot aus diesen Einzelregelungen nicht abgeleitet werden kann.

b) Der NPT

Fraglich ist, ob sich hinsichtlich des NPT hier eine andere Beurteilung ergibt. Vize-Präsident Schwebel behauptet, daß dadurch, daß der sog. Atomwaffensperrvertrag den Nuklearmächten den Kernwaffenbesitz zugestehe, er konkludent auch der Rechtmäßigkeit der Drohung mit Kernwaffen zustimme, die einem solchen Besitz immer innewohnen könne.[334]

---

333 Gutachten, Absatz 58ff..

334 Vize-Präsident Schwebel, Dissenting Opinion, S. 317f..

Dem steht die Ansicht von Richter Weeramantry entgegen, der darauf hinweist, daß der im Atomwaffensperrvertrag gestattete Atomwaffenbesitz nicht das Recht zum Einsatz oder die Drohung mit dem Einsatz auch nur andeute. Auch in der Ratifikation durch so viele Staaten könne keine diesbezügliche Zustimmung derselben gesehen werden, da eine Akzeptanz der Unvermeidlichkeit der Situation nicht gleichbedeutend mit einer Zustimmung zu dieser sei.[335]

Die sich aus dem durch den NPT berechtigten Kernwaffenbesitz ergebende und von Schwebel dargestellte Folge hinsichtlich der Abschreckungspolitik ist nicht zu leugnen: Abschreckung ist zwar mehr als lediglich Besitz, aber Voraussetzung von Abschreckung ist jedenfalls Besitz. Trotzdem macht der NPT zunächst keine Aussage hinsichtlich der Rechtmäßigkeit des Einsatzes oder der Androhung des Einsatzes von Atomwaffen. Viel zu weit geht daher die Bewertung durch Vize-Präsident Schwebel. Der Beitritt so vieler Staaten - zum Zeitpunkt der unbegrenzten Verlängerung 1995 waren es 175 - läßt sich nicht als konkludente Zustimmung zur Rechtmäßigkeit der Androhung und des Einsatzes von Atomwaffen verstehen. Vielmehr ist hier Richter Weeramantry und Richter Shahabuddeen zu folgen, die den Beitritt der Nichtkernwaffenstaaten als einzig verbleibende Hoffnung auf eine endgültige, umfassende Abrüstung auslegen.[336] Auch der Vorbehalt des Nuklearwaffeneinsatzes unter bestimmten Umständen im Rahmen der Negativen Sicherheitsgarantien ist nicht als Zustimmung der Nichtkernwaffenstaaten hinsichtlich der Rechtmäßigkeit eines Atomwaffeneinsatzes anzusehen, sondern vielmehr Ergebnis politischer Verhandlungspraxis.[337] Dies deutet zwar eher auf das Anerkenntnis eines Kernwaffeneinsatzes unter bestimmten Umständen durch die Vertragsstaaten hin, als daß es auf ein umfassendes Kernwaffenverbot hinweist. Weeramantry ist aber insofern zuzustimmen, als daß diejenigen Verträge, die einen Atomwaffeneinsatz eingeschränkt verbieten, nicht aufgrund ihrer Einschränkungen als Erlaubnis zu werten sind. Mit den Worten Malaysias ausgedrückt wäre dann auch der Versuch, die Krankheitsverbreitung unter Drogensüchtigen durch das Verteilen steriler Nadeln zu verhindern, die Legalisierung des Drogenmißbrauchs.[338]

---

335 Richter Weeramantry, Dissenting Opinion, S. 536f., 526f..

336 Richter Shahabudden, Dissenting Opinion, S. 414ff.; Richter Weeramantry, Dissenting Opinion, S. 526f..

337 Richter Shahabuddeen, Dissenting Opinion, S. 414ff..

338 Malaysia, Schriftliche Stellungnahme zum Antrag der WHO-Versammlung, S. 14; weiterhin vgl. auch Australien, Verbatim Record, S. 61ff.; Neuseeland, Verbatim Record, S. 34.

c) Die Verträge von Tlatelolco und Rarotonga und die Negativen Sicherheitsgarantien

Unterbewertet wurde im Gutachten die Bedeutung der Verträge von Tlatelolco und Rarotonga und der Negativen Sicherheitsgarantien. Der Gerichtshof weist zwar auf diese hin, allerdings nur, um mit den diesbezüglich von den Kernwaffenstaaten gemachten Einschränkungen zu zeigen, daß es sich dabei nicht um umfassende Beschränkungen handelt.[339] Wenn diese Übereinkommen jedoch Bindungswirkung entfalten, wovon auszugehen ist,[340] bedeutet dies, daß im Rahmen ihres Anwendungsbereichs der Atomwaffeneinsatz rechtswidrig ist. Diese Einschränkung verdient gesonderte Erwähnung. D.h. ein umfassendes Verbot hinsichtlich des Einsatzes von Nuklearwaffen kann aus diesen Abkommen nicht abgeleitet werden, wohl aber ein Verbot im Rahmen ihres Anwendungsbereichs.

III. Ergebnis

Hinsichtlich der Vereinbarkeit eines Atomwaffeneinsatzes mit den Giftwaffenverboten kann dem IGH nicht zugestimmt werden. Dennoch verhält es sich nicht so, daß die Argumentation des Gerichtshofs - wenn im Endeffekt auch bessere Argumente für eine andere sprechen – juristisch nachvollziehbar ist.

Bezüglich der atomwaffenspezifischen Verträge konnte kein den Atomwaffeneinsatz umfassendes Verbot festgestellt werden. Erhöhte Aufmerksamkeit ist jedoch in diesem Bereich den Verträgen von Tlatelolco und Rarotonga sowie den zugestandenen Negativen Sicherheitsgarantien zu widmen, die immerhin partielle Untersagungen enthalten.

Nach Prüfung der Giftwaffenverbote und atomwaffenspezifischer Verträge stellte sich nun die Frage, ob ein gewohnheitsrechtliches Verbot eines Atomwaffeneinsatzes hergeleitet werden kann.

---

339 Gutachten, Absatz 63.

340 Vgl. Blumenwitz, Fragen der Zulässigkeit, S. 33; Bunn, The Legal Status, S.8ff.; Nielebock, Einsatzverbot, S. 249 (262).

E. Herleitung eines völkergewohnheitsrechtlichen Verbots

Im Gegensatz zum vorher geprüften Völkervertragsrecht werden durch das Völkergewohnheitsrecht nicht nur Vertragsparteien gebunden, das Völkergewohnheitsrecht ist, soweit vorliegend, vielmehr bis auf weiteres allgemein verbindlich.[341]

I. Voraussetzungen für die Entstehung von Völkergewohnheitsrecht

Gem. Art. 38 Abs. 1 lit. b des IGH-Statuts ist das Völkergewohnheitsrecht „*Ausdruck einer allgemeinen, als Recht anerkannten Übung.*" Damit nennt Art. 38 Abs. 1 lit. b IGH-Statut zwei, für die Entstehung von Gewohnheitsrecht notwendige Elemente:

1. Ein objektives Element: allgemeine Übung (*consuetudo*)

Erforderlich ist hierfür eine Verhaltensweise der Staatengemeinschaft, die von gewisser Einheitlichkeit, Zeitdauer und Ausbreitung ist, wobei es ausreichend ist, wenn sich die überwiegende Mehrheit der Völkerrechtssubjekte, d.h. also nicht unbedingt alle, dieser allgemeinen Übung anschließt.

2. Ein subjektives Element: Anerkennung der Übung (*opinio iuris*)

Die Staaten, die sich dieser allgemeinen Übung anschließen, müssen weiterhin davon überzeugt sein, daß dieses Verhalten rechtlich geboten ist. Dieses subjektive Element ist notwendige Voraussetzung für die Entstehung von Gewohnheitsrecht, da bei Fehlen der *opinio iuris* lediglich *courtoisie* entstehen kann. Diese Regeln werden jedoch nur aus Höflichkeit, Anstand und Ritterlichkeit befolgt, nicht jedoch weil das Recht es gebietet.[342]

II. Consuetudo

Unproblematisch ist im vorliegenden Fall die erste Voraussetzung. Diese ist erfüllt, da seit über 50 Jahren keine Atomwaffen mehr eingesetzt wurden, somit

---

[341] Burroughs, The (Il)legality, S. 22.

[342] Vgl. *Case concerning Continental Shelf*, Urteil vom 3. Juni 1985, ICJ Reports 1985, S. 13 (29); Brownlie, Principles, S. 4ff.; Empell, Die Vorbehalte, S. 127 (137); Jaenicke, Völkerrechtsquellen, S. 766 (769f.); Paech, Memorial, S. 11; Ticehurst, Nuclear Weapons, S. 107 (118).

eine lang andauernde, verbreitete und einheitliche Verhaltensweise der Staatengemeinschaft gegeben ist.

Als problematisch erweist sich dagegen der Nachweis der zweiten Voraussetzung. Als Grundlage für diese wurde die allgemeine Staatenpraxis sowie verschiedene Resolutionen der UN-Generalversammlung herangezogen.

III. Opinio iuris

1. Herleitung einer opinio iuris aus der Staatenpraxis

a) Vorbringen der Staaten

Viele der Staaten, die hinter dem Antrag der UN-Generalversammlung standen, bemühten sich nachzuweisen, daß die Nichtanwendung von Atomwaffen seit den Einsätzen 1945 auf Hiroshima und Nagasaki eine diesbezügliche *opinio iuris* bilde.[343]

Einige andere Staaten, die den Einsatz und die Drohung mit dem Einsatz von Atomwaffen für rechtmäßig halten, beriefen sich vielmehr diesbezüglich auf die Doktrin der Abschreckung. Die Nichtanwendung seit 1945 könne deswegen keine *opinio iuris* darstellen, da sie lediglich darauf zurückzuführen sei, daß sich ein Umstand, der den Einsatz von Atomwaffen rechtfertige, seit dieser Zeit glücklicherweise nicht ergeben habe.[344]

b) Bewertung durch den Gerichtshof

Auch der Gerichtshof hat in einem früheren Verfahren bereits festgestellt, daß nicht jedes, über eine längere Zeit von einer Vielzahl von Staaten praktizierte Verhalten für die Feststellung eines Rechtszustandes relevant sei.[345] Im vorlie-

---

343 Z.B. Ägypten, Verbatim Record, S. 40; Malaysia, Verbatim Record, S. 69ff..

344 Z.B. USA, Schriftliche Stellungnahme, S. 18f. (Juni 1995); tatsächlich sprachen sich v.a. diese Staaten immer wieder für die Rechtmäßigkeit eines Nuklearwaffeneinsatzes unter Umständen aus. Beispielsweise von Deutschland, den USA, Irland, Großbritannien, Österreich und den Niederlanden können Äußerungen nachgewiesen werden, die nicht von einem Nuklearwaffeneinsatzverbot ausgehen (UN-Existing Rules of International Law Concerning the Prohibition or Restriction of Uses of Specific Weapons, UN Doc. A/9215, 7. November 1973). Sämtliche us-amerikanischen Militärdoktrinen gehen von der grundsätzlichen Rechtmäßigkeit des Atomwaffeneinsatzes aus (Vgl. Paech, Memorial, S. 12); vgl. auch Blumenwitz, Fragen der Zulässigkeit, S. 26.

345 *North Sea Continental Shelf Cases*, Enscheidung vom 20. Februar 1969, ICJ Reports 1969,

genden Gutachten sieht sich der Gerichtshof aufgrund der allein im Vorverfahren von den Staaten vorgebrachten unterschiedlichen Auffassung nicht dazu imstande festzustellen, daß aus der Staatenpraxis eine *opinio iuris* abgeleitet werden kann.[346]

c) Diskussion

aa) Die Gewichtung der Staatenpraxis der Kernwaffenstaaten

Der Meinung des Gerichtshofs schließt sich insbesondere auch Vize-Präsident Schwebel in seinem abweichenden Votum an. Gerade aus der Staatenpraxis könnten keine derartigen Schlüsse gezogen werden; dies sei daraus erkennbar, daß seit rund fünfzig Jahren Kernwaffen her- und aufgestellt werden, daß der Aufstellung die Drohung eines möglichen Einsatzes innewohne und daß die internationale Gemeinschaft, durch Vertrag oder durch Aktion des UN-Sicherheitsrates, weit entfernt von einer Ächtung des Kernwaffeneinsatzes unter allen Umständen, tatsächlich oder ausdrücklich anerkannt habe, daß unter bestimmten Umständen Kernwaffen eingesetzt oder mit ihrem Einsatz gedroht werden dürfe. Die Kernwaffenstaaten bekräftigten, rechtlich befugt zu sein, Atomwaffen unter bestimmten Umständen einzusetzen und mit ihrem Einsatz zu drohen. Dabei handele es sich nicht um die Praxis eines geächteten, einzelnen und im Gegensatz zu allen anderen Regierungen stehenden Staates, es sei die Praxis der fünf Weltmächte, der Ständigen Mitglieder des UN-Sicherheitsrates, die Praxis der Staaten - und eine, von einer großen und gewichtigen Zahl anderer Staaten unterstützte Praxis - die zusammen den Hauptteil der militärischen, ökonomischen, finanziellen und technologischen Macht der Welt und einen sehr großen Teil ihrer Bevölkerung ausmachen. Diese Praxis werde von der Staatengemeinschaft auch akzeptiert.[347]

Dem setzt sich Richter Weeramantry gänzlich in seiner abweichenden Meinung entgegen. Er weist darauf hin, daß von den 185 Mitgliedstaaten der Vereinten Nationen lediglich fünf Nuklearwaffen hätten und ihre erklärte Politik darauf gründeten. Vom Standpunkt internationaler Übung scheine die Praxis und Politik von fünf von 185 Staaten deshalb eine ungenügende Basis zu sein, auf der Gewohnheitsrecht entstehen könne, egal wie der globale Einfluß dieser fünf

---

S. 3 (44).

[346] Gutachten, Absatz 64ff..

[347] Vize-Präsident Schwebel, Dissenting Opinion, S. 311.

Staaten sei. Eine allgemein bezeichnete „Staatenpraxis“ könne daraus, nach Ansicht Weeramantrys, jedenfalls nicht abgeleitet werden.[348]

Auch Richter Shi Jiuyong weist darauf hin, daß diese Staaten zusammen mit den Staaten, die unter deren nuklearem Schirm stehen auf der internationalen politischen Bühne eine wichtige Rolle spielen. Trotzdem stellten diese keinen großen Bestandteil jener Mitgliedschaft dar. Die Struktur der internationalen Gemeinschaft basiere jedoch auf dem Prinzip der souveränen Gleichheit der Staaten, welche eben nicht mehr gewährleistet sei, wenn bestimmten Staaten eine derart wichtige Bedeutung über ihr eigentlich eingenommenes Verhältnis zugemessen werde.[349]

Schon die eben dargestellte Diskussion gibt dem IGH recht. Unentbehrlich für die Entstehung von Gewohnheitsrecht ist eine allgemeine Übereinstimmung. Gerade diese ist vorliegend aber nicht gegeben.

Bleibt, zu klären, ob die fünf Atomwaffenstaaten tatsächlich einen zahlenmäßig zu geringen Anteil in der allgemeinen Staatenpraxis einnehmen, um der Herleitung einer *opinio iuris* entgegen zu stehen. Bereits dies ist zweifelhaft, doch selbst wenn man dem zustimmte, muß berücksichtigt werden, daß die Atomwaffenstaaten mit der von ihnen praktizierten Staatenpraxis nicht alleine stehen, vielmehr Unterstützung durch ihre Alliierten erfahren. Wenigstens aufgrund dessen dürfte die Bildung einer *opinio iuris* durch die allgemeine Staatenpraxis abzulehnen sein.[350]

bb) Die Abschreckungspolitik als Argument

Auch an dieser Stelle des Gutachtens wurde die Abschreckungspolitik wieder relevant, hier jedoch nicht direkt im Bezug auf die Rechtmäßigkeit der Androhung eines Nuklearwaffeneinsatzes, sondern in ihrer mittelbaren Bedeutung für den Einsatz selbst.

---

[348] Richter Weeramantry, Dissenting Opinion, S. 531f..

[349] Richter Shi Jiuyong, Declaration, S. 277.

[350] Weiterhin auch diesbezüglich von Bedeutung ist, daß, selbst wenn man dennoch von der Bildung einer *opinio iuris* ausgeht, das so entstandene Völkergewohnheitsrecht auf die sich widersetzenden Kernwaffenstaaten und ihre Verbündeten keine Wirkung entfaltet, vgl. hierzu näher unten 2, c, bb, aaa.

aaa) Rechtliche Bedeutung der Abschreckung

Richter Shi Jiuyong stellt fest, daß die Abschreckungspolitik keine rechtliche Bedeutung im Zusammenhang mit der Herausbildung einer Gewohnheitsrechtsregel über das Verbot von Kernwaffen haben dürfe, da die Politik der nuklearen Abschreckung eher als Objekt rechtlicher Regulierung gesehen werden müsse als umgekehrt. Bei der Ausübung seiner gerichtlichen Funktion, eine existierende Rechtsregel für Kernwaffeneinsätze festzustellen, könne der IGH nicht auf diese Praxis bestimmter Staaten abstellen, da er sonst das Recht an die Bedürfnisse der Abschreckungspolitik anpasse.[351] Auch Richter Ferrari Bravo weist darauf hin, daß die Abschreckung so keinerlei Rechtfertigung erfahren dürfe.[352]

Insofern hier der Aussage Nachdruck gegeben werden soll, daß auch die Abschreckungspolitik am Maßstab des Rechts beurteilt werden muß, nicht dagegen die Abschreckungspolitik selbst Beurteilungsmaßstab ist, ist dem generell zwar zuzustimmen. An der hier vorliegenden Stelle verhält es sich jedoch anders. Die Abschreckungspolitik ist - wie bereits dargestellt - Instrument der Staatenpraxis.[353] Hier aber soll gerade festgestellt werden, ob aus der Staatenpraxis - die eben unter anderem auch durch die Abschreckungspolitik verkörpert wird - rechtliche Folgerungen gezogen werden können. D.h. hier muß ausnahmsweise die Abschreckungspolitik trotz ihres praktischen Charakters als Beurteilungsmaßstab herangezogen werden, um eine rechtliche Aussage treffen zu können. Entgegen dem Vorbringen der beiden Richter ist dem Gerichtshof im diesem Punkte deshalb zuzustimmen.

bbb) Aussagekraft der Abschreckungspolitik

Dem Gerichtshof wird weiterhin vorgeworfen, daß es keine substanzielle Begründung sei, mit der Abschreckungspolitik, d.h. der Drohung mit einem Atomwaffeneinsatz, die Ablehnung einer *opinio iuris* darlegen zu wollen. Wenn die internationale Gemeinschaft die Politik der Abschreckung akzeptiert, bedeute das nicht zwingend, daß dadurch auch ein Nuklearwaffeneinsatz akzeptiert werde.[354] Daß dem jedoch so ist, stellt Vize-Präsident Schwebel in seiner abweichenden Stellungnahme nachvollziehbar dar. Er weist zunächst darauf hin, daß der Kernwaffenbesitz durch die Nuklearwaffenmächte schon immer mit dem

[351] Ebd..
[352] Richter Ferrari Bravo, Déclaration, S. 283.
[353] Vgl. Gutachten, Absatz 67.
[354] David, The Opinion, S. 21 (31).

Zweck verbunden war, eine potentielle Einsatzmöglichkeit zu demonstrieren. Schwebel stellt weiterhin fest, daß die Abschreckung sich durch ihre Allgemeinheit von einer Drohung unterscheide, weist dann aber darauf hin, daß wenn die Abschreckung keine Drohung enthielte, sie keine abschreckende Wirkung hätte. Daraus folge dann aber, wenn der NPT den Kernwaffenbesitz durch die fünf Nuklearwaffenmächte bis zur umfassenden Abrüstung zulasse, der Besitz jedoch der bessere Teil von Abschreckung sei, Abschreckung wiederum der bessere Teil einer Drohung, die Staatenpraxis einschließlich der Vertragspraxis eine Drohung oder einen Kernwaffeneinsatz nicht absolut ausschließe.[355]

d) Ergebnis

Aus der Staatenpraxis läßt sich folglich keine *opinio iuris* hinsichtlich eines Nuklearwaffeneinsatzverbots ableiten. Dem Gerichtshof ist auch insofern zuzustimmen.

2. Herleitung einer opinio iuris aus Resolutionen der UN-Generalversammlung

Weiterhin wurde von einigen Staaten vorgebracht, daß eine *opinio iuris* aus einer Reihe wichtiger Resolutionen der UN-Generalversammlung, die sich mit Atomwaffen befassen und mit konsequenter Regelmäßigkeit die Unrechtmäßigkeit von Atomwaffen bestätigen, abzuleiten sei.[356]

a) Rechtsgrundlage

Zu Beginn handelte es sich dabei um Resolutionen, die sich auf einen Atomwaffeneinsatz bezogen. An deren Anfang stand Resolution 1653 (XVI) der 16. Sitzung der UN-Generalversammlung. Diese war überschrieben mit dem Titel *„Declaration on the prohibition of the use of nuclear and thermo-nuclear weapons“* und erklärte, daß *„the use of nuclear and thermo-nuclear weapons is ... a direct violation of the Charter of the United Nations: ... is contrary to the rules of international law and to the laws of humanity; ... is a war directed ... against*

[355] Vize-Präsident Schwebel, Dissenting Opinion, S. 313ff..

[356] Beispielsweise Mexiko, Verbatim Records, S. 65f.; Salomon-Inseln, Schriftliche Stellungnahme, S. 39ff.; San Marino, Schriftliche Stellungnahme, S. 5f.; diese Ansicht ist auch in der Literatur zu finden: Falk, The Shimoda Case, S. 759 (791).

mankind in general". Dieser folgten drei Resolutionen[357] in den Jahren 1978, 1980 und 1981, die sich jeweils mit der Verhinderung eines Nuklearkriegs auseinandersetzten.

Auf der zweiten Sondersitzung der UN-Generalversammlung zur Abrüstung im Juni und Juli 1982 brachte Indien zum ersten Mal den Entwurf einer Resolution bezüglich einer „*Convention on the prohibition of the Use of Nuclear weapons*" vor. Dieser Entwurf wurde von diesem Zeitpunkt an in allen regulären Sitzungen der UN-Generalversammlung von 1982 bis 1995 vorgelegt, und in jeder dieser Sitzungen kam eine Resolution[358] zustande.

b) Bewertung durch den Gerichtshof

Der Gerichtshof bringt hierzu vor, daß Resolutionen normativen Charakter haben können und eine *opinio iuris* bilden können[359]. Um festzustellen, ob dies auf die oben zitierten Resolutionen der UN-Generalversammlung zutreffe, müsse auf deren Inhalt und die Bedingungen ihrer Annahme abgestellt werden. Weiterhin müsse festgestellt werden, ob im Hinblick auf den normativen Charakter einer Resolution eine *opinio iuris* bestehe oder ob eine Reihe von Resolutionen die allmähliche Entwicklung einer *opinio iuris* aufweisen könne.

Die dem Gerichtshof vorgelegten Resolutionen der Generalversammlung erklärten, insgesamt gesehen, daß die Anwendung von Atomwaffen eine Verletzung der Charta der Vereinten Nationen sei und eine solche Anwendung verboten sein sollte. Problematisch für die Bildung einer *opinio iuris* sei vorliegend aber, daß es an der für das Gewohnheitsrecht erforderlichen gemeinsamen Rechtsüberzeugung fehle - hier stünden die Staaten, die eine derartige Resolution begrüßen würden, der starken Anhängerschaft[360] der Abschreckungsdoktrin gegenüber - da keine der Resolutionen einstimmig verabschiedet worden sei[361].

---

[357] Resolutionen 33/71B, 35/112D und 36/92I.

[358] Resolutionen 37/100C, 38/73G, 39/63H, 40/151F, 41/60F, 42/39C, 43/76E, 44/117C, 45/59B, 46/37D, 47/53C, 48/76B, 50/71E.

[359] Gutachten, Absatz 70; vgl. bereits die Rechtsprechung im *Namibia*-Gutachten: die Generalversammlungen kann verabschieden „*resolutions which make determinations or have operative designs*" (*Legal Consequences for States of the Continued Presence of South Africa in Namibia (South West Africa) Notwithstanding Security Council Resolution 276 (1970)*, Gutachten vom 21. Juni 1971, ICJ Reports 1971, S. 50); so auch Mendlowitz, Weiss, Judging the Illegality, S. 10 (11); die Resolutionen sind nicht grundsätzlich normativ, da Art. 10 SVN der UN-Generalversammlung zunächst eine Empfehlungsbefugnis zuspricht, vgl. Ticehurst, Nuclear Weapons, S. 107 (109); USA, Schriftliche Stellungnahme, S. 18.

[360] So auch Großbritannien, Schriftliche Stellungnahme, S. 32ff.; Italien, Schriftliche Stel-

c) Diskussion und Ergebnis

aa) Relative Bindungswirkung

Dieser Auffassung des Gerichtshofs wird von der Literatur kritisch entgegengesetzt, daß sie die spezielle Abmachung mißachte, daß die Resolutionen der Generalversammlung zumindest für die Staaten, die für sie gestimmt hätten, unmittelbare Wirkung entfalteten und wenigstens die Staaten, die davon betroffen seien, sie als *opinio iuris* anerkennen.[362] Dies kann jedoch bei der Feststellung einer allgemeingültigen *opinio iuris* keine Rolle spielen. Der Gerichtshof hatte es sich an dieser Stelle des Gutachtens zur Aufgabe gemacht, festzustellen, ob eine allgemeingültige *opinio iuris* zu einer generellen Rechtswidrigkeit des Atomwaffeneinsatzes bzw. der Drohung mit dem Atomwaffeneinsatz führe; hierfür kann zwar die oben genannte spezielle Abmachung ein Wegweiser sein, zu einer allgemein verbindlichen *opinio iuris* führt diese jedoch nicht.

bb) Minderheitenvoten

aaa) Bedeutung

Weiterhin wird dem Gerichtshof vorgeworfen, daß - obwohl die Mehrheit der Staaten für ein derartiges Einsatzverbot gestimmt habe - er aus der Gegenstimme der Minderheit ableite, daß dieses Verbot nicht existiere, unter anderem da „*the continuing tensions between the nascent opinio iuris on the one hand, and the still strong adherence to the practice of deterrence on the other*“[363]. Dem ist insofern zuzustimmen, da es der Entstehung einer *opinio iuris* nicht zuwiderläuft, wenn einzelne Staaten sich der Anerkennung dieser Übung entgegensetzen, die sog. *persistent objectors*. Gegen die Bildung einer allgemeinen Regel spricht bereits, daß diese sich widersetzenden Staaten nicht an die so gewonnene *opinio iuris* gebunden sind. Das bedeutet, selbst wenn man der Entstehung einer *opinio iuris* durch die Resolutionen der UN-Generalversammlung zustimmte, wäre diese für die Staaten, die über Jahre hinweg Abschreckungspolitik betrie-

---

lungnahme, S. 1f.; Niederlande, Schriftliche Stellungnahme, S. 9f.; Russische Föderation, Schriftliche Stellungnahme, S. 16f.; USA, Schriftliche Stellungnahme, S. 18ff..

361 Gutachten, Absatz 68ff.; so auch Vize-Präsident Schwebel, Dissenting Opinion, S. 318ff.; Rauschnig Völkerrechtliche Schranken, S. 581 (589); vgl. hierzu auch Großbritannien, Verbatim Record, S. 62.

362 David, The Opinion, S. 21 (28).

363 Gutachten, Absatz 71.

ben haben oder Verbündete dieser Staaten waren, nicht bindend.[364] Ein allgemeines Verbot eines Kernwaffeneinsatzes könnte also bereits nicht abgeleitet werden.

bbb) Tatsächliche Abstimmungsverhältnisse

Fraglich ist aber weiterhin, ob es sich bei denjenigen Staaten, die gegen die Resolutionen gestimmt haben, tatsächlich nur um eine derart unrepräsentative Minderheit handelt, daß diese der Entstehung einer *opinio iuris* nicht entgegensteht. Zieht man Resolution 1653 (XVI) als Beispiel heran, zeigt sich jedoch, daß es sich um keine unbedeutende Minderheit handelte, die mit einer Gegenstimme votierte. Diese Resolution wurde mit 55 zu 20 Stimmen angenommen bei 26 Enthaltungen. Vier der fünf Nuklearwaffenmächte stimmten dagegen. Nachfolgende dieser Resolutionen wurden mit schwankenden Mehrheiten gegen den Widerstand einer starken, andauernden Opposition angenommen. Es gibt mit der fortschreitenden Zahl dieser Resolutionen keine signifikante Zunahme der Mehrheiten. Teilweise anwachsende Mehrheiten hängen vielmehr in Zusammenhang mit der den Vereinten Nationen neu hinzugetretenen Mitgliedern.

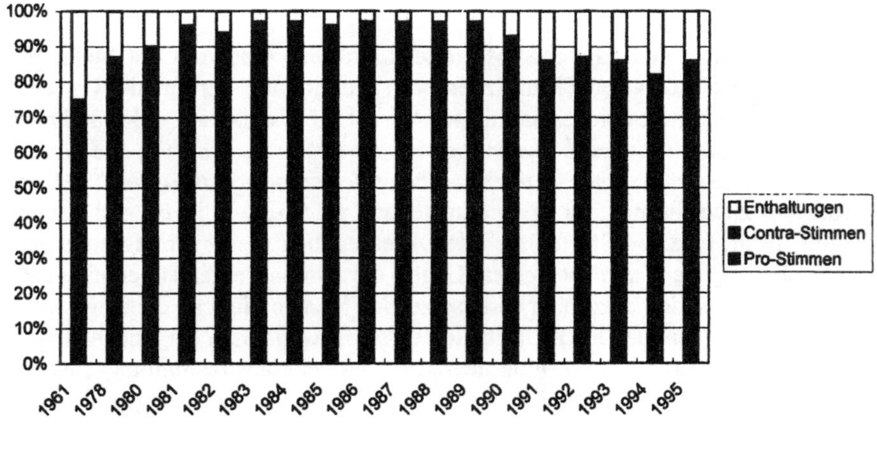

Abstimmungsverhältnisse der relevanten[365] Resolutionen der Generalversammlung

[364] Zur Figur des „*persistent objectors*" vgl. Empell, Die Vorbehalte, S. 127 (136).
[365] Resolution 1653 (XVI) sowie die unter Fn. 357, 358 aufgezählten.

Mit den Worten von Vize-Präsident Schwebel gesagt, handelt es sich bei den Minderheiten also nicht um einen „*pariah Government crying out in the wilderness*" oder eine geächtete Regierung, und er weist in Anbetracht dessen darauf hin, daß die Resolution der UN-Generalversammlung weit davon entfernt seien, eine *opinio iuris* zu bilden.[366]

ccc) UN-Generalversammlung als Legislativorgan per se

Nicht zugestimmt werden kann in diesem Punkte Richter Weeramantry, der die Bildung von Völkergewohnheitsrecht deswegen annimmt, weil eine derart wichtige Institution wie die UN-Generalversammlung ihre Meinung so häufig und so konsequent geäußert hat.[367] Allein die Quantität der Feststellungen verbunden mit der Wichtigkeit des sich äußernden Organs vermag den Voraussetzungen der Bildung von Völkergewohnheitsrecht nicht zu genügen.[368]

Eben dies kann auch dem Vorbringen von Richter Ferrari Bravo entgegen gesetzt werden. Dieser weist darauf hin, daß bereits vor Entstehung der Vereinten Nationen in Moskau der Text formuliert wurde, der schließlich Grundlage der ersten Resolution der UN-Generalversammlung wurde, Resolution 1 (I) vom 24. Januar 1946. Bereits dieser habe festgelegt: „... *the Commission shall make specific proposals: (...) for the elimination from national armaments of atomic weapons* ...". Der Text dieser Resolution sei in zahlreichen darauffolgenden wiederholt worden, beispielsweise Resolution 41 (I) oder Resolution 191 (III). Unter anderem mit diesen Resolutionen sei jedoch bereits die Verrechtlichung der Illegalität von Atomwaffen begonnen worden, deren weitere Entwicklung lediglich durch den Beginn des Kalten Krieges verhindert worden sei. Trotzdem habe jedoch all die Jahre hindurch ein „nacktes", d.h. nicht rechtlich fixiertes Verbot bestanden, was sich unter anderem darin zeige, daß jeweils eine Rechtfertigung für die Politik der Abschreckung gesucht wurde.[369]

ddd) Ergebnis

Unter Würdigung aller vorgebrachten Kritikpunkte muß die Aussage des Gerichtshofs Zustimmung finden. Die für die Bildung von Völkergewohnheitsrecht

---

366 Vize-Präsident Schwebel, Dissenting Opinion, S. 312, 318f..

367 Richter Weeramantry, Dissenting Opinion, S. 531ff..

368 Vgl. oben unter I.

369 Richter Ferrari Bravo, Déclaration, S. 282ff.; ähnlich auch mit zahlreichen weiteren Beispielen Richter Shahabuddeen, Dissenting Opinion, S. 381ff..

vorliegende *opinio iuris* kann - wie auch schon bei Prüfung der Staatenpraxis - auch bei Abstimmung zur Entstehung der Resolutionen der UN-Generalversammlung nicht nachgewiesen werden.[370]

Somit existieren weder im Vertragsrecht noch im Gewohnheitsrecht Normen, die die Drohung mit oder den Einsatz von Atomwaffen im allgemeinen oder unter bestimmten Voraussetzungen verbieten.

F. Vereinbarkeit mit dem humanitären Völkerrecht und dem Neutralitätsprinzip

Mit der Prüfung der Vereinbarkeit der Drohung und des Einsatzes von Nuklearwaffen mit dem humanitären Völkerrecht und dem Neutralitätsprinzip analysierte der Gerichtshof nun das diesbezüglich mit größter Spannung erwartete Rechtsgebiet.

I. Entwicklung des humanitären Völkerrechts und Anwendbarkeit auf Nuklearwaffen

Vorab soll einleitend eine kurze Übersicht zur Entwicklung des humanitären Völkerrechts gegeben werden.

1. Die Entwicklung des humanitären Völkerrechts

a) Die Wurzeln des humanitären Völkerrechts

Der Gedanke eines humanitären Rechts ist schon sehr alt - die Nachweise reichen Tausende von Jahren und in verschiedene Zivilisationen zurück, darunter die chinesische, die indische, die griechische, die römische die japanische und die islamistische.

So ist aus der indischen Epik bekannt, daß bereits vor dreitausend Jahren in Asien „*such destruction en mass was forbidden*“ [371], weiterhin waren Waffen, die unnötige Leiden verursachen, verboten, wie z.B. Pfeile, die Haken an den

---

[370] So auch Paech, Memorial, S. 14; Rauschning, Nuclear Warfare, S. 44 (46).

[371] Singh, The Distinguishable Characteristics, S. 91 (93); vgl. auch Neuseeland, Verbatim Record, S. 30.

Spitzen haben und deshalb schwer wieder aus dem Körper herausgezogen werden können oder Pfeile mit heißen oder vergifteten Spitzen.[372] Auch aus dem traditionellen Afrika sind derartige Mäßigungen zu Kriegszeiten bekannt.[373] Für den abendländischen Kulturkreis bestimmte das Zweite Lateran-Konzil 1139 ein Verbot derjenigen Waffen, die zu grausam für die Kriegsführung erschienen, wie beispielsweise die Armbrust.[374] In der Tradition des Islam verbot das Kriegsrecht Giftpfeile und andere Waffen, die mit Gift präpariert waren.[375] Dem Buddhismus war von jeher jede Gewaltanwendung fremd,[376] und es wäre kein Problem diese Aufzählung um ein Vielfaches fortzusetzen. So war im Krim-Krieg 1855 ein Verbot für den Einsatz von Schwefel vorgesehen und im amerikanischen Bürgerkrieg ein Verbot hinsichtlich des Einsatzes von Chlor.[377] Wichtige Basis, worauf alle diese Verbote beruhen, war bereits die Erkenntnis, daß Ziel eines Angriffs nicht die vollständige Vernichtung des Gegners ist, sondern lediglich eine Bekämpfung des gegnerischen Angriffs oder Militärs, der Krieg also immer im Lichte seiner Bedeutung für den Frieden gesehen werden muß.

b) Die Entstehung des heute vorliegenden humanitären Völkerrechts

Im Laufe der Zeit wurden verschiedene religiöse und philosophische Gedanken zu denjenigen Maximen entwickelt, aus denen sich schließlich das heute vorliegende humanitäre Völkerrecht entwickelt hat. Diese Entwicklung spiegelt den immer unter den Völkern vorhandenen Wunsch wider, die Leiden eines Krieges zu mildern. Bereits in der St. Petersburger Erklärung von 1868 sollten deshalb technische Grenzen dort festgelegt werden, „*wo die Notwendigkeiten des Krieges vor den Forderungen der Menschlichkeit haltmachen müssen*".

Gerade durch die technischen Entwicklungen des letzten Jahrhunderts wird jedoch deutlich, wie notwendig durch die gesamte Zeit hindurch eine Weiterentwicklung des humanitären Rechts war, was auch dazu führte, daß es heute ein umfangreiches Rechtssystem mit derart grundsätzlichen Prinzipien umfaßt, die flexibel genug sind, um auch auf neu entwickelte Waffentypen anwendbar zu sein. Trotzdem hat das humanitäre Völkerrecht seinen endgültigen Stand selbst-

---

[372] Manusmriti, VII. 90 zit. bei Singh, Armed conflicts, S. 530 (531).

[373] Bello, Humanitarian Law, S. 36f..

[374] Resolution des 2. Lateran Konzils, Kanon XXIX, zit. bei Nussbaum, A concise history, S. 25.

[375] Singh, India, S. 216.

[376] Rahula, Buddha, S. 84.

[377] Vgl. Encyclopedia Britannica, Bd. 3, S. 160 „Chemical Warfare".

verständlich auch heute nicht erreicht, sondern befindet sich in einem immerwährenden Entwicklungsprozeß.

Das heute vorliegende, moderne humanitäre Völkerrecht hat sich zu einem einheitlichen, wenn auch komplexen Gebilde aus dem „Haager Recht" und dem „Genfer Recht" weiterentwickelt. Ersteres, insbesondere die Vorschriften hinsichtlich der Gesetze und Bräuche des Landkriegs, legte die Rechte und Pflichten der Kriegführenden bei der Durchführung von Operationen fest und begrenzte die Wahl der Methoden und Mittel, den Feind in einem internationalen Konflikt zu schädigen. Das „Genfer Recht" (die Abkommen von 1864, 1906, 1929 und 1949) dagegen schützt Kriegsopfer, kriegsunfähige Angehörige der Streitkräfte und an den Feindseligkeiten Unbeteiligte. In der Literatur wird darauf hingewiesen, daß zu keiner Zeit eine wirkliche Trennung von Haager Recht und Genfer Recht vorgenommen wurde.[378] Die Folge des ZP I war somit nicht die erste Schaffung eines einheitlichen Rechtskörpers des humanitären Völkerrechts, sondern lediglich die Entfernung einer Unterscheidung, die immer nur künstlich war.[379] Humanitäres Völkerrecht ist deswegen nur ein moderner Ausdruck für das Recht während des Krieges, das *ius in bello.*

Seit etwa der Jahrhundertwende wurden durch besondere - neu auftretende - Waffen neue gesetzliche Regelungen erforderlich. Dies zeigt, daß die Durchführung militärischer Operationen durch eine Gesamtheit von Rechtsmitteln bestimmt ist, weil das Recht der Kriegführenden, Mittel einzusetzen, die dem Feind schaden, nicht uneingeschränkt ist, wie es in Art. 22 HLKO und weiterhin in Art. 35 des ZP I festgesetzt ist. Gewonnen wurde dieser Grundsatz aus dem anerkannten Prinzip, daß Zweck eines Krieges die Schwächung der militärischen Kraft des Gegners und dessen Entmachtung ist, jedoch nicht die Zerstörung des selben. Die Präambel der Erklärung von St. Petersburg besagt hierzu, daß *„das einzig legitime Ziel, welches sich ein Staat in Kriegszeiten stellen kann, die Schwächung der Streitkräfte des Feindes ist*". So liegen dem gegenwärtigen Kriegsvölkerrecht zwei historische Rechtsprinzipien zugrunde: Zum einen das Prinzip der Menschlichkeit, zum anderen das Prinzip der militärischen Notwendigkeit.[380] Die Methoden und Mittel der Kriegsführung müssen darum auf das legitime Ziel, den Gegner zu entmachten, begrenzt sein, und diese so gewonnene Linie darf nicht überschritten werden.[381]

---

[378] Vgl. hierzu Brüsseler Konferenz von 1874, abgedruckt bei Schindler,Tomann, The Laws, S. 25ff..

[379] Vgl. Ägypten, Verbatim Record, S. 37.

[380] Lawyers' Committee on Nuclear Policy, Völkerrechtswidrigkeit, S. 3 (9); abstrakt zum Prinzip der Notwendigkeit ausführlich Ney, Atomwaffen, S. 157ff..

[381] Zur Entwicklung des humanitären Völkerrechts vgl. Gutachten, Absatz 75ff.; Bhagwati, Stellenwert, S. 246 (249); Burroughs, The (Il)legality, S. 95; Clark, The Laws of Armed

Innerhalb des zusammenhängenden Regelwerks des humanitären Völkerrechts gibt es zum einen spezifische Verbote bestimmter Waffen wie z.B. Dum-Dum-Geschosse, erstickende Gase, Explosivgeschosse unter 400 Gramm, Anti-Personen-Minen, versteckte Fallen, Waffen, die nicht feststellbare Teilchen produzieren etc..[382] Zum anderen hat es Regeln entwickelt, die die Kriegsführung ganz allgemein begrenzen sollen, wie z.B. den Grundsatz des Schutzes der Zivilbevölkerung bzw. das Verbot ungleich wirkender Waffen und den Grundsatz, daß Kombattanten keine unnötigen Leiden zugefügt werden dürfen.[383] Die Prüfung des Gerichtshofs basiert vorliegend auf diesen allgemeinen Regeln.

2. *Anwendbarkeit auf Nuklearwaffen*

a) Bedeutung

Die Lösung der Aufgabe, die dem Gerichtshof an dieser Stelle oblag, war problematisch. Zu entscheiden war, ob die vorgenannten Grundsätze des humanitären Völkerrechts auf Atomwaffen anwendbar seien, was auch hinsichtlich vorangehender Stellen des Gutachtens von Relevanz war, da der Gerichtshof dort den Verstoß gegen andere völkerrechtliche Vorschriften von einer evt. Unvereinbarkeit mit dem humanitären Völkerrecht abhängig machte.[384]

Fünfzig Jahre Staatenpraxis beeinträchtigten die Rechtmäßigkeit der Drohung oder sogar die Anwendung von Atomwaffen unter bestimmten Umständen nicht, stützten sie möglicherweise sogar. Während dieses gleichen Zeitraums regeln jedoch die Prinzipien des humanitären Völkerrechts den Einsatz von Waffen.

Conflict, S. 265 (287); Doswald-Beck, International humanitarian law, S. 35 (36); Greenwood, Handbuch, S. 10ff; Janis, Do „laws“ regulate, S. 53 (55); Kunz, Kriegsrecht, S. 354ff.; Mendlowitz, Weiss, Judging the Illegality, S. 10 (12 f.); Mexiko, Verbatim Record, S. 68f.; Rostow, The World Health Organization, S. 151 (166ff.); Richter Weeramantry, Dissenting Opinion, S. 443ff..

382 Richter Weeramantry (Dissenting Opinion, S. 485) weist auf das absurde Ergebnis hin, daß sich daraus ergibt, daß ein Atomwaffeneinsatz bislang noch durch kein spezielles Verbot sanktioniert ist:

„*At the least, it would seem passing strange that the expansion within a single soldier of a single bullet is an excessive cruelty which international law has been unable to tolerate since 1899, and that the incineration in one second of a hundred thousand civilians is not. This astonishment would be compounded when that weapon has the capability, through multiple use, of endangering the entire human species and all civilization with it.*“

383 Vgl. hierzu genauer unter II, 3, b, aa, bbb.

384 Vgl. oben unter B und C.

Vize-Präsident Schwebel stellte deswegen fest: „*More than any case in the history of the Court, this proceedings presents a titanic tension between State practice and legal principle.*“[385]

Problematisch ist nun die Verknüpfung dieser beiden Tatsachen. Eine Möglichkeit zur Lösung des Problems wäre die Vernachlässigung der Praxis. Diesen Weg gehen diejenigen, die einen Atomwaffeneinsatz oder die Drohung mit demselben jedenfalls für rechtswidrig halten. Eine andere Möglichkeit, dem Konflikt zu begegnen, wäre, zu behaupten, daß die Grundsätze des humanitären Völkerrechts auf Atomwaffen nicht anwendbar sind. Dafür würde zunächst sprechen, daß die Prinzipien des humanitären Völkerrechts vor der Erfindung der Atomwaffe zur Entstehung gelangten. Auch die Atomwaffenstaaten und ihre Verbündeten setzten sich stetig dafür ein, daß keine progressive Entwicklung des humanitären Völkerrechts in Bezug auf Nuklearwaffen stattfindet, zu denken ist hierbei nur an die Diskussionen in Zusammenhang mit dem Zusatzprotokoll I von 1977 zu den Genfer Konventionen.[386]

Der Gerichtshof hat gleichwohl durch zahlreiche Argumentationsgrundlagen die Anwendung des humanitären Völkerrechts auf Atomwaffen nachgewiesen.

b) Die de-Martens-Klausel

Zunächst wandte er sich der de-Martens-Klausel zu.

aa) Rechtsgrundlage

Die de-Martens-Klausel wurde nach dem russischen Delegierten der ersten und zweiten Friedenskonferenz in Den Haag 1899 und 1907, Feodor de Martens, benannt und trägt den Wortlaut:

> „*Solange eine vollständige Kodifizierung des Kriegsvölkerrechts noch nicht vorliegt, halten die hohen vertragsschließenden Parteien die Erklärung für angebracht, daß in Fällen, die von der verabschiedeten Konvention nicht erfaßt sind, die Zivilbevölkerung und die Soldaten unter dem Schutz und der Herrschaft der Grundsätze des Völkerrechts, der Gesetze der Menschlichkeit*

[385] Vize-Präsident Schwebel, Dissenting Opinion, S. 311.
[386] Vgl. hierzu oben B, 6, b.

und dem Diktat des öffentlichen Gewissens bleiben, wie sie sich aus den Gebräuchen der zivilisierten Länder herausgebildet haben.“

Diese Fassung der de-Martens-Klausel wurde bereits in der Präambel des Haager Abkommens über die Gesetze und Gebräuche des Landkriegs vom 18. Oktober 1907 formuliert und in der darauffolgenden Zeit in verschiedenen kriegsvölkerrechtlichen Verträgen wiederholt,[387] darunter auch in Art. 1 Abs. 2 des ZP I unter folgendem Wortlaut: „*In Fällen, die von diesem Protokoll nicht erfaßt sind, verbleiben Zivilisten und Kombattanten unter dem Schutz und der Verbindlichkeit völkerrechtlicher Grundsätze, die sich aus etabliertem Gewohnheitsrecht, humanitären Grundsätzen und Geboten öffentlichen Gewissens herleiten.*“

bb) Zielsetzung

Die de-Martens-Klausel entstand zu einer Zeit, in der die Entwicklung moderner Waffen durch neue Technologien in rasanten Schritten voranging, und sollte deswegen neben den schon existierenden Waffen vor allem auch auf diese neu entwickelten anwendbar sein.[388] Durch die de-Martens-Klausel sollte verhindert werden, daß mangels spezifischer vertraglicher Bestimmungen ein „rechtsfreier Raum“ behauptet wird, der die Staaten zu einem Handeln frei von jeglicher Bindung berechtigt,[389] und vielmehr klargestellt werden, daß auch mangels ausdrücklichen Verbots eine Erlaubnis nicht besteht.[390] Für diesen Zweck hat sich die de-Martens-Klausel als wirksames Mittel erwiesen, die inzwischen ein wesentlicher Bestandteil des Völkergewohnheitsrechts ist.[391]

---

[387] U.a. Abs. 5 der Präambel des Übereinkommens über das Verbot oder die Beschränkung des Einsatzes bestimmter konventioneller Waffen, die übermäßige Leiden verursachen oder unterschiedslos wirken können vom 10. Oktober 1980, abgedruckt bei Hinz, Rauch, Kriegsvölkerrecht, Nr. 1521.

[388] Richter Weeramantry, Dissenting Opinion, S. 486.

[389] Vgl. Greenwood, Handbuch, S. 25; Strebel, Wörterbuch, S. 485.

[390] Grief, Nuclear weapons, S. 24; Ney, Atomwaffen, S. 154f..

[391] Richter Weeramantry, Dissenting Opinion, S. 486f..

cc) Bedeutung der de-Martens-Klausel

Richter Weeramantry merkt in seiner abweichenden Meinung zum Gutachten an, daß „*the Martens Clause clearly indicates that, behind such specific rules as had already been formulated, there lay a body of general principles sufficient to be applied to such situation as had not already been dealt with...*". Er stellt weiter fest, daß die Ahndung eines Verstoßes gegen humanitäres Völkerrechts sich seit der Entstehung der de-Martens-Klausel wesentlich weiterentwickelt hat, vor allem durch die Garantie der Menschenrechte und die Entstehung des Umweltrechts.[392]

Auch Richter Shahabuddeen äußert sich zur Bedeutung der de-Martens-Klausel, indem er in seiner abweichenden Meinung eine Stelle aus dem Krupp-Fall des Nürnberger Kriegsverbrechertribunals von 1948 zitiert, in der bezüglich der de-Martens-Klausel angemerkt wird: „ ... *is much more than a pious declaration. It is a general clause, making usages established among civilized nations, the laws of humanity and the dictates of the public conscience into the legal yardstick to be applied if and when the specific provisions of the Convention ... do not cover specific cases...*".[393] Auch in der Literatur ist die Tragweite der de-Martens-Klausel anerkannt. Man könne davon ausgehen, daß die de-Martens-Klausel im Vergleich zum klassischen Völkerrecht im humanitären Völkerrecht wie eine Umkehrung wirke, da im humanitären Völkerrecht nicht von einem fehlenden vertrags- oder gewohnheitsrechtlichem Verbot auf eine generelle Erlaubnis geschlossen werden könne; vielmehr seien durch die Geltung der de-Martens-Klausel der Grundsatz der Menschlichkeit und das Diktat des öffentlichen Gewissens auch ohne vertrags- oder gewohnheitsrechtliches Verbot rechtlich abzuwägende Faktoren.[394] Lediglich die Russische Föderation schließt die Anwendbarkeit der de-Martens-Klausel aus.[395]

---

[392] Richter Weeramantry, Dissenting Opinion, S. 385ff..

[393] Richter Shahabuddeen, Dissenting Opinion, S. 407; vgl. auch Meyrowitz, Nuclear weapons, S. 35 (37).

[394] Vgl. Doswald-Beck, International humanitarian law, S. 35 (49).

[395] Russische Föderation, Schriftliche Stellungnahme, S. 13.

dd) Konsequenz

aaa) Einbeziehung der Grundsätze des humanitären Völkerrechts

Die de-Martens-Klausel ist im vorliegenden Fall normativer Beweis des oben[396] gefundenen Ergebnisses, nämlich daß auch allgemeine Regeln, also nicht nur explizite Verbote, in eine Bewertung mit einzufließen haben. Vor Schaffung der de-Martens-Klausel war eine derartige Vorgehensweise nicht möglich.[397]

Die de-Martens-Klausel ermöglicht hier somit eine Einbeziehung des humanitären Völkerrechts als „*feststehende Bräuche*", jedenfalls aber als „*Grundsätze des Völkerrechts*".[398]

bbb) Verstoß gegen die Forderung des öffentlichen Gewissens durch einen Nuklearwaffeneinsatz

Innerhalb des World Court-Projects entstand der Gedanke, aufgrund der großen Anzahl von Unterschriften beweisen zu können, daß ein Atomwaffeneinsatzes gegen einen allgemeinen Grundsatz des Völkerrechts verstoße, der sich hier unter Berufung auf die de-Martens-Klausel aus dem öffentlichen Gewissen ergebe:

> *„Die Entscheidung des Internationalen Gerichtshofs wird nun nicht nur lediglich auf der Anwendung des gegenwärtigen Völkerrechts beruhen, sondern auch entscheidend darauf, wie die öffentliche Weltmeinung die Atomwaffenfrage beurteilt. ... die sog. „de Martens-Klausel" besagt, daß Entscheidungen in Völkerrechtsfragen gerade auch das „Diktat des öffentlichen Gewissens" zu berücksichtigen haben."*[399]

Dieser Gedanke wurde, wenn auch nicht vom Gerichtshof, später in der Literatur wieder aufgegriffen.[400] Ist ein Atomwaffeneinsatz bereits deswegen völker-

---

396 Siehe A, I, 2, bb.

397 Richter Shahabuddeen, Dissenting Opinion, S. 410.

398 Gutachten, Absatz 78, vgl. auch Absatz 87.

399 IPB, Aufruf, S. 235 (239); Lawyers' Committee on Nuclear Policy, Völkerrechtswidrigkeit, S. 3 (16); vgl. auch Malaysia, Verbatim Record, S. 68; Miyazaki, The Martens Clause, S. 433 (436f.).

400 Vgl. auch Richter Shabuddeen, Dissenting Opinion, S. 405ff., der die „*Forderung des öffentlichen Gewissens*" aus den Resolutionen der UN-Generalversammlung ableitet. Zur Ablehnung dieser Ansicht kann auch hier die mangelnde Einstimmigkeit bei den Abstim-

rechtswidrig, weil er mit dem „*Diktat des öffentlichen Gewissens*“ unvereinbar ist?

Diesbezüglich ergeben sich zwei Problemfelder: Zum einen müßte der Inhalt des „*Diktat[s] des öffentlichen Gewissens*“ nachweisbar sein. Zum zweiten müßte diese „*Forderung des öffentlichen Gewissens*“ eine rechtlich verbindliche Norm darstellen.

Zunächst ist also zu klären, ob ein „*Diktat des öffentlichen Gewissens*“ zu berücksichtigen ist. In die Überlegungen mit einbezogen werden müssen die zahlreichen Unterschriften, die dem Registrar des IGH zu Beginn des Verfahrens ausgehändigt wurden.[401] Fraglich ist jedoch, ob diese allein das „*Diktat des öffentlichen Gewissens*“ bilden. Bereits die Prüfung der Bildung von Gewohnheitsrecht durch die allgemeine Staatenpraxis und die Resolutionen der UN-Generalversammlung zeigten, daß jedenfalls unter den Staatenvertretern keine Einigkeit hinsichtlich der hier zur Debatte stehenden Frage existiert. Ist nun lediglich auf Grund der gesammelten Unterschriften anzunehmen, daß es eine prinzipielle Übereinstimmung in der Öffentlichkeit dahingehend gibt, daß Atomwaffen gegen das Völkerrecht verstoßen? Dem kann bereits aus dem Grunde nicht zugestimmt werden, da ja - obschon eine große Zahl an Unterschriften gesammelt werden konnte - es sich nicht um eine verschwindend geringe Anzahl von Bürgern handelte, die dem Aufruf des World Court-Projects zur Unterschrift contra Atomwaffen nicht folgte. Hierfür mag es verschiedene Gründe geben, einer davon wird jedoch, wie auch auf der Ebene der Staatenvertreter sein, daß es jedenfalls auch Befürworter insofern gibt, die die Existenz und auch den Einsatz von Atomwaffen unter Umständen für sinnvoll erachten, ohne deshalb in einen Gewissenskonflikt zu geraten. Es kann also nicht allein wegen der zahlreichen gesammelten Unterschriften davon ausgegangen werden, daß „*das öffentliche Gewissen*“ gegen Atomwaffen ist.

Als problematisch erweist sich weiterhin, die „*Forderung des öffentlichen Gewissens*“ als verbindliche Norm anzusehen. Großbritannien wies bereits im Vorverfahren darauf hin, daß die de-Martens-Klausel alleine kein Beweis für die Illegalität eines Atomwaffeneinsatzes sei, eine diesbezüglich spezielle Norm vielmehr geschaffen werden müsse.[402] In der Literatur wird dem aufgrund der Unbestimmtheit der Formulierung zu recht zugestimmt. Gerade die Feststellung der „*Forderung des öffentlichen Gewissens*“ hat sich als schwierig herausgestellt.[403] Demzufolge ist auch die Möglichkeit eines Verstoßes gegen diesen

mungen vorgebracht werden, vgl. unter E, 3, weshalb es bereits schwierig sein dürfte, das *öffentliche Gewissen* aus diesen Resolutionen abzuleiten.

401 Siehe 1. Kapitel, B, 1.

402 Großbritannien, Schriftliche Stellungnahme, S. 48.

403 Greenwood, Handbuch, S. 25; Münch, Die Marten'sche Klausel, S. 356 (357); vgl. auch

Grundsatz nur ebenso problematisch zu ermitteln. Weiterhin ist nach dem Wortlaut der de-Martens-Klausel nicht die *„Forderung des öffentlichen Gewissens"* an sich relevant, sondern die sich u.a. daraus ergebenden *„Grundsätze des Völkerrechts"*.[404]

Einem Verstoß eines Atomwaffeneinsatzes oder der Androhung des selben gegen die *„Forderung des öffentlichen Gewissens"* kann somit nicht zugestimmt werden.[405]

c) Geltung als Völkergewohnheitsrecht[406]

Weiterhin verweist der IGH auf die Geltung der Grundsätze des humanitären Völkerrechts als Völkergewohnheitsrecht. Auch das Nürnberger Kriegsverbrechertribunal hat bereits 1945 die Feststellung getroffen, daß die im Anhang zu dem Haager Übereinkommen von 1907 befindliche Haager Landkriegsordnung *„were recognized by all civilized nations and were regarded as being declaratory of the laws and customs of war"*.[407] Dem ist auch der UN-Generalsekretär in seiner Stellungnahme zur Resolution des UN-Sicherheitsrats 827 (1993) bezüglich der Errichtung eines Kriegsverbrechertribunals für das ehemalige Jugoslawien gefolgt: *„the application of the principle nullum crimen sine lege requires that the international tribunal should apply rules of international humanitarian law which are beyond any doubt part of customary law"*.[408]

Der Gerichtshof führt die Anerkennung des humanitären Völkerrechts in weiten Teilen als Völkergewohnheitsrecht somit als zweites Argument für die Anwendbarkeit des humanitären Völkerrechts auf den Einsatz und die Drohung von Nuklearwaffen an.

Australien, Verbatim Record, S. 45.

404 Vgl. Empell, Die Vorbehalte, S. 127 (134).

405 Zur de-Martens-Klausel insgesamt vgl. Doswald-Beck, International humanitarian law, S. 35 (47); Empell, Die Vorbehalte, S. 127 (133ff.); McNeill, The International Court of Justice, S. 103 (113f.); Weiss, Anmerkungen, S. 315 (319).

406 Zum Begriff vgl. oben unter E, I.

407 International Military Tribunal, S. 254.

408 UN-Generalversammlung, Resolution 808, Absatz 2; abgedruckt in ILM 1993, S. 1163 (1170), Rn. 34.

d) „intransgressible principles of international customary law"

aa) Die Bedeutung von intransgressible

Im Zusammenhang mit der Einstufung als Völkergewohnheitsrecht bezeichnet der Gerichtshof die Grundsätze des Völkerrechts weiterhin als ***„intransgressible** principles of international customary law*" (Nachträgliche Hervorhebung).[409] Es handelt sich dabei um eine neue Wortschöpfung durch den Gerichtshof, und es ist nicht eindeutig, was darunter zu verstehen ist. Die grammatikalische Auslegung läßt vermuten, daß es sich lediglich um das Verbot von *transgressed* handelt, was in deutscher Sprache so viel bedeutet wie *gegen etwas verstoßen, etwas verletzen, überschreiten.*[410] Dem kann jedoch nicht zugestimmt werden, da notwendigerweise von Natur aus gegen keine Norm verstoßen werden soll, der Zusatz *intransgressible* somit überflüssig wäre. Die Formulierung des Gerichtshofes deutet vielmehr darauf hin, daß er diese Grundsätze so dem *ius cogens*[411] annähern möchte, ohne sie dabei unmittelbar als *ius cogens* einzustufen. In der Literatur findet eine Interpretation dahingehend statt, daß mit *intransgressible* auch nicht *„zwingend"* gemeint sei, wie es Präsident Bedjaoui interpretiert.[412] Unter *intransgressible* sei vielmehr zu verstehen, daß nicht wie in anderen Bereichen des Völkerrechts, Ausnahmen mit Zustimmung der Opfer, als Gegenmaßnahme oder ähnliches erlaubt seien.[413] In welche Richtung eine Interpretation von *intransgressible* jedoch auch stattfindet, es ist jedenfalls zu erkennen, wie hoch der Gerichtshof die Grundsätze des humanitären Völkerrechts einschätzt.

bb) Das Versäumnis der Einstufung als ius cogens

Der Gerichtshof stellt fest, daß die Einordnung einer Norm als Teil des *ius cogens* den Rechtscharakter der Norm betreffe, der von der UN-Generalversammlung gestellte Gutachtenantrag aber nicht die Frage einer solchen Einordnung aufwerfe, sondern vielmehr die Frage der Anwendbarkeit der Prinzipien des Völkerrechts in Fällen der Zuhilfenahme von Atomwaffen sowie der Folgen dieser Anwendbarkeit für die Rechtmäßigkeit des Einsatzes und der

[409] Gutachten, Absatz 79.
[410] Collins Dictionary, S. 1647.
[411] Zum Begriff vgl. unter bb.
[412] Präsident Bedjaoui, Déclaration, S. 273.
[413] Vgl. Condorelli, Nuclear weapons, S. 9 (17).

Androhung. Der Gerichtshof sieht sich deshalb nicht veranlaßt, eine Erklärung zu diesem Gegenstand abzugeben.[414]

Von Präsident Bedjaoui und Richter Koroma wurde beanstandet, daß der Gerichtshof die Vorschriften lediglich als *intransgressible* einstufte, nicht jedoch als dem *ius cogens* zugehörig. Als zwingende Norm des Völkerrechts, also *ius cogens*, wird in Art. 53 WVRK diejenige Vorschrift definiert, „*...die von der internationalen Staatengemeinschaft in ihrer Gesamtheit angenommen und anerkannt wird als eine Norm, von der nicht abgewichen werden darf und die nur durch eine spätere Norm des allgemeinen Völkerrechts derselben Rechtsnatur geändert werden kann.*" Der Hinweis darauf, daß die Vorschriften des humanitären Völkerrechts vom humanitären Gedanken untermauert seien, und auf die Tatsache, daß sie tief verwurzelt seien in den Traditionen und Werten der Mitglieder der Staatengemeinschaft und ihnen deshalb auch universeller Respekt und Schutz zuzukommen habe, hätte die rechtliche Relevanz der Grundsätze des humanitären Völkerrechts gestärkt, was gerade in einer Zeit wie dieser notwendig sei, die von den herausragendsten Verletzungen humanitärer Grundsätze Zeugnis geben könne. Eine derartige Bestärkung wäre in den Aufgabenbereich des Gerichtshofs gefallen, und es wäre nicht zum ersten Mal gewesen, daß der Gerichtshof diese Möglichkeit wahrgenommen hätte. Bereits im *Reservation*-Fall stärkte er die Aussage der Genozid Konvention, indem er feststellte, daß diese verabschiedet wurde „*to safeguard the very existence of certain human groups and ... to confirm and endorse the most elementary principles of morality*".[415] Eine vergleichbare Feststellung des IGH im vorliegenden Gutachten hätte dem humanitären Völkerrecht zu mehr Respekt verhelfen können.[416]

Vorgeworfen werden kann dem Gerichtshof als juristischer Autorität durchaus, daß er sich diesbezüglich nicht festlegen wollte. Zum einen liegt eine Stärkung des humanitären Völkerrechts jedoch durch die Formulierung des *instransgressible* vor, andererseits drängte die im Antrag gestellte Gutachtenfrage die Feststellung, daß das humanitäre Völkerrecht unter das *ius cogens* zu subsumieren sei, nicht zwingend auf.[417]

---

[414] Gutachten, Absatz 83.

[415] *Reservations to the Convention on the Prevention and Punishment of the Crime of Genocide*, Gutachten vom 28. Mai 1951, ICJ Reports 1951, S. 15 (23).

[416] Vgl. Präsident Bedjaoui, Déclaration, 273; Richter Koroma, Dissenting Opinion, S. 573f.; vgl. auch Ägypten, Verbatim Record, S. 38.

[417] Vgl. Gutachten, Absatz 83.

e) Der Zeitpunkt des Inkrafttretens der Rechtsnorm

Bereits im Vorverfahren stellte Neuseeland fest:

> „*In general, international humanitarian law bears on the threat or use of nuclear weapons as it does of other weapons.*
>
> *International humanitarian law has evolved to meet contemporary circumstances, and is not limited in its application to weaponry of an earlier time. The fundamental principles of this law endure: to mitigate and circumscribe the cruelty of war for humanitarian reasons.*“[418]

Dem wurde u.a. von Großbritannien[419] zugestimmt.[420]

Auch der Gerichtshof geht von der grundsätzlichen Anwendung zeitlich vor der Entwicklung von Atomwaffen in Kraft getretener Normen aus, und merkt hinsichtlich der gegenteiligen Auffassung an: „*Such a conclusion would be incompatible with the intrinsically humanitarian character of the legal principles in question which permeates the entire law of armed conflict and applies to all forms of warfare and to all kinds of weapons, those of the past, those of the present and those of the future.*“[421]

f) Abschließende Betrachtung

Der Gerichtshof läßt somit durch Argumentation auf verschiedenen Ebenen keinen Zweifel daran, daß die Grundsätze des humanitären Völkerrechts auf Atomwaffen anwendbar seien.

---

[418] Neuseeland, Schriftliche Stellungnahme, S. 15.

[419] Großbritannien, Verbatim Record, S. 45: „*So far as the customary law of war is concerned, the United Kingdom has always accepted that the use of nuclear weapons is subject to the general principles of the jus in bello*“.

[420] Auch der Tokyo District Court wandte im Shimoda-Case die während des Zweiten Weltkriegs geltenden Regeln des Kriegsrechts auf eine damals neue Art der Kriegsführung, die Atombombeneinsätze, an; Textnachweise vgl. Fn. 12.

[421] Gutachten, Absatz 86; so auch Vize-Präsident Schwebel, Dissenting Opinion, S. 311; Meyrowitz, Nuclear weapons, S. 35 (37).

II. Diskussion der Prüfung des Gerichtshofes

Nachdem der Gerichtshof die generelle Anwendbarkeit des humanitären Völkerrechts auf Atomwaffen festgestellt hatte, war nun die eigentliche Aufgabe zu lösen, nämlich die Prüfung der Vereinbarkeit mit den Grundsätzen des humanitärem Völkerrecht.

1. Bewertung durch den Gerichtshof

Der IGH stellt fest, daß die Schlußfolgerungen, die aus der Anwendbarkeit des humanitären Kriegsvölkerrechts und des Neutralitätsprinzips gezogen werden können, äußerst kontrovers seien. Einerseits werde vertreten, daß die Anwendung von Atomwaffen nicht notwendigerweise gegen die Grundsätze des bewaffneten Konflikts und gegen das Neutralitätsprinzip verstoße. Eine andere Ansicht gehe davon aus, daß immer ein derartiger Verstoß vorliege, da bei Nuklearwaffen die Verursachung grenzüberschreitender Wirkungen und damit die Schädigung neutraler Staaten niemals ausgeschlossen sei und auch die Verursachung von Kollateralschäden nicht mit aller Sicherheit verhindert werden könne. Da dem IGH jedoch weder bezüglich der Rechtmäßigkeit eines Atomwaffeneinsatzes noch bezüglich der Unkontrollierbarkeit, die zur Rechtswidrigkeit führt, von den Staaten ausreichend Argumente vorgebracht worden seien, könne der Gerichtshof mangels ausreichender Grundlage diesbezüglich kein Urteil fällen.

Der Gerichtshof fährt fort, daß bezüglich der einzigartigen Wirkungsweise und Folgen nuklearer Waffen deren Einsatz mit dem Recht des bewaffneten Konflikts und dem Neutralitätsprinzip nur schwer zu vereinbaren sei. Er kommt deswegen zu dem Ergebnis, daß er in Anbetracht des gegenwärtigen Standes des Völkerrechts und auf der Grundlage der ihm vorgelegten Fakten „*cannot conclude definitively whether the threat or use of nuclear weapons would be lawful or unlawful in an extreme circumstance of self-defence, in which the very survival of a State would be at stake.*“[422]

2. Bewertung der non liquet-Entscheidung des Gerichtshofs

In den umfangreichen Veröffentlichungen bezüglich des IGH-Gutachtens war meist gewählter Ansatzpunkt der Kritik, daß der IGH sich in der eben zitierten

[422] Gutachten, Absatz 105 E2, vgl. auch Absatz 97; vgl. auch Rostow, The World Health Organization, S. 151 (183).

Kernaussage 2E des Tenors nicht konkret geäußert hatte, vielmehr die endgültige Entscheidung offen ließ.

Eine solche „Nicht-Entscheidung" wird als *non liquet* (zu deutsch: *„es ist nicht klar"*) bezeichnet und beschreibt die Situation im Verfahrensrecht, in der aufgrund der Rechtslage eine Entscheidung nicht möglich ist.[423]

Die harten Worte von Vize-Präsident Schwebel spiegeln die Kritik der Richter und der Literatur wieder. Schwebel merkt an, daß

> *„[d]espite the fact that its statute „forms an integral part" of the United Nations Charter, and despite the comprehensive and categorical terms of Article 2, paragraph 4, and Article 51 of that Charter, the Court concludes on the supreme issue of the threat or use of force of our age that it has no opinion. In „an extreme circumstance of self-defence, in which the very survival of a State would be at stake", the court finds that international law and hence the Court have nothing to say. After many months of agonizing appraisal of the law, the Court discovers that there is none. When it comes to the supreme interests of State, the Court discards the legal progress of the Twentieth century, puts aside the provisions of the Charter of the United Nations of which it is „the principal judicial organ", and proclaims, in term redolent of* Realpolitik, *its ambivalence about the most important provisions of modern international law. If this was to be its ultimate holding, the Court would have done better to have drawn on its undoubted discretion not to render an Opinion at all."* [424]

Enttäuschend ist die *non liquet*-Aussage schon insofern, als die Entschlossenheit des Gerichtshofes, zu einem klaren Ergebnis zu kommen, sich wie ein roter Faden durch das Gutachten zieht. So stellt der Gerichtshof beispielsweise in Absatz 98 fest:

> *„In the long run, international law, and with it the stability of the international order which it is intended to govern, are bound to suffer from the continuing difference of views with regard to the legal status of weapons as deadly as nuclear weapons. It is*

---

[423] Clark, The Laws of War, S. 265 (290); Mendlowitz, Datan, Advisory Opinion, S. 653 (657), Seidl-Hohenveldern, Völkerrecht, Rn. 538; weiterführend Stone, Non liquet, S. 124ff..

[424] Vize-Präsident Schwebel, Dissenting Opinion, S. 322.

consequently important to put an end to this state of affairs: the long promised complete nuclear disarmament appears to be the most appropriate means of achieving that result."

Bekker nennt dies „*the Court's unusual cry for clarity*".[425]

a) Begründung der Kritik

Im folgenden soll nun geprüft werden, ob die Kritik an der *Non-liquet*-Aussage begründet ist oder ob der Gerichtshof vielmehr zu einem solchen Ergebnis kommen mußte.

aa) Inkonsequenz gegenüber der Annahme des Gutachtenantrags

Nicht zutreffend ist die Feststellung, daß der Gerichtshof den Gutachtenantrag der UN-Generalversammlung nicht hätte annehmen dürfen, wenn er schließlich doch im Kernpunkt zu einer eindeutigen Entscheidung unfähig ist.[426] Der Gerichtshof hatte selbst darauf hingewiesen, daß dieses Ringen um Klarheit und der zu Beginn gefaßte Beschluß, den Gutachtenantrag anzunehmen, nicht als Garantie für eine abschließende Antwort aufgefaßt werden können.[427] Eine derartige Verknüpfung zwischen Annahme des Gutachtenantrags und Entscheidung der materiellen Frage kann nicht vorgenommen werden, da verschiedene rechtliche Problemkreise betroffen sind.

bb) „Iura non novit curia"

Fraglich ist jedoch, ob der Vorwurf „*Iura non novit curia*" [428] ebenso unbegründet ist. Der ursprüngliche Grundsatz „*Iura novit curia*"[429] war vom Gerichtshof im *Fisheries Jurisdiction* Fall folgendermaßen übersetzt worden: „*...the law lies*

[425] Bekker, Anmerkungen, S. 127 (131).
[426] Vgl. Richterin Higgins, Dissenting Opinion, S. 583ff..
[427] Gutachten, Absatz 19.
[428] Vgl. Condorelli, Nuclear weapons, S. 9 (11).
[429] Zu deutsch: „*Das Gericht kennt die Rechtssätze*". Gemeint ist damit, daß die Parteien dem Gericht nur die Tatsachen vorzutragen haben, Rechtsausführungen dagegen nicht erforderlich sind, weil das Gericht das Recht kennt und von Amts wegen anwendet; vgl. Creifelds, Rechtswörterbuch, S. 914.

in the judicial knowledge of the Court".[430] Der Vorwurf wird nun damit begründet, daß der Gerichtshof als Ursache des *non liquets* nicht nur „*the present state of international law viewed as a whole*"[431]vorbringt, sondern auch dafür verantwortlich macht, daß die Staaten ihm nicht genug „Material" vorgelegt hätten, um eine Entscheidung zu treffen.[432] Tatsächlich erscheint letztere Begründung des Gerichtshofs auf den ersten Blick etwas befremdlich und sticht auch ins Auge.

(1) Der Verzicht einer Entscheidung im Gutachtenverfahren

Allerdings ist es dem IGH lediglich in streitigen Verfahren vom IGH-Statut[433] aufgegeben, eine Entscheidung zu treffen. Diese Pflicht obliegt dem Gerichtshof im Gutachtenverfahren jedoch nicht: „... *where the Court finds a lacuna in the law or finds the law to be imperfect, it* ***ought merely to state*** *this without trying to fill the lacuna or improve the law by way of judicial legislation. The Court cannot be blamed for indecisiveness or evesiveness where the law, upon which it is called to pronounce, is itself inconclusive.*" (Hervorhebung hinzugefügt)[434] Auch in der Literatur wird darauf hingewiesen, daß eine „*prohibition*" der Erklärung eines *non liquets* „*may not be fully sustained by any evidence yet offered*"[435], vielmehr ein Gericht in bestimmten Fällen sogar dazu verpflichtet sei[436]. Im vorliegenden Fall handelte es sich um ein Gutachtenverfahren, so daß es nicht Aufgabe des Gerichtshofes war, einen konkreten Streit zwischen zwei Parteien zu entscheiden, sondern vielmehr die betreffende Rechtslage auf ihrem derzeitigen Entwicklungsstand festzustellen.

---

[430] *Fisheries Jurisdiction Case*, Entscheidung vom 24. Juli 1974, ICJ Reports 1974, S. 3 (9).

[431] Gutachten, Absatz 97.

[432] Gutachten, Absatz 94, 97.

[433] Vgl. Art. 59 IGH-Statut: „*Die Entscheidung des Gerichtshofs ist nur für die Streitparteien und nur in bezug auf die Sache bindend, in der entschieden wurde.*", weiterhin Art. 94 Abs. 1 SVN „*Jedes Mitglied der Vereinten Nationen verpflichtet sich, bei jeder Streitigkeit, in der es Partei ist, die Entscheidungen des Internationalen Gerichtshofs zu befolgen.*" So auch De Waart, Die Bedeutung, S. 255 (261); vgl. auch unten, 3. Kapitel, B, I, 2, a.

[434] Richter Vereshchetin weist auch darauf hin, daß eine nicht unbeachtliche Literaturmeinung davon ausgeht, daß selbst im streitigen Verfahren ein *non liquet* nicht ausgeschlossen sei; Richter Vereshchetin, Declaration, S. 279.

[435] Stone, Non liquet, S. 124 (145).

[436] Siorat, Le problème, S. 189.

(2) Das Verbot der Rechtsschöpfung

Weiterhin ist zu bedenken, daß für den Fall, daß das Recht tatsächlich unklar ist, der Gerichtshof mit einer endgültigen Entscheidung legislativ tätig geworden wäre. Verschiedene Staaten machten den Gerichtshof explizit darauf aufmerksam, daß er „*is not being asked to be a legislator, or to fashion a régime for nuclear disarmament*“[437] und das der Gerichtshof „*would be neither speculating nor legislating, but elucidating the law as it exists and is understood by it...*“[438]. Gesetz dem Fall der Gerichtshof wäre dazu angehalten worden, bestimmte Regelungslücken zu schließen, hätte er sich dem widersetzen müssen, da es nicht Aufgabe eines Gerichtes ist, Recht neu zu schaffen.

Neben denjenigen, die der Ansicht sind, daß ein *non liquet* dann, wenn eine Entscheidung wegen der Unklarheit des Gesetzes nicht getroffen werden kann, der richtige Weg ist, wird jedoch auch die Meinung vertreten, daß eine Entscheidung zugunsten einer und zu Lasten der anderen Seite einem *non liquet* vorzuziehen sei. Das Gericht „*may have to effect a compromise - which is not a diplomatic but a legitimate judicial compromise - between conflicting principles of law. There is no decisive reason why the Court should avoid at all cost some such outcome.*“[439] Dieser Ansicht kann jedoch deshalb nicht gefolgt werden, da ein solches Vorgehen dem IGH nicht mehr als Hauptjustizorgan der Vereinten Nationen zugeschrieben werden könnte, Art. 92 SVN.

Unter der Prämisse, daß das Recht sich tatsächlich generell nicht klären läßt, ist deshalb dem durch den Gerichtshof eingeschlagenen Weg zu folgen. Für eine abschließende Bewertung ist jedoch eine Prüfung erforderlich, ob tatsächlich das Recht vorliegend unklar ist.

cc) Das Völkerrecht als ausreichende Rechtsgrundlage für eine Entscheidung

Von verschiedener Seite wurde vorgebracht, daß geltendes Recht ausreichende Grundlage für eine Entscheidung des Gerichtshofs gewesen wäre.

So weist Weeramantry darauf hin, daß im Falle des Einsatzes von Atomwaffen das *ius in bello* anwendbar sei, das den Einsatz von Atomwaffen - zusammen mit den anderen im IGH-Gutachten vorgebrachten Rechtsprinzipien - vollständig regele. Da das Recht insofern hinreichend klar sei, hätte der Gerichtshof

[437] Samoa, Verbatim Record, S. 34.
[438] Ägypten, Verbatim Record, S. 32.
[439] Lauterpacht, The Development, S. 146.

sich abschließend äußern können ohne diese so wichtige Frage offen zu lassen.[440]

Der Gerichtshof sah sich offenbar jedoch außer Stande, auf der Grundlage des humanitären Völkerrechts die Rechtmäßigkeit eines Nuklearwaffeneinsatzes zu prüfen. Richterin Higgins ist insofern zuzustimmen, als sie kritisiert, daß der Gerichtshof zwar das humanitäre Völkerrecht an sich als Prüfungsgrundlage heranzog, nicht aber einzelne Ge- oder Verbote desselben.[441] Eine juristische Prüfung kann nur durch konkrete Subsumtion zu einem Ergebnis kommen. Der Gerichtshof hätte somit jeden der von ihm in den Absätzen 78 und 88 des Gutachtens angesprochenen Grundsätze[442] gesondert prüfen müssen. Den Formulierungen, daß ein Atomwaffeneinsatz schwer vereinbar sei mit diesen Grundsätzen[443] und daß „*the threat or use of nuclear weapons would generally be contrary to the rules of international law applicable in armed conflict*“[444], kann keine präzise Aussage entnommen werden.

Es ist jedoch Aufgabe des Gerichtshofs, die Normen für den vorliegenden Fall auszulegen und anschließend im Wege der Subsumtion zu einem Ergebnis zu gelangen, denn - wie Higgins feststellt - „*there is [not] always a clear and specific legal rule readily applicable to every international situation, but that every international situation is capable of being determined as a matter of law.*“[445]

Dies stellte der IGH selbst bereits im *Barcelona Traction*-Fall fest: „*International law may not, in some fields, provide specific rules in particular cases*“[446].

Higgins fährt fort, daß selbstverständlich nicht jeweils ein explizites Verbot erwartet werden könne, das Völkerrecht sei aber ein derart weit entwickeltes Rechtsgebiet, daß der Gerichtshof, wäre er denn seiner juristischen Aufgabe nachgekommen, zu einem eindeutigen Ergebnis hätte kommen müssen. Der Gerichtshof sei bereits in einigen Fällen nicht zu einem eindeutigen Ergebnis gekommen, dies sei jedoch aus Gründen der *propriety* oder *defects in procedure* geschehen, niemals aber aufgrund von Rechtsdefiziten.[447]

Tatsächlich kann nicht nachvollzogen werden, warum der Gerichtshof, obwohl er selbst die Notwendigkeit der Prüfung allgemeiner Grundsätze erkannt

---

[440] Richter Weeramantry, Dissenting Opinion, S. 434f..
[441] Richterin Higgins, Dissenting Opinion, S. 589.
[442] Vgl. unten F, II, 3, b, aa, bbb.
[443] Gutachten, Absatz 95.
[444] Gutachten, Absatz 105 2E.
[445] Jennings, Watts, Oppenheims's International Law, S. 12f..
[446] *Case concerning the Barcelona Traction, Light and Power Company, Limited (New Application: 1962)*, Urteil vom 5. Februar 1970, ICJ Reports 1970, S. 4 (38).
[447] Richterin Higgins, Dissenting Opinion, S. 583f..

hat,[448] diese nicht detailliert auf ihre Vereinbarkeit mit einem Atomwaffeneinsatz und einer Androhung des Einsatzes hin überprüft, sondern lediglich zu einer allgemeinen Aussage ohne nachvollziehbare Begründung kommt.

b) Vorzüge eines non liquets

In der Literatur wird jedoch auch auf die Vorzüge eines derartigen *non liquets* hingewiesen: unter bestimmten Umständen sei nämlich eine „*apparent indecision, which leaves room for discretion on the part of the organ which requested the Opinion, may - both as a matter of development of the law and as guide to action - be preferable to a deceptive clarity which fails to give an indication of the inherent complexities of the issue*"[449] Auch wenn unbekannt bleiben wird, welches Echo eine eindeutige Entscheidung des Gerichtshofes gefunden hätte, kann wohl nicht geleugnet werden, daß das *non liquet* das Problembewußtsein der dem Gutachten inhärenten Schwierigkeiten zumindest durch die sich dann anschließenden Diskussionen beträchtlich gesteigert hat, was zumindest auch im Interesse der Atomwaffengegner liegen müßte. Dennoch - auch wenn es sich dabei um eine zu begrüßende „Nebenwirkung" handelt - kann damit der Verzicht des Gerichtshofs auf eine eindeutige Entscheidung nicht gerechtfertigt werden.[450]

3. Auslegung der Bewertung durch den Gerichtshof

Die Aussage des Gerichtshofs soll jedoch nicht ohne weiteres kritisiert werden, vielmehr muß sie auf ihre Vereinbarkeit mit dem Recht hin überprüft werden. Hier drängt sich zunächst die Frage auf, was darunter zu verstehen ist, wenn der Gerichtshof feststellt, daß

> „*the threat or use of nuclear weapons would generally be contrary to the rules of international law applicable in armed conflict, and in particular the principles and rules of humanitarian law; (...) the Court cannot conclude definitely whether the threat or use of nuclear weapons would be lawful or unlawful in*

[448] Gutachten, Absatz 74ff..
[449] Lauterpacht, The Development, S. 152.
[450] Vgl. McNeill, The International Court of Justice, S. 103 (107); Richter Vereshchetin, Declaration, S. 279f..

an extreme circumstance of self-defence, in which the very survival of a State would be at stake“[451]?

Der Interpretation bedürftig ist zunächst die Formulierung „*generally contrary to the rules of international law applicable in armed conflict (...)*“, schließlich die Ausnahme des „*extreme circumstance of self-defence, in which the very survival of a State would be at stake.*“

a) „generally contrary to the rules of international law applicable in armed conflict“

Der Gerichtshof hält einen Atomwaffeneinsatz für „*generally contrary to the rules of international law applicable in armed conflict*“. Probleme bei der Auslegung dieser Aussage bereitet die Formulierung „*generally*“. Richterin Higgins führt einige Interpretationsmöglichkeiten auf:

> „*Is it a numerical allusion, or is it a reference to different types of nuclear weapons, or is it a suggestion that the rules of humanitarian law cannot be met save for exceptions? If so, where is the Court's analysis of these rules, properly understood, and their application to nuclear weapons? And what are any exceptions to be read into the term „generally“? Are they to be linked to an exceptional ability to comply with humanitarian law? (...) The phraseology of paragraph 2E of the dispositif raises all these questions and answers none of them.*“[452]

Richter Guillaume weist darauf hin, daß es jedenfalls nicht bedeute, daß ein Atomwaffeneinsatz unter jeglichen Umständen verboten sei.[453]

aa) Notwendigkeit der Auslegung von generally

Richter Ranjeva dagegen behauptet, daß die Formulierung „*generally*“ keinesfalls unpräzise sei, es sei darunter vielmehr „*in the majority of cases*“, „*in the doctrine*“ zu verstehen. Betont werden solle damit die vorhergehende Aussage.

[451] Gutachten, Absatz 105 2E.

[452] Richterin Higgins, Dissenting Opinion, S. 589; so auch Richter Weeramantry, Dissenting Opinion, S. 434f..

[453] Richter Guillaume, Opinion Individuelle, S. 290.

Bei *„generally"* handele es sich um eine vielfach präzisere Aussage, als sie durch wirklich zweifelhafte Formulierungen wie beispielsweise *„apparently"*, *„perhaps"* oder *„no doubt"* hätte erreicht werden können. Konsolidiert werden müsse zu einer genauen Interpretation lediglich das Recht. Dieses aber *„dépend de l'évolution des idées et des connaissances tandis"*. Das bedeutet, daß Richter Ranjeva ebenso wie Richter Shahabuddeen im Rahmen der de-Martens-Klausel von einer direkten Verrechtlichung der Praxis ausgeht. Richter Ranjeva hält die Rechtslage für klar, und stuft das durch einige Staaten verlangte Erfordernis einer gesetzlichen Regel bei einer derart eindeutigen Sachlage als überflüssig ein. Es verhalte sich aber so, daß ein Atomwaffeneinsatz jedenfalls nicht rechtmäßig sei, was wiederum aus drei Tatsachen abgeleitet werden könne: Zum einen daraus, daß man seit 1945 auf jeden weiteren Einsatz von Atomwaffen verzichtet habe, weiterhin daraus, daß bis heute keine Vorschrift existiere, die einen derartigen Einsatz gestatte, drittens ließen auch die jahrelangen Bemühungen in der UN-Generalversammlung ein derartiges Verbot erkennen.[454] Fraglich ist nun, ob dieser Ansicht Ranjevas zuzustimmen ist, ob also der Gerichtshof überflüssigerweise problematisiert hat, obgleich die Rechtslage derart klar ist. So verhält es sich jedoch gerade nicht, denn wie bereits an anderer Stelle erläutert[455], liegt ja gerade keine allgemeine Überzeugung in der Praxis vor. Und so können die drei von Ranjeva zur Begründung aufgeführten Argumente ohne weiteres jeweils widerlegt werden. Daß seit den Angriffen auf Hiroshima und Nagasaki keine Atombomben mehr eingesetzt wurden, liegt nicht an einer allgemeinen Überzeugung von deren Illegalität, sondern daran, daß eine derartige Eskalation in der Folgezeit glücklicherweise vermieden werden konnte.[456] Mit dem zweiten Argument, daß nämlich bis heute keine Erlaubnis eines Atomwaffeneinsatzes gesetzlich fixiert sei, widerspricht Ranjeva sich selbst, denn gerade er geht davon aus, daß bei einer tatsächlich eindeutigen Lage auf explizite rechtliche Regelungen verzichtet werden könne. Aber abgesehen davon, wurde bereits an vorhergehender Stelle der Arbeit[457] festgestellt, daß die Behauptung, nicht alles was ausdrücklich verboten sei, erlaubt sei, nicht gehalten werden kann. An dritter Stelle bringt Ranjeva die Arbeit der UN-Generalversammlung vor, aber auch diesbezüglich wurde schon oben dargelegt,[458] daß sich gerade keine allgemeine Überzeugung abzeichnet. Der Interpretation von Ranjeva kann somit nicht zugestimmt werden.

---

[454] Richter Ranjeva, Opinion Individuelle, S. 294ff..
[455] Siehe unter E.
[456] Vgl. unter E, III.
[457] Siehe unter A, I, 2, b.
[458] Vgl. E, III, 2.

Geprüft werden muß deshalb weiterhin, was unter der Formulierung „*generally*“ zu verstehen ist.

bb) Übertragung von „generally“ in die deutsche Sprache

Es ist schwierig *generally* inhaltlich in die deutsche Sprache zu übertragen, was v.a. daher rührt, daß der vom IGH verwendete Begriff viele Bedeutungsvarianten hat: „*so as to include every particular, as a whole, collectively, universally, with few or no exceptions, with respect to every (or almost every) individual or case concerned, with respect to the majority or larger part, for the most part, extensively, in a general sense or way, without reference to individuals or particulars, as a general rule, in most instances, usually, commonly...*“.[459]

Am ehesten kann eine Übersetzung dahingehend erfolgen, daß der Gebrauch von Atomwaffen und die Androhung „*im allgemeinen*“, „*im großen und ganzen*“, „*grundsätzlich*“, „*generell*“, „*regelmäßig*“ gegen die Regeln des für bewaffnete Konflikte geltenden Völkerrechts verstoßen würde.[460]

Mit anderen Worten: Völkerrechtlich geklärt ist die grundsätzliche Rechtswidrigkeit des Atomwaffeneinsatzes oder der Androhung eines solchen Einsatzes, unsicher hingegen, ob Kernwaffenstaaten in einer „*extremen Selbstverteidigungssituation, in der die Existenz des/eines Staates auf dem Spiel stünde*“, ausnahmsweise den Einsatz von Atomwaffen androhen und vornehmen dürfen.[461]

b) Ausnahmen von der generellen Völkerrechtswidrigkeit

Nachdem nun festgestellt wurde, daß der Gerichtshof von einer grundsätzlichen Völkerrechtswidrigkeit eines Atomwaffeneinsatzes ausgeht, bleibt zu prüfen, wie die Aussage zu verstehen ist, „*the Court cannot conclude definitively whether the threat or use of nuclear weapons would be lawful or unlawful in an extreme circumstance of self-defence, in which the very survival of a State would be at stake*“.[462]

In diesem extremen Selbstverteidigungsnotfall hält der Gerichtshof einen Nuklearwaffeneinsatz (sowie auch dessen Androhung) für rechtmäßig. In Absatz 42 des Gutachtens legte der Gerichtshof dar, daß auch im Falle der Selbstverteidigung das Recht des bewaffneten Konflikts anwendbar sei, später erklärte er

---

[459] The Oxford Engish Dictionary, S. 434.
[460] Collins Dictionary, S. 1172; Deiseroth, Atomwaffen, S. 351 (352).
[461] Vgl. ebd., S. 354.
[462] Gutachten, Absatz 105 2E.

das humanitäre Völkerrecht und das Neutralitätsgebot speziell auf Atomwaffen anwendbar.[463] Genau diese Grundsätze hat der Gerichtshof aber als schwer vereinbar mit einem Atomwaffeneinsatz befunden und diesen deshalb generell für völkerrechtswidrig erklärt. Es stellt sich deshalb die Frage, wie trotzdem im extremen Selbstverteidigungsnotfall ein rechtmäßiger Nuklearwaffeneinsatz möglich sein kann.

aa) Ein Atomwaffeneinsatz der nicht gegen die Grundsätze des humanitären Völkerrechts verstößt

Eine Möglichkeit dieses Spannungsverhältnis aufzulösen, besteht darin, daß ein Nuklearwaffeneinsatz denkbar erscheint, der nicht gegen die Grundsätze des humanitären Völkerrechts und das Neutralitätsprinzip verstößt.

aaa) Der Grundsatz der Verhältnismäßigkeit

(1) Vorbringen durch Staaten und Richter

In diesem Zusammenhang sprechen einige Staaten und Richter das Gebot der Verhältnismäßigkeit an, wozu der Gerichtshof sich aber nicht unmittelbar äußert. Demnach ist die Ausführung eines Angriffs dann verboten, wenn der zu erwartende Schaden unverhältnismäßig zu dem beabsichtigten militärischen Ziel ist.

Problematisch ist jedoch, festzustellen, was unter „*Verhältnismäßigkeit*" zu verstehen ist. Der britische Kronanwalt stellte diesbezüglich im Vorverfahren fest: „*If one is to speak of disproportionality, the question arises: disproportionate to what? The answer must be "to the threat posed to the victim State". It is by reference to that threat that proportionality must be measured.(...)*"[464] Auch andere Länder gingen bereits im schriftlichen Vorverfahren auf diesen Begriff ein, so beispielsweise die Vereinigten Staaten. Diese stellten darauf ab, daß „*[w]hether an attack with nuclear weapons would be disproportionate depends entirely on the circumstances, including the nature of the enemy threat, the importance of destroying the objective, the character, size and likely effects of the device, and the magnitude of the risk to civilians.*"[465] Einige Richter verzichten

[463] Siehe Gutachten, Absatz 78, 79 und 86.
[464] Großbritannien, Verbatim Record, S. 39.
[465] USA, Schriftliche Stellungnahme, S. 23, vgl. auch Indien, Schriftliche Stellungnahme, S. 5.

auf die Behandlung des Verhältnismäßigkeitsprinzips, da sie es für die „wahllose" Atomwaffe als irrelevant einstufen.[466] Vize-Präsident Schwebel dagegen stellt unter dem Stichwort *„Proportionalität"* auch auf den Einsatz auf hoher See ab, und führt diesen durch Beschreibung folgender Situation näher aus: eine nukleare Wasserbombe zerstört ein Atom-U-Boot, das kurz davor steht, Nuklearraketen abzufeuern oder bereits eine oder mehrere seiner Kernwaffen abgeschossen hat. Nach Meinung von Schwebel ist in einem derartigen Fall zweifellos Proportionalität gegeben, da der Schaden, den die U-Boot-Raketen an ihrem Ziel verursachen, ein vielfaches den aufwiege, der aus der Vernichtung des Bootes und der Besatzung entstehe. Auch der Einsatz einer konventionellen Wasserbombe sei der atomaren nicht vorzuziehen, da die viel größere Kraft der Kernwaffe - im Unterschied zur konventionellen Wasserbombe - die Zerstörung des U-Bootes garantiere.[467]

(2) Bewertung durch den Gerichtshof

Der Gerichtshof legt diesbezüglich dar, daß der Grundsatz der Verhältnismäßigkeit allein für sich genommen für die Feststellung von Rechtmäßigkeit oder Unrechtmäßigkeit eines atomaren Einsatzes oder der Drohung mit dem selben nicht ausreichend sei. Notwendig sei vielmehr auch die Prüfung der Grundsätze des humanitären Völkerrechts.[468]

(3) Diskussion und Ergebnis

Eine Prüfung unter dem Begriff der Verhältnismäßigkeit ist aufgrund der sehr allgemeinen Formulierung problematisch. Auch Berber[469] geht nicht von einem umfassenden Prinzip der Verhältnismäßigkeit im Kriegsrecht aus.[470] Allein nach dem Grundsatz der Verhältnismäßigkeit kann die hier aufgeworfene Frage somit nicht geklärt werden. Notwendig ist vielmehr eine Prüfung der einzelnen Vorschriften.

---

466 Beispielsweise Richter Weeramantry, Dissenting Opinion, S. 545f..

467 Vize-Präsident Schwebel, Dissenting Opinion, S. 320f..

468 Gutachten, Absatz 42.

469 Berber, Lehrbuch.

470 A.a. Kalshoven, The Law, S. 27.

bbb) Vereinbarkeit eines Atomwaffeneinsatzes mit den Grundsätzen des humanitären Völkerrechts und dem Neutralitätsprinzip

Im folgenden soll nun deshalb geprüft werden, ob ein Atomwaffeneinsatz gegen die Grundsätze des humanitären Völkerrechts und das Neutralitätsprinzip verstößt.

(1) Prüfungsmaßstab

Der Gerichtshof nannte die Prinzipien, die für die Überprüfung eines Verstoßes herangezogen werden sollen: Ein Grundsatz des humanitären Völkerrechts legt fest, daß es verboten ist, Kombattanten unnötiges Leid zu bereiten; dementsprechend ist es untersagt, Waffen einzusetzen, die ihnen derartige Schäden zufügen oder ihr Leiden nutzlos verschlimmern.[471] An zweiter Stelle ist der Grundsatz zu hinterleuchten, der sich auf den Schutz der Zivilbevölkerung und ziviler Objekte ausrichtet und die Unterscheidung zwischen Kombattanten und Zivilisten festlegt; die Staaten dürfen Zivilisten nie zum Angriffsziel machen und dürfen demnach nie Waffen einsetzen, die zwischen zivilen und militärischen Zielen nicht unterscheiden können.

Schließlich soll die Vereinbarkeit mit dem Neutralitätsprinzip geprüft werden, wie von verschiedenen Staaten im Vorverfahren angeregt.[472]

(2) Das Verbot, Kombattanten unnötiges Leid zu bereiten

(a) Rechtsgrundlage

Der Rechtsgedanke liegt in der St. Petersburger Erklärung von 1868 und der Haager Erklärung über das Verbot der Dum-Dum Geschosse von 1899[473] begründet[474], die klassische Formulierung ist in Art. 23 e der Haager Landkriegsordnung vom 18. Oktober 1907 zu finden, wonach „*der Gebrauch von Waffen, Geschossen oder Stoffen, die geeignet sind, unnötig Leiden zu verursachen*“ verboten ist. Auch in Art. 35 Abs. 2 des ZP I ist dieser Grundsatz des humanitären Völkerrechts enthalten: „*Es ist verboten, Waffen, Geschosse und Materialien*

---

[471] Gutachten, Absatz 78.
[472] Gutachten, Absatz 88.
[473] Erklärung, betreffend das Verbot von Geschossen, die sich leicht im menschlichen Körper ausdehnen oder platt drücken (Dum-Dum-Geschosse), RGBl. 1901, S. 478ff..
[474] Fleck, Völkerrechtliche Gesichtspunkte, S. 14.

sowie Methoden der Kriegführung zu verwenden, die geeignet sind, überflüssige Verletzungen oder unnötige Leiden zu verursachen."[475] Das Verbot der Zufügung unnötiger Leiden ist gewohnheitsrechtlich anerkannt.[476]

(b) Auslegung des Grundsatzes

Bevor ein Atomwaffeneinsatz auf seine Vereinbarkeit mit dem Verbot der Zufügung unnötiger Leiden überprüft werden kann, muß zunächst eine Interpretation der Formulierung der „*unnötigen Leiden*" stattfinden. Der Gerichtshof umschreibt dies folgendermaßen: „*...that is to say, a harm greater than that unavoidable to achieve legitimate military objectives.*"[477] Auch Richterin Higgins bemühte sich mit der Aussage, daß es sich um ein immens wichtiges Ziel handeln müsse, um eine Umschreibung, wobei sie dies genauer definiert: „*that the „military advantage" must indeed be one related to the very survival of a State or the avoidance of infliction (whether by nuclear or other weapons of mass destruction) of vast and several suffering on its own population; and that no other method of eliminating this military target be available*".[478] Richter Shahabuddeen wies darauf hin, daß das Verbot der Verursachung unnötiger Leiden eine Abwägung zwischen militärischer Notwendigkeit und den Leiden der Kombattanten verlange und sich daraus dann schließlich auch ergebe, daß für wichtigere militärische Vorteile eben auch schwerere Leiden hinzunehmen seien. Weiterhin plädiert Richter Shahabuddeen für eine Ausweitung des Grundsatzes zum Schutz von Zivilisten, falls dies keine Zustimmung finden könne, jedoch jedenfalls für eine diesbezügliche Einstufung von Kernwaffen als rechtswidrig.[479]

---

475 Durch diese Formulierung von 1977 ist ein alter Streit gegenstandslos geworden, der sich an der französischen Originalfassung („*maux superflus*") und der englischen Übersetzung („*unnecessary suffering*") entzündet hatte (Vgl. Hinz, Rauch, Kriegsvölkerrecht, S. 10). Konkretisiert wurde dieses Verbot nunmehr für verschiedene Waffenarten: für bestimmte konventionelle Waffen sowie unentdeckbare Splitter, für Minen, Sprengfallen und andere Vorrichtungen, sowie eingeschränkt für Brandwaffen (abgedruckt bei Hinz,Rauch, Kriegsvölkerrecht, Nr. 1521-1524).

476 Empell, Die Vorbehalte, S. 127 (137); Paech, Memorial, S. 17.

477 Gutachten, 78; zur Abwägung vgl. auch Großbritannien, Schriftliche Stellungnahme, S. 50; Richterin Higgins, Dissenting Opinion, S. 585f.; Indien, Schriftliche Stellungnahme, S. 3; Niederlande, Schriftliche Stellungnahme, S.7; Paust, Weapons, S. 39 (41); Rauschning, Nuclear Warfare, S. 44 (48); Russische Föderation, Schriftliche Stellungnahme, S. 13; Spetzler, Kriegsrechtliche Probleme, S. 134 (135).

478 Richterin Higgins, Dissenting Opinion, S. 588.

479 Richter Shahabuddeen, Dissenting Opinion, 402ff..

Um nicht dem Kriterium der unnötigen Leiden zu unterfallen, muß zwischen den Wirkungen einer Waffe und dem Zweck des Einsatzes also eine bestimmte Balance vorhanden sein, d.h. regelmäßig ist nicht von einem grundsätzlichen Verbot auszugehen.[480] Die Abwägung hat dann folgendermaßen zu erfolgen: *„This involved some sort of equation between, on the one hand, the degree of injury or suffering inflicted (the humanitarian aspect) and, on the other, the degree of necessity underlying the choice of a particular weapon (the military aspect).“*[481] Das erklärt, warum verschiedene Waffen ob der furchtbaren Folgen, die sie nach sich ziehen, nicht bereits grundsätzlich nach dem Kriterium des Hervorrufens der unnötigen Leiden verboten sind.[482]

(c) Bewertung durch Staaten und Richter

Von einigen Staaten wurde argumentiert, daß Atomwaffen von Natur aus Waffen seien, die unnötige Leiden verursachen aufgrund ihrer extremen Wärme- und Strahlenwirkungen.[483] Die USA und andere Staaten antworteten darauf, daß dieser Grundsatz lediglich diejenigen Waffen verbiete, die mit dem Ziel entwikkelt wurden, Leiden, die im Vergleich zu dem beabsichtigten militärischen Ziel unnötig hoch seien. Atomwaffen fielen aber selbst bei Hervorrufen schwerer Leiden nicht unter dieses Verbot, wenn es sich um ein entsprechend wichtiges militärisches Ziel handele.[484]

Auch zahlreiche Richter äußerten sich eindeutig zum Verbot der Verursachung unnötiger Leiden im Zusammenhang mit Atomwaffen. Richter Weeramantry stellte fest, daß *„the facts...are more than sufficient to establish that the nuclear weapon causes unnecessary suffering going far beyond the purposes of war“*.[485] Diese Meinung vertrat auch Präsident Bedjaoui.[486] Der deutsche Richter Fleischhauer erklärte schließlich, daß die durch Atomwaffen ausgelösten unermeßlichen Leiden zur Verneinung jener menschlichen Erwägungen zählen, die

---

480 So auch Neuseeland, Schriftliche Stellungnahme, S. 16.

481 Konferenzbericht, Abs. 23, veröffentlicht 1975 durch das ICRC, zit. bei Richterin Higgins, Dissenting Opinion, S. 586.

482 Zur Auslegung dieses Grundsatzes insgesamt, vgl. Doswald-Beck, International humanitarian law, S. 35 (45); Richterin Higgins, Dissenting Opinion, S. 586f..

483 Z.B. Ägypten, Schriftliche Stellungnahme, S. 12f.; Mexiko, Schriftliche Stellungnahme, S. 13; Schweden, Schriftliche Stellungnahme, S. 5.

484 Z.B. Niederlande, Schriftliche Stellungnahme, S. 7f.; USA, Schriftliche Stellungnahme, S. 28f..

485 Richter Weeramantry, Dissenting Opinion, S. 498.

486 Präsident Bedjaoui, Déclaration, S. 272.

dem hier anwendbaren Recht des bewaffneten Konflikts zugrunde lägen.[487] Richterin Higgins dagegen hält einen Nuklearwaffeneinsatz, der nicht gegen diesen Grundsatz verstößt für möglich, mit der Einschränkung, daß „... *most extreme circumstances (defence against untold suffering or the obliteration of a State or peoples) could conceivably „balance" the equation between necessity and humanity.*"[488]

(d) Vereinbarkeit des Grundsatzes mit einem Atomwaffeneinsatz

Auch hier sind die Argumentationen der Staaten und Richter sehr allgemein gehalten, so daß keinem Vorbringen entnommen werden kann, welche der Leiden, die dem Einsatz einer Atomwaffe zuzuschreiben sind, möglicherweise als unnötige Leiden eingestuft werden können. Richterin Higgins geht davon aus, daß „*most extreme circumstances*" jedes Leiden rechtfertigen.[489]

Fraglich ist, ob dieser Einschätzung zugestimmt werden kann. Eine Abwägung hat nach oben dargestellter Vorgehensweise dahingehend zu erfolgen, daß solche Leiden verboten sind, die das beabsichtigte militärische Ziel nicht näher bringen. Im Gegensatz zur Wirkung anderer Waffen führt die durch einen Kernwaffeneinsatz freigesetzte Radioaktivität dazu, daß die Auswirkungen u.a. auf den menschlichen Körper sukzessiv auftreten. Die Folgen eines Nuklearwaffeneinsatzes, die erst nach geraumer Zeit, möglicherweise Jahrzehnte später auftreten, sind aber zunächst nicht dienlich, das militärische Ziel durch Schwächung der gegnerischen Truppen zu erreichen.[490] Demnach verstößt ein Atomwaffeneinsatz gegen das Verbot, Kombattanten unnötige Leiden zuzufügen.

---

[487] Richter Fleischhauer, Separate Opinion, S. 305.

[488] Richterin Higgins, Dissenting Opinion, S. 587; auffallend ist, daß obgleich Higgins den Gerichtshof in seiner Aussage unter 2E des Tenors heftig kritisiert, diese Formulierung der des Gerichtshof sehr ähnlich ist.

[489] Richterin Higgins, Dissenting Opinion, S. 587.

[490] So auch Berber, Lehrbuch, S. 173; wohl auch Menzel, Legalität, S. 48; Motherson, From Hiroshima, S. 70; Paech, Memorial, S. 17f.; hinsichtlich der Neutronenbombe Paust, Weapons, S. 39 (44); Sandoz, Des armes interdites, S. 64; abzulehnen dagegen Ney, Atomwaffen, S. 217 der dies verneint, da jedenfalls neben diesen long-lasting effects andere gleichzeitig auftretende Wirkungen eines Atomwaffeneinsatzes die Kombattanten an der Fortsetzung der Kampfhandlung hindern; einschränkend Rauschning, Nuclear Warfare, S. 44 (48).

(3) Der Schutz der Zivilbevölkerung bzw. das Verbot des Einsatzes unterschiedsloser Waffen

(a) Der Schutz der Zivilbevölkerung

(aa) Rechtsgrundlage

Das Recht des Schutzes der Zivilbevölkerung wird aus Art. 25 Haager Landkriegsordnung,[491] Art. 25 und 27 der IV. Genfer Konvention,[492] Art. 48, 51 Abs. 2 und Art. 57 Abs. 1,2 ZP I[493] abgeleitet. Der Grundsatz ist gewohnheitsrechtlich anerkannt.[494]

(bb) Die Vereinbarkeit des Grundsatzes mit einem Atomwaffeneinsatz

Zivilisten dürfen diesem Grundsatz gemäß nie Ziel eines Angriffs sein.[495] Richterin Higgins weist zunächst darauf hin, daß im Vergleich zum Grundsatz der unnötigen Leiden, eine Abwägung allein nicht ausreichend sei. Eine bestimmte Verletzung der Zivilbevölkerung sei vielmehr durch kein militärisches Ziel zu rechtfertigen. Im übrigen sei jedoch auch hier auf eine Verhältnismäßigkeit zurückzugreifen, d.h. wenn mit einer Verletzung der Zivilbevölkerung zu rechnen sei, müsse das beabsichtigte militärische Ziel entsprechend wichtig sein.[496] Zu klären bleibt dann aber noch, ob im Bezug auf Nuklearwaffen aufgrund deren Folgen nicht immer notwendigerweise eine Absicht hinsichtlich der Verletzung der Zivilbevölkerung angenommen werden kann. Richterin Higgins stellt hierzu fest, daß eine Absicht zumindest dann nicht anzunehmen ist, wenn die Voraussetzungen der Verhältnismäßigkeit eingehalten sind.[497]

Bei dem Verbot der Beeinträchtigung der Zivilbevölkerung handelt es sich somit nicht um einen absoluten Grundsatz. Gerade aber die Notwendigkeit der Abwägung bereitet Probleme: Welches militärische Ziel wägt welche zivilen

---

491 Vgl. Ticehurst, Nuclear Weapons, S. 107 (109).

492 BGBl 1954, II S. 917, 1956 II, S. 1586.

493 Vgl. Bhagwati, Stellenwert, S. 246 (252); auch die Anwendbarkeit von Art. 51 Abs. 2 - 4 ZP I auf Nuklearwaffen wird von Frankreich, Großbritannien, Kanada und Deutschland verneint, vgl. Paech, Memorial, S. 18 mit weiteren Verweisen.

494 Empell, Die Vorbehalte, S. 127 (137); Rauschning, Nuclear Warfare, S. 44 (48f.).

495 Richter Fleischhauer, Separate Opinion, S. 305.

496 Richterin Higgins, Dissenting Opinion, S. 588f.; vgl. auch Baxter, Criteria of the Prohibition, S. 41 (48); für das Flächenbombardement Randelzhofer, Flächenbombardement, S. 471 (487); Rosenblad, International Humanitarian Law, S. 141.

497 Richterin Higgins, Dissenting Opinion, S. 587.

Schäden auf? Art. 51 Abs. 5 lit. b ZP I grenzt den in die Verhältnismäßigkeit einfließenden militärischen Vorteil insofern ein, daß es sich dabei um einen *„konkreten und unmittelbaren"* handeln muß.

Exkurs: Die Möglichkeit der „kleinen", „sauberen" Nuklearwaffen

Die Verhältnismäßigkeit wäre jedenfalls dann gewahrt, wenn Kernwaffen von der Art einsatzfähig wären, die jedenfalls aufgrund ihrer Präzisionsmöglichkeiten und minimalen Wirkungen das humanitäre Völkerrecht nicht verletzen.[498] Betroffen sind hier möglicherweise bestimmte taktische Nuklearwaffen.[499]

Zu klären ist in diesem Zusammenhang nun, ob derartige „kleine" Kernwaffen existieren oder überhaupt produktionsfähig sind. Dies wird von den an den Vorverfahren teilnehmenden Staaten durchaus unterschiedlich eingeschätzt. Während Amerika darauf hinweist, daß auch unter dem Überbegriff der Nuklearwaffe differenziert werden müsse zwischen zahlreichen verschiedenen Arten und speziell bezüglich der taktischen Atomwaffen zur Unterstützung den Atomphysiker und Nobelpreisträger Joseph Rotblat zitiert, der diesen *„much greater accuracy"* in den letzten Jahren bescheinigt,[500] wird beispielsweise von Costa Rica vorgebracht, daß eine Differenzierung nicht vorzunehmen sei, da es sich bei allen Kernwaffen um Mittel der Massenvernichtung handele, gleich biologischen und chemischen Waffen.[501] Auch von Australien wurde bereits im Vorverfahren darauf hingewiesen, daß es auf eine derartige Entscheidung nicht ankommen könne, da die Spezies an sich eine Bedrohung für die Menschheit sei.[502] Rotblat, der von den USA zitiert wird, hatte jedoch im Rahmen des Vorverfahrens auch vorgebracht, daß derartige „kleine", „saubere" Atomwaffen zumindest derzeit weder existieren noch produktionsfähig sind, nicht einmal klar ist, ob eine derartige Konstruktion in Zukunft gelingen wird, bzw. überhaupt erwünscht ist:*„(...) Even in the hypothetical case that at some time in the future nuclear weapons are developed that have a negligible effect (...)* "[503] Auch von zahlreichen anderen Stimmen wird dies bezweifelt.[504]

---

[498] Vgl. z.B. Großbritannien, Schriftliche Stellungnahme, S. 52f.; USA, Verbatim Record, S. 87ff..

[499] Zur Unterscheidung zwischen taktischen und strategischen Nuklearwaffen, vgl. Seidl-Hohenvelder, Lexikon, S. 15.

[500] USA, Verbatim Record, S. 87ff..

[501] Costa Rica, Verbatim Record, S. 30.

[502] Australien, Verbatim Record, S. 49.

[503] Für die Salomon-Inseln, Verbatim Record, S. 48f..

[504] Stellvertretend für viele Däubler, Stationierung, S. 44; Iran, Verbatim Record, S. 37;

Ebenso zeigt sich der Gerichtshof nicht überzeugt von einer derartigen Beschränkbarkeit der atomaren Explosion und zieht wie auch Richter Weeramantry in seiner abweichenden Meinung als Beweis für die Nichtexistenz dieser Waffen heran, daß keiner der Befürworter eines Atomwaffeneinsatzes unter den Staaten im Vorverfahren entsprechendes vorgebracht habe.[505]
Exkurs Ende

Ein derart begrenzter Nuklearwaffeneinsatz ist somit utopisch. Weiterhin wurde von Katar im mündlichen Vorverfahren vorgebracht, daß humanitäres Völkerrecht „*should always be interpreted to give the benefit of the doubt in favour of the protection of the victim*“[506]. Muß also hinsichtlich Atomwaffen ein Verstoß gegen das Verbot der Beeinträchtigung der Zivilbevölkerung angenommen werden? Probleme bei Begründung einer derartigen Aussage bereitet die Relativität des Verbots. Wie bereits dargelegt erscheint es nur schwerlich möglich, daß es zu überhaupt keiner Beeinträchtigung der Zivilbevölkerung kommt. Will man nun eine diesbezügliche Entscheidung hinsichtlich des Einsatzes von Atomwaffen treffen, stellt sich weiterhin die Frage, ob die Entscheidung nach dem speziellen Einsatz der Waffe zu erfolgen hat[507] oder nach dem generellen[508]. Dies steht bis heute zur Diskussion. Richterin Higgins stellt hinsichtlich Atomwaffen fest, daß diesbezüglich keine einheitliche Entscheidung getroffen werden könne, sondern auch hier zwischen den einzelnen Arten von Kernwaffen differenziert werden müsse. Könne jedoch hinsichtlich einer bestimmten Art eine Unvereinbarkeit mit dem Grundsatz festgestellt werden, verstoße genau diese gegen das Völkerrecht.[509] Nach Matheson kann dies jedoch nicht für jedweden Atomwaffeneinsatz behauptet werden.[510] Fraglich ist, ob dem hier zugestimmt werden kann. Vorliegend muß aufgrund der allgemeinen Anforderungen, die das Gutachten zu erfüllen hat, auf den Atomwaffeneinsatz generell abgestellt werden. Nicht erwähnt werden muß hier, daß selbstverständlich Atomwaffen so eingesetzt werden können, daß jedenfalls die Zivilbevölkerung verletzt wird. Ent-

---

Marks, Weller, Use of Nuclear Weapons, S. 1 (4); Mothersson, From Hiroshima, S. 72; Kissinger, Kernwaffen, S. 149ff.; Lawyers' Committee on Nuclear Policy, Völkerrechtswidrigkeit, S. 4 (13); McNamara, The Military Role, S. 50 (71); Meyrowitz, Nuclear weapons, S. 35 (37); Paech, Memorial, S. 19.

505 Gutachten, Absatz 94; vgl. auch Richter Weeramantry, Dissenting Opinion, S. 546ff.; Weston, Nuclear Weapons, S. 542 (582f.).

506 Katar, Verbatim Record, S. 43.

507 Vgl. die differenzierende Darstellung in ICRC, Weapons, S. 55.

508 Vgl. Kalshoven, Arms, S. 236.

509 Richterin Higgins, Dissenting Opinion, S. 588f..

510 Matheson, The Opinion, S. 417 (428).

scheidend für ein Ergebnis insgesamt kann jedoch nur sein, ob jeglicher Einsatz gegen das Verbot verstößt.

Es kann aber nicht von vornherein für jeden Atomwaffeneinsatz bestimmt werden, daß die Beeinträchtigung der Zivilbevölkerung zum anvisierten militärischen Erfolg unverhältnismäßig - wie auch immer eine Wägbarkeit hier stattfindet - ist. Auch wenn derartige Situationen nur schwer vorstellbar sind, können sie nicht von vornherein ausgeschlossen werden. Ein genereller Verstoß eines Nuklearwaffeneinsatzes gegen das Verbot der (unverhältnismäßigen) Beeinträchtigung der Zivilbevölkerung kann deshalb grundsätzlich nicht festgestellt werden.[511]

(cc) Kritik

(aaa) Der Einwand des Gegenschlages

Entgegengesetzt wird einer derart restriktiven Auslegung von einigen Seiten, daß sie bereits deshalb hypothetisch sei, da, wenn schon nicht der Ersteinsatz gegen die Grundsätze des humanitären Völkerrechts verstoße, er jedenfalls zu einem nuklearen Zweiteinsatz herausfordere. Konsequenz sei dann, daß derjenige Staat, der Ziel des Erstangriffes war, aus politischen Gründen soweit möglich, eine gleichartige Reaktion entgegensetzen muß. Um weiterhin glaubwürdig zu sein, aber auch um einen Staat möglichst effektiv zu verteidigen, werde dem atomaren Ersteinsatz, wenn dieser nicht zugleich ein Erstschlag[512] sei, ein atomarer Zweitschlag folgen. Genauer beschrieben wird dieses Phänomen folgendermaßen:

> *„But under such circumstances, leaders on both sides would be under unimaginable pressure to avenge their losses and secure the interests being challenged. And each would fear that the opponent might launch a larger attack at any moment. Moreover,*

---

[511] Vgl. Fleck, Völkerrechtliche Gesichtspunkte, S. 1 (12); Rauschning, Nuclear Warfare, S. 44 (49); a.A. Ägypten, Verbatim Record, S. 38; Ipsen, Bewaffneter Konflikt, S. 980 (1035f.); London Warfare Tribunal, The Bomb, S. 3-20; Motherson, From Hiroshima, S. 72.

[512] Der Erstschlag unterscheidet sich von dem Ersteinsatz dadurch, daß wesentliches Merkmal des Erstschlags nicht primär ein zeitliches ist, sondern durch den Erstschlag vielmehr ein gegnerischer Zweitschlag ausgeschaltet werden soll; Zweitschlag kann aber nicht als Pendant zum Begriff des Erstschlags gesehen werden, vgl. v. Münch, Rakentstationierung, S. 577 (580).

they would both be operating with only partial information because of the disruption to communications caused by the chaos on the battlefield (to say nothing of possible strikes against communication facilities). Under such conditions, it is highly likely that rather than surrender, each side would launch a larger attack, hoping that this step would bring the action to a halt by causing the opponent to capitulate."[513]

Die katastrophalen Folgen, die ein Kernwaffeneinsatz nach sich zieht, würden exponentiell vervielfacht.[514]

Weeramantry geht weiterhin davon aus, daß eine derartige Einschränkung deshalb nur hypothetisch sein könne, weil immer mit menschlichen oder technischen Fehler gerechnet werden müsse. Entgegengesetzt werden könne hier nun, daß dann eine Verhältnismäßigkeitsprüfung zu keiner Zeit, also auch nicht bei Bewertung konventioneller Angriffe möglich wäre, da es immer zu nicht vorhersehbaren Unfällen kommen kann. Weeramantry weist zudem darauf hin, daß diese möglichen Fehler beim Einsatz von Nuklearwaffen weitaus wahrscheinlicher zu erwarten seien, da die Entscheidung, ob Kernwaffen eingesetzt werden, regelmäßig in einer bereits prekären Situation getroffen werde, in der nicht mit der Vernunft agiert werde, die unter gewöhnlichen Umständen vorausgesetzt wird.[515] Auch Joseph Rotblat hatte bereits in einem Annex an die Stellungnahme der Salomon-Inseln im mündlichen Vorverfahren erklärt: „ *(...) Even in the hypothetical case that at some time in the future nuclear weapons are developed that have a negligible effect on the civilian population, any use of such a weapon is likely to start a nuclear conflict in which other nuclear weapons are used that have all the effects described above.*"[516]

Auch wenn mit einer hohen Wahrscheinlichkeit zu erwarten ist, daß sich diese Risiken realisieren, können sie hier dennoch nicht als Gegenargument dafür angeführt werden, daß möglicherweise ein Atomwaffeneinsatz denkbar ist, der die Zivilbevölkerung nicht beeinträchtigt. Ein Zweiteinsatz kann einen rechtmäßigen Ersteinsatz nicht nachträglich als rechtswidrig klassifizieren. Weiterhin

---

[513] Vize-Admiral John M. Lee (Ret.) in St. Petersburg, Florida am 17.12.1981 zit. bei McNamara, The Military Role, S. 50 (71f.).

[514] Vgl. hierzu auch Australien, Verbatim Record, S. 58; Irland, Schriftliche Stellungnahme, S. 1; Lawyers' Committee on Nuclear Policy, Völkerrechtswidrigkeit, S. 4 (13); London Nuclear Warfare Tribunal, The Bomb, S. 4-3; Paech, Memorial, S. 19f.; Seidel, Schönfeldt, Das Verbot, S. 470 (473); Richter Weeramantry, Dissenting Opinion, S. 514; Weston, Nuclear Weapons, S. 542 (583f.).

[515] Richter Weeramantry, Dissenting Opinion, S. 513f., 546ff.

[516] Salomon-Inseln, Verbatim Record, S. 48f..

kann, trotz der bestehenden Gefahr, nicht grundsätzlich von technischen Pannen oder menschlichem Versagen bei der Einsatzleitung und -ausführung ausgegangen werden.

(bbb) Die Analogie zu chemischen und biologischen Waffen

Weeramantry stellt außerdem fest, daß bei der völkerrechtlichen Einstufung chemischer oder biologischer Waffen niemand argumentieren würde, daß, weil eine bestimmte Einsatzmöglichkeit relativ wenig Schaden hervorrufe, diese Waffe an sich nicht illegal sei.[517]

Einer solchen Analogie steht aber bereits entgegen, daß vorliegend schon keine vergleichbare Rechtslage, wie sie ein Analogieschluß fordert, angenommen werden kann, da im Gegensatz zu Atomwaffen für biologische und chemische Waffen umfassende Verbote verabschiedet wurden.[518]

(ccc) Der Vorteil gegenüber konventionellen Waffen

Weiterhin vorgebracht wird, daß ein derart begrenzter Atomwaffeneinsatz schon deshalb nur hypothetisch sei, da es dann gerade keines Nuklearwaffeneinsatzes bedürfe, sondern der Einsatz konventioneller Waffen ausreichend sei.[519]

Wenn es um die völkerrechtliche Bewertung eines Nuklearwaffeneinsatzes geht, kann einem Ergebnis jedoch keine derart militärtaktische Überlegung entgegengesetzt werden.

(ddd) Die Möglichkeit der Differenzierung zwischen den einzelnen Atomwaffenarten

Gegen eine so durch einen bestimmten Einsatz geschaffene Ausnahme könnte jedoch sprechen, daß § 11 der Präambel des NPT von 1968, der 1995 auf unbestimmte Zeit verlängert wurde, die Staaten aufforderte, „*die Einstellung der Produktion von Kernwaffen, die Auflösung aller vorhandenen Vorräte an solchen Waffen und die Entfernung der Kernwaffen und ihrer Einsatzmittel aus den nationalen Waffenbeständen*“ anzustreben. Umfaßt sind also alle Atomwaffen.

---

[517] Richter Weeramantry, Dissenting Opinion, S. 549.

[518] Vgl. weiterführend Bülck, Vertragsauslegung, S. 547ff.; Jaenicke, Völkerrechtsquellen, S. 766ff..

[519] Paech, Memorial, S. 19; Richter, Dissenting Opinion, S. 546ff..

Die Parteien des NPT nahmen hier keine Differenzierung vor, fraglich ist also, warum vorliegend unterschieden werden sollte.[520] Dies läßt sich aber wiederum damit erklären, daß eine Differenzierung im Hinblick auf das Gutachten unter der Prämisse notwendig ist, daß eben die Möglichkeit besteht, daß bestimmte Nuklearwaffeneinsätze nicht gegen den Grundsatz des Schutzes der Zivilbevölkerung verstoßen. Im Gegensatz zum NPT ist die hier vorgenommene Differenzierung deshalb sinnvoll.

(eee) Ergebnis

Zusammenfassend kann hier festgestellt werden, daß keinem der vorgetragenen Kritikpunkte gegen die Möglichkeit eines im Zusammenhang mit dem Zivilschutz verhältnismäßigen Nuklearwaffeneinsatz zugestimmt werden kann. Ein Atomwaffeneinsatz verstößt somit nicht generell gegen den Grundsatz des Schutzes der Zivilbevölkerung.

(b) Das Verbot ungleich wirkender Waffen

(aa) Rechtsgrundlage

In einem Atemzug mit dem Schutz der Zivilbevölkerung nennt der Gerichtshof das Verbots des Einsatzes ungleich wirkender Waffen. Diese Vorschrift hat der Gerichtshof zu keinem Zeitpunkt derart genau analysiert. Das Gericht setzt den Einsatz unterschiedsloser Waffen somit mit dem absichtlichen Angriff auf Zivilisten gleich. Die Wichtigkeit dieser Feststellung ist immens. Dieses Verbot existiert vertraglich nur im ZP I. Art. 51 Abs. 4 und 5 des ZP I. Es verbietet diejenigen Angriffe, denen eine Differenzierung zwischen zivilen und militärischen Zielen unmöglich ist. Aus dieser Vorschrift wird die Unterteilung von Kombattanten[521] und Nicht-Kombattanten abgeleitet.[522] Alleine im I. Genfer Zusatzprotokoll ist auch festgestellt, welche Waffen unter dieses Verbot fallen. Das ZP I wurde jedoch nicht von allen Staaten ratifiziert, was hier aber nicht erheblich ist, da dieses Verbot gewohnheitsrechtlich anerkannt ist.[523]

---

520 Vgl. hierzu auch Richter Shahabuddeen, Dissenting Opinion, 381ff..

521 Angehörige der Kampftruppen, die nach dem Völkerrecht zur Durchführung von Kampfhandlungen allein berechtigt sind.

522 Doswald-Beck, International humanitarian law, S. 35 (37f.).

523 Blumenwitz, Fragen der Zulässigkeit, S. 9f.; Empell, Die Vorbehalte, S. 127 (137); Richter Koroma, Dissenting Opinion, S. 580.

(bb) Beurteilung durch Staaten und Richter

Von einigen Ländern wurde vorgebracht, daß jeglicher Nuklearwaffeneinsatz das Verbot der ungleich wirkenden Waffen verletze, da jeder Atomwaffeneinsatz unumgänglich Zivilisten in gleichem Maße wie auch Kombattanten verletze.[524] Die USA und andere Staaten antworteten darauf, daß es bei dem Verbot ungleich wirkender Waffen nicht um das Problem der Verursachung von Kollateralschäden gehe, vielmehr die gezielten Angriffe auf nicht militärische Ziele und solche Waffen, die unmöglich auf bestimmte Ziele gerichtet werden können, verboten werden sollen. Daraus folge aber, daß dieses Verbot den Einsatz von Atomwaffen nicht untersagen könne, da diese sehr wohl präzise gegen bestimmte Ziele eingesetzt werden könnten.[525]

Drei Richter - bezeichnenderweise die der Atomwaffenstaaten, - Frankreich, USA und Großbritannien - gehen davon aus, daß Nuklearwaffen per se keine unterschiedslosen Waffen sind. Richter Guillaume aus Frankreich stellt ohne jegliche weitere Begründung fest „*... le droit coutumier humanitaire comporte une seule interdiction absolue: celle des armes dites „aveugles" qui sont dans l'incapacité de distinguer entre cibles civiles et cibles militaires. Mais à l'évidence les armes nucléaires n'entrent pas nécessairement dans cette catégorie*".[526] Vize-Präsident Schwebel bemerkt zwar nur:„*While it is not difficult to conclude that the principles of international humanitarian law govern the use of nuclear weapons, it does not follow that the application of those principle ... is easy (...)*"[527], und deutet somit nur seine diesbezüglich ablehnende Meinung an. Diese Andeutung findet jedoch in den dann angeführten Beispielen des nach dem Verbot der unterschiedslosen Waffen rechtmäßigen Atomwaffeneinsatzes ihre Bestätigung.[528] Richterin Higgins schließlich merkt zwar an „*that a weapon will be unlawful per se if it is incapable of being targeted at a military objective only*", beschließt dann aber für Atomwaffen „*the unique and profoundly destructive characteristics of all nuclear weapons, that very term covers a variety of weapons which are not monolithic in their effects. To the extent that a specific nuclear weapon would be incapable of this distinction, its use would be unla-*

[524] Z.B. Ägypten, Schriftliche Stellungnahme, S. 12; Indien, Schriftliche Stellungnahme, S. 3f.; Indonesien, Verbatim Record, S. 22; Mexiko, Schriftliche Stellungnahme, S. 13f., Verbatim Record, S. 64; Salomon-Inseln, Schriftliche Stellungnahme, S. 46ff..

[525] Z.B. Großbritannien, Schriftliche Stellungnahme, S. 52f.; USA, Schriftliche Stellungnahme, S. 22f..

[526] Richter Guillaume, Opinion Individuelle, S. 289.

[527] Vize-Präsident Schwebel, Dissenting Opinion, S. 320.

[528] Ebd..

wful.“[529] Acht der Richter sind jedoch der Ansicht, daß Nuklearwaffen per se nicht fähig sind, differenzierende Wirkungen zu verursachen, darunter unter anderem Präsident Bedjaoui: „*Les armes nucléaires paraissent bien - du moins dans l'état actuel de la science - de nature à faire des victimes indiscriminées, confondant combattants et non-combattants...L'arme nucléaire, arme aveugle, déstabilise donc par nature le droit humanitaire, droit du discernement dans l'utilisation des armes*“[530], der deutsche Richter Fleischhauer: „*The nuclear weapon is, in many ways, the negation of the humanitarian considerations underlying the law applicable in armed conflict... The nuclear weapon cannot distinguish between civilian and military targets*“[531], sowie Richter Weeramantry: „*...the nuclear weapon is such that non-discrimination is built into its very nature. A weapon that can flatten a city and achieve by itself the destruction caused by thousands of individual bombs, is not a weapon that discriminates. The radiation it releases over immense areas does not discriminate between combatant and non-combatant, or indeed between combatant and neutral states.*“[532]

(cc) Subsumtion und Ergebnis

Die Vorbringen der Richter und der Staaten sind aufgrund ihrer oft zu allgemeinen Aussagen wenig hilfreich für eine konkrete Prüfung. Aus dem Vorbringen der Staaten läßt sich jedoch zunächst ableiten, daß einerseits auf die Möglichkeit des Einsatzes,[533] andererseits auf die Wirkung der Folgen eines Einsatzes abgestellt wird.[534]

Es bleibt, herauszufinden, was unter der Aussage des Gerichtshofes „*incapable of distinguishing between civilian and military targets*“ zu verstehen ist. Offensichtlich ist, daß Waffen als leblose Objekte zu einer derartigen Unterscheidung nicht fähig sind, da hierfür ein Denkprozeß notwendig ist. Eine präzisere Definition ist jedoch in Art. 51 Abs. 4 ZP I zu finden:

> „*Unterschiedslose Angriffe sind verboten. Unterschiedslose Angriffe sind*

---

[529] Richterin Higgins, Dissenting Opinion, S. 588.
[530] Präsident Bedjaoui, Déclaration, S. 272.
[531] Richter Fleischhauer, Separate Opinion, S. 306.
[532] Richter Weeramantry, Dissenting Opinion, S. 499.
[533] Vgl. Fn. 525.
[534] Vgl. Fn. 524.

...

(b) Angriffe, bei denen Kampfmethoden oder -mittel angewendet werden, die nicht gegen ein bestimmtes militärisches Ziel gerichtet werden können, oder
(c) Angriffe, bei denen Kampfmethoden oder -mittel angewendet werden, deren Wirkungen nicht entsprechend den Vorschriften dieses Protokolls begrenzt werden können."

Die erste Alternative (b) stellt folglich auf die Möglichkeit eines präzisen Einsatzes ab, die zweite (c) auf die Wirkungen. Das Erfüllen einer dieser Voraussetzungen führt bereits zur Rechtswidrigkeit der Waffe. Die Formulierung des Gutachtens „*incapable of distinguishing between civilian and military targets*" ist auf beide Möglichkeiten gleichsam anwendbar.

(aaa) Kampfmethoden, die nicht gegen ein bestimmtes militärisches Ziel gerichtet werden können

Nachdem hierin früher ein erhebliches Problem im Bezug auf Kernwaffen gesehen wurde,[535] kann seit geraumer Zeit aufgrund der Fortentwicklung der Waffentechnik heute nicht mehr von einer zwingenden Verletzung dieses Verbots durch Nuklearwaffen ausgegangen werden.[536]

(bbb) Wirkungen, die nicht entsprechend den Vorschriften des Protokolls begrenzt werden können

Die zweite Möglichkeit des Art. 51 Abs. 4 ZP I legt eine Waffe dann als illegal fest, wenn ihre Wirkungen „*nicht entsprechend den Vorschriften des Protokolls begrenzt werden können*". Diese Voraussetzung bedarf hinsichtlich ihrer Bedeutung einer Auslegung. Eine Interpretationsmöglichkeit des Art. 51 Abs. 4 lit. c ZP I könnte sein, daß andere Kriterien *unterschiedsloser Angriffe* in Art. 51 Abs. 5 des ZP I zu finden sind. Dieser enthält Vorschriften bezüglich des Flächenbombardements (Art. 51 Abs. 5 lit. a) und der Verhältnismäßigkeit (Art. 51 Abs. 5 lit. b). Diese Interpretationsmöglichkeit hat die Schwäche, daß es sehr schwierig ist, unter dem Gesichtspunkt der Verhältnismäßigkeit zu klären, wel-

---

[535] Vgl. Linster, Der völkerrechtliche Schutz, S. 31.

[536] Vgl. Däubler, Stationierung, S. 68f.; Großbritannien, Verbatim Record, S. 48; London Nuclear Warfare Tribunal, The Bomb, S. 4-8; Motherson, From Hiroshima, S. 60; Rosenblad, International Humanitarian Law, S. 131.

che Waffe unterschiedslos wirkt.[537] Weiterhin ist es ebenso schwierig, das Verbot der unterschiedslos wirkenden Waffe mit dem des Flächenbombardements in Beziehung zu setzen. Voraussetzung eines Flächenbombardements ist laut Protokoll, daß verschiedene militärische Ziele in einer zivil besiedelten Region derart angegriffen werden, als handele es sich dabei um eines. Dies kann aber nicht als Interpretationsmöglichkeit für den vorliegenden Fall herangezogen werden, da hier davon ausgegangen wird, daß man sich um eine präzise Bombardierung bemüht, fraglich aber die Eingrenzbarkeit deren Wirkungen ist. Art. 51 Abs. 5 ZP I scheidet somit als „*Vorschrift dieses Protokolls (...)*" i.S.d. Art. 51 Abs. 4 lit. c ZP I aus.

Eine andere Interpretationsmöglichkeit wäre, allgemeine Grundsätze des humanitären Völkerrechts zugrunde zu legen, die als Völkergewohnheitsrecht durch das Protokoll kodifiziert wurden. Für den vorliegenden Fall bedeutete dies dann, es dürfte durch die Waffe die Zivilbevölkerung nicht verletzt werden und Kombattanten keine unnötigen Leiden zugefügt werden. Diese Interpretation erscheint sinnvoll, führt aber in Zusammenhang mit der Auslegung des Gerichtshofes zunächst zu einem Problem. Der Gerichtshof nennt den Schutz der Zivilbevölkerung in einem Atemzug mit dem Verbot derjenigen Waffen, die unterschiedslose Wirkungen haben. Wenn es sich dabei also um ein und denselben Grundsatz handelt, wie könnte der eine dann zur Interpretation des anderen beitragen? Demnach muß davon ausgegangen werden, daß es sich um zwei Maximen handelt, zwischen welchen eine Differenzierung stattzufinden hat. Dann aber erscheint es sinnvoll, Waffen als unterschiedslos zu bezeichnen, wenn zum einen nicht vorauszusehen ist, ob lediglich militärische Ziele oder auch zivile von ihrem Einsatz betroffen wären oder ob unnötige Leiden bei Kombattanten verursacht werden.[538] Aber auch diese Interpretation stößt auf Schwierigkeiten. Ein Atomwaffeneinsatz wäre demnach ein unterschiedsloser Einsatz, da er gegen das Verbot der Verursachung unnötiger Leiden bei Kombattanten verstößt.[539] Problematisch ist dieses Ergebnis deshalb, da Art 51 Abs. 4 ZP I für die unter lit. a bis c umschriebenen Möglichkeiten eines unterschiedslosen Angriffs verlangt, daß „*in jedem dieser Fälle militärische Ziele und Zivilpersonen oder zivile Objekte unterschiedslos getroffen werden können (...).*" Das Verbot der unterschiedslosen Waffen bezieht sich somit nur auf den Schutz der Zivilbevölkerung, Kombattanten sind in dieses Gebot demnach nicht mit einbezogen. Diese Erkenntnis führt jedoch wiederum dazu, daß über Art. 51 Abs. 4 lit. c ZP I

[537] Zu der Problematik des Grundsatzes der Verhältnismäßigkeit als Rechtsgrundlage für eine Prüfung vgl. oben unter aaa.
[538] Zur Interpretation des Art. 51 Abs. 4 lit. b und c insgesamt vgl. auch Doswald-Beck, International humanitarian law, S.35 (39ff.).
[539] Vgl. oben unter (2).

lediglich das Gebot des Schutzes der Zivilbevölkerung in das Verbot unterschiedslos wirkender Waffen einbezogen werden kann. Als Ergebnis hinsichtlich der Interpretation „*unterschiedsloser Angriffe*“ ergibt sich jedoch dann, was der Gerichtshof bereits durch die Verknüpfung des Gebots des Schutzes der Zivilbevölkerung und des Verbots des Einsatzes unterschiedsloser Waffen andeutete, nämlich, daß eine Differenzierung dieser Grundsätze de facto nicht vorgenommen wird.

Hinsichtlich einer Vereinbarkeit des Grundsatzes mit einem Atomwaffeneinsatz kann deswegen bereits auf das oben gefundene Ergebnis verwiesen werden, d.h. es kann nicht ausgeschlossen werden, daß ein nicht unterschiedsloser Atomwaffeneinsatz möglich ist.[540]

(4) Neutralitätsprinzip

(a) Rechtsgrundlage

Dieses Prinzip ist u.a. in Art. 1 der V. Haager Konvention hinsichtlich der Rechte und Pflichten neutraler Mächte und Personen im Falle eines Landkrieges vom 18. Oktober 1907[541] aufgeführt und bestimmt dort: „*Das Gebiet der neutralen Mächte ist unverletzlich.*“

(b) Anwendbarkeit auf einen Atomwaffeneinsatz

Der Gerichtshof stellte zunächst fest, daß es sich auch hierbei um einen Grundsatz des Völkergewohnheitsrechts handele und daß, wie auch hinsichtlich der Prinzipien des humanitären Völkerrechts, das internationale Recht keinen Zweifel daran lasse, daß das Neutralitätsprinzip auf alle internationalen bewaffneten Konflikte anwendbar sei, ungeachtet welcher Typ von Waffen eingesetzt werde.[542]

---

[540] Vgl. oben unter (a).

[541] RGBl. 1910, S. 151ff.; weiterhin auch Art. 1 des Haager Übereinkommens (XIII) über die Rechte und Pflichten neutraler Mächte im Falle eines Seekrieges vom 18. Oktober 1907, RGBl. 1910, S. 343ff.; weiterführend vgl. Berber, Lehrbuch, S. 209ff.; Kimminich, Völkerrecht, S. 448ff..

[542] Gutachten, Absatz 88f.; vgl. auch Brownlie, Some legal aspects, S. 437 (444).

(c) Auslegung des Grundsatzes

Zu klären ist in diesem Rahmen zunächst, ob ein Verstoß gegen das Neutralitätsgebot nur bei unmittelbarem Angriff auf neutrales Territorium vorliegt oder auch schon bei Entfaltung gewisser Folgen eines Einsatzes auf neutralem Gebiet. Im Bezug auf Atomwaffen ist diese Diskussion vor allem hinsichtlich der radioaktiven Strahlung bzw. des radioaktiven Ausfalls relevant.

Während Nauru davon ausging, daß das Neutralitätsprinzip verbiete „(...) *to transborder incursions of armed forces and to the transborder damage caused to a neutral State by the use of a weapon in a belligerent State.*“[543], wurde von den Vereinigten Staaten behauptet, dieser Grundsatz sei nicht als Garantie absoluter Immunität hinsichtlich der Folgen bewaffneter Konflikte für neutrale Staaten zu sehen, die ursprüngliche Absicht sei vielmehr, militärische Invasionen oder Bombardements neutraler Territorien zu verhindern.[544]

Der Gerichtshof legte sich in diesem Zusammenhang nicht fest.[545]

In der Literatur wird unter Verweis auf den *Trail-Smelter*-Fall,[546] der 1941 durch ein amerikanisch-kanadisches Schiedsgericht entschieden wurde, die Ansicht vertreten, daß auch die Auswirkungen lediglich mittelbarer Folgen eines Nuklearwaffeneinsatzes auf neutralem Territorium einen Verstoß gegen das Neutralitätsgebot darstellen. Erreicht wird dieses Ergebnis durch einen Erst-Recht-Schluß. Im *Trail-Smelter*-Fall wurde entschieden, daß die grenzüberschreitende Emission von Schwefeldioxydabgasen ein völkerrechtliches Delikt darstellen könne. Das Gericht stellte zugunsten der USA fest, daß „*[a] State owes at all times the duty to protect other States against injurious acts by individuals from within its jurisdiction.*“[547] Wenn jedoch bereits eine Verletzung „neutraler“, in diesem Falle lediglich Nachbar-Staaten, bei einer Vergiftung durch Schwefeldioxydabgas angenommen werde, müsse dies erst recht für radioaktive Strahlung bzw. radioaktiven Ausfall gelten.[548]

Dieser Argumentation ist unter Heranführung eines anderen Gedankens zuzustimmen. Für neutrale Staaten mag es zwar einen Unterschied machen, ob Atomwaffen direkt auf ihrem Territorium eingesetzt werden oder „nur“ einzelne

543 Nauru, Schriftliche Stellungnahme (I), S. 35.

544 Großbritannien, Schriftliche Stellungnahme, S. 58; USA, Schriftliche Stellungnahme, S. 31f.; so auch Richter Shahabuddeen, Dissenting Opinion, S. 387ff..

545 Gutachten, Absatz 89.

546 Urteil vom 11. März 1941 in: RIAA, Bd. 3, S. 1905ff..

547 RIAA, Bd. 3, S. 1905 (1963).

548 Vgl. von Heinegg, Internationales öffentliches Umweltrecht, S. 805 (852ff.); Ney, Atomwaffen, S. 237f.; Tietje, Die Völkerrechtswidrigkeit, S. 266 (279); Toutain, A Current Case, S. 153 (157).

Folgen sich auf ihrem Hoheitsgebiet auswirken. Gerade im Falle eines Nuklearwaffeneinsatzes sind jedoch diese sich auf neutralem Gebiet auswirkenden „Nebenwirkungen“ zum einen u.a. Hauptauswirkungen, zum anderen jedoch vor allem die destruktivsten und gefährlichsten Wirkungen.[549] Eine Vernachlässigung jener Folgen bezüglich des Neutralitätsgebotes würde dieses im Bezug auf einen Nuklearwaffeneinsatz deswegen nahezu wirkungslos machen. Es ist deswegen entgegen der Ansicht der USA insofern Nauru zuzustimmen, als daß auch nur mittelbare Folgen eines Kernwaffeneinsatzes bei Entfaltung ihrer Wirkung auf dem Territorium Dritter einen Verstoß gegen das Neutralitätsprinzip darstellen.

Schließlich bleibt noch zu klären, ob es sich bei dem Neutralitätsprinzip um ein absolutes handelt, d.h. ob jegliche grenzüberschreitende Beeinträchtigung völkerrechtswidrig ist. Auch hier ist die Rechtsprechung des *Trail-Smelter*-Falls aufschlußreich. Das Gericht nahm eine Einschränkung dahingehend vor, daß ein Verstoß nur dann vorliege, *„when the case is of serious consequences and the injury is established by clear and convincing evidence“*.[550]

Dieser Einschränkung ist schon deshalb zuzustimmen, da ansonsten dem inzwischen überkommenen Prinzip absoluter territorialer Integrität völkerrechtliche Geltung zuerkannt würde.[551]

(d) Die Vereinbarkeit des Grundsatzes mit einem Atomwaffeneinsatz

Speziell im Hinblick auf Nuklearwaffen stellte der Iran fest, sie seien aufgrund ihrer unkontrollierbaren Wirkungen der Inbegriff der Verletzung dieses Grundsatzes[552], die Vereinigten Staaten[553] und Großbritannien[554] dagegen wiesen darauf hin, daß es sich hierbei lediglich um Spekulation handele.

Aufgrund der Ausweitung des Anwendungsbereichs nicht nur auf den Einsatz einer Waffe, sondern auch auf die Folgen, ist v.a. wegen der radioaktiven Strahlung eine territoriale Begrenzung nur schwer vorstellbar. Erschwerend tritt

---

549 Hinsichtlich der speziell durch die Strahlung verursachten Folgen, vgl. Richter Koroma, Dissenting Opinion, S. 566ff.; Leaf, Health Problems in the Short Term, S. 155 (155ff.); Leaf, Intermediate and Long-Term Health Effects, S. 165 (165ff.); WHO Management Group, Report, S. 18f.; weiterhin Japan, Verbatim Record, S. 26ff..

550 RIAA, Bd. 3, S. 1905 (1965).

551 Vgl. von Heinegg, Internationales öffentliches Umweltrecht, S. 805 (852, 855).

552 Iran, Verbatim Record, S. 38; vgl. auch Australien, Verbatim Record, S. 43; Richter Weeramantry, Dissenting Opinion, S. 501, 516f..

553 USA, Schriftliche Stellungnahme, S. 32; USA, Verbatim Record, S. 49.

554 Großbritannien, Schriftliche Stellungnahme, S. 58.

hinzu, daß auch der Durchflug von Trägersystemen durch neutrales Territorium den Neutralitätsgrundsatz verletzt.[555] Hinsichtlich des Neutralitätsgrundsatzes verhält es sich jedoch wie auch bezüglich des Prinzips des Zivilschutzes. Es kann nicht grundsätzlich von der Verletzung des Neutralitätsgebots durch einen Nuklearwaffeneinsatz ausgegangen werden,[556] obschon aufgrund des radioaktiven Ausfalls die lokale Begrenzung nur schwer vorstellbar erscheint. Erschwert wird der Nachweis eines Verstoßes gegen das Neutralitätsgebot noch dadurch, daß als neutral nur diejenigen Staaten gelten, die gänzlich autonom in dem Sinne sind, daß sie nicht als Alliierte gebunden sind.[557]

(e) Ergebnis

Geprüft wurde vorliegend, ob eine Ausnahme von der grundsätzlichen Völkerrechtswidrigkeit eines Nuklearwaffeneinsatzes, wie der Gerichtshof sie annimmt, insofern gemacht werden kann, als daß nicht jeder Einsatz notwendigerweise gegen die Grundsätze des humanitäre Völkerrechts verstößt. Es konnte jedoch gezeigt werden, daß jedenfalls das Verbot, Kombattanten unnötige Leiden zuzufügen, durch einen Kernwaffeneinsatz unvermeidlich verletzt wird. Die Möglichkeit eines völkerrechtskonformen Einsatzes als Ausnahme zur grundsätzlichen Illegalität, wie der Gerichtshof sie annimmt, kann deswegen nicht gemacht werden.

---

555 Däubler, Stationierung, S. 46.

556 A.a. London Nuclear Warfare Tribunal, The Bomb, 3-20, 4-16.

557 Berber, Lehrbuch, S. 216; zum Begriff der Neutralität im Allgemeinen vgl. auch Seidl-Hohenveldern, Der Begriff, S. 593 (593ff.).

bb) Der Selbstverteidigungsnotfall

Die zweite Möglichkeit als Ausnahme von der grundsätzlichen Völkerrechtswidrigkeit eines Atomwaffeneinsatzes könnte darin liegen, daß der extreme Selbstverteidigungsnotfall einen solchen erfordert. Hier könnte ein gewisser Widerspruch zu den bisherigen Ausführungen des Gerichts über das Verhältnis von Selbstverteidigungsrecht und Kriegsvölkerrecht gesehen werden. Der Gerichtshof betonte zuvor, daß beide kumulativ zu beachten seien,[558] diese zweite Situation könnte nun so zu interpretieren sein, daß doch das Selbstverteidigungsrecht dem humanitären Kriegsrecht vorgehe.

aaa) Das Verhältnis von ius ad bellum und ius in bello

(1) Vorbringen durch Staaten und Richter

Richter Guillaume behauptet - entgegen dem tatsächlichen Vorbringen aller Staaten[559] - mit Ausnahme Frankreichs -, daß die Staatengemeinschaft sich einig sei, daß das *ius in bello* und das *ius ad bellum* zwei gänzlich selbständige Rechtsbereiche seien, die in keinerlei Zusammenhang zueinander stünden. Das durch die Charta der Vereinten Nationen gestiftete Selbstverteidigungsrecht werde von dieser als Naturalrecht proklamiert und Art. 51 SVN setze fest, daß dieses Recht durch nichts eingeschränkt werden dürfe. Diese gelte *a fortiori* hinsichtlich des Gewohnheits- und des Vertragsrechts. Es dürfe also kein Rechtssystem, um welche Art es sich dabei auch immer handele, seinen Subjekten das Recht, ihre eigene Existenz zu verteidigen und ihr Überleben sicherzustellen, rauben. Dies gelte aber auch für das humanitäre Völkerrecht, wenn es darum gehe, daß ein Staat, um genau diese Interessen zu wahren, Nuklearwaffen einsetzt, weil dies der einzig effektive Weg ist. Auch der Gerichtshof vertrete diese Ansicht, wenn er im Zusammenhang mit der Abschreckungspolitik feststellte, daß diese Staaten „*have always, in concert with certain other States, reserved the right to use those weapons in the exercise of the right to self-defence against an armed attack threatening their vital security interests*“[560]. Guillaume bleibt somit seiner Heimat treu, die bereits im mündlichen Vorverfahren darauf hinwies, daß das den Staaten durch Art. 51 SVN garantierte Selbstverteidigungs-

[558] Gutachten, Absatz 42.

[559] Z.B. Russische Föderation, Verbatim Record, S. 52; USA, Verbatim Record, S. 85; bezüglich den USA vgl. bereits Cummings in: The Laws of War, S. 3421 (3422).

[560] Gutachten, Absatz 66; Richter Guillaume, Opinion Individuelle, S 290f.; vgl. auch Richter Fleischhauer, Separate Opinion, S. 306f..

recht seine militärische Bedeutung weder durch eine inhärente noch durch eine gewohnheitsrechtliche Einschränkung mindern müsse.[561]

Großbritannien machte dagegen bereits die Einschränkung, daß es nur unschwer möglich sei, daß Atomwaffen in keinem auch noch so schwer gearteten Fall einsatzberechtigt seien. Dieser Ansicht stimmt auch die englische Richterin Higgins in ihrer abweichenden Meinung zu[562]. Es sei inkonsequent, daß der Gerichtshof zunächst die Unvereinbarkeit im allgemeinen mit humanitärem Völkerrecht feststelle, dann aber die Ausnahme des extremen Selbstverteidigungsnotfalls bilde. Der Gerichtshof weise damit auf die Möglichkeit der Rechtmäßigkeit eines Atomwaffeneinsatzes hin, der an sich nach humanitärem Völkerrecht rechtswidrig sei. Damit jedoch gehe der Gerichtshof selbst über das hinaus, was irgendeiner der Atomwaffenstaaten, der vor dem Gerichtshof aufgetreten sei, vertreten habe, die nämlich alle völlig darin übereinstimmten, daß jede rechtmäßige Drohung mit oder Anwendung von Atomwaffen sowohl mit dem *ius ad bellum* als auch mit dem *ius in bello* vereinbar sein müßte. Die Atomwaffenstaaten seien stets davon ausgegangen, daß ihre jeweiligen Aktionen - sei es die Abschreckungspolitik, sei es das Aufstellen der nuklearen Schirme oder die Erlaubnis eines Atomwaffeneinsatzes unter bestimmten Umständen etc. - stets mit dem Völkerrecht vereinbar zu sein hätten.[563]

Auch Präsident Bedjaoui weist darauf hin, daß das Überleben des Staates zwar ein grundlegendes Recht sei, Tatsache aber dennoch bleibe, daß der Einsatz von Nuklearwaffen das Leben der gesamten Menschheit in Gefahr bringen könne; deshalb sei immer darauf zu achten, daß gegen die elementarste Vorsichtsregel verstoßen würde, wollte man das Überleben eines Staates über alles andere und insbesondere über das Überleben der Menschheit selbst stellen.[564]

Wie stellt sich das Verhältnis zwischen dem *ius ad bellum* und dem *ius in bello* nun tatsächlich dar?

(2) Verhältnis von ius ad bellum und ius in bello

Mindestens seit zweihundert Jahren war es ein absolutes Dogma, daß humanitäres Völkerrecht von beiden Kriegsparteien zu beachten ist, gleich wer nun angegriffen wird und wer zu seiner Selbstverteidigung handelt. Seit festgestellt worden war, daß Krieg an sich einen Verstoß gegen verschiedene völkerrechtliche

561 Frankreich, Verbatim Record, S. 68.
562 Richterin Higgins, Dissenting Opinion, S. 584.
563 Ebd., S. 589f..
564 Präsident Bedjaoui, Déclaration, S. 273.

Regeln (wie beispielsweise die UN-Charta oder den Briand-Kellogg-Pakt[565]) darstellt, wurde von der internationalen Gemeinschaft auch versucht, eine Differenzierung bezüglich der Anwendung des humanitären Völkerrechts und des Neutralitätsgebots zu erreichen[566] zwischen derjenigen Kriegspartei, die angegriffen hat und derjenigen Kriegspartei, die sich verteidigt. Aber selbst diese so entstandenen Regelungen stellten die Anwendung des humanitären Völkerrechts auf beide Kriegsparteien in gleicher Weise nie in Frage, gerade wegen ihres humanitären Charakters.[567] Und v.a. auch Art. 51 SVN, der das Recht der Selbstverteidigung enthält, die Genfer Konvention von 1949 und die Präambel des ZP I bestätigen die Anwendung des humanitären Völkerrechts unter allen Umständen, ohne eine Unterscheidung hinsichtlich des Ursprungs oder der Natur des Konflikts zu machen.[568] Warum sollte in einem Selbstverteidigungsfall das humanitäre Völkerrecht also nicht anwendbar sein, selbst wenn es sich dabei um einen Extremfall handelt?

(3) Die Lehre vom gerechten Krieg

Dem Gerichtshof in dieser Feststellung zu folgen, stellte eine Rückfall ins 17. Jahrhundert dar. Bereits damals hatte Grotius festgestellt: „ (...) *ius hoc defensionis per se ac primario nasci ex eo, quod natura quemque sibi commendat* (...)[569]. Die im vorliegenden Gutachten dem Selbstverteidigungsrecht durch den Gerichtshof eingeräumte Stellung überrascht aber auch deswegen, weil derselbe im *Nicaragua*-Fall ca. zehn Jahre zuvor selbst feststellte, daß es sich bei dem einem jedem Staate in Art. 51 SVN verliehenen Selbstverteidigungsrecht zwar um ein „*natural*" und „*inherent*" Recht handelt, trotzdem aber dieses einschränkte, indem er feststellte: „*[I]t is hard to see how this can be other than of a customary nature, even if its present content has been confirmed and influenced by the Charter*".[570]

---

[565] Vertrag über die Ächtung des Krieges, RGBl. 1929 II, S. 97.

[566] Beispielsweise Articles of Interpretation der Konferenz von Budapest 1934, International Law Association, Report of the Thirty-Eight-Conference 1934, S. 4ff..

[567] Vgl. Grief, Völkerecht, S. 19f.; Ticehurst, Nuclear Weapons, S. 107 (115).

[568] Ausführlich zum Verhältnis von *ius ad bellum* und *ius in bello* vgl. Greenwood, The relationship, S. 221ff.; Lauterpacht, The Limits, S. 206ff..

[569] Grotius, De Jure Belli, Buch II, Kapitel I, Teil III, 172; „ *(...) daß diese Recht der Verteidigung von selbst und zuerst aus dem hervorgeht, was die Natur jedem empfiehlt (...).*" Deutsche Übersetzung bei Schätzel, Drei Bücher, Buch II, Kapitel I, Teil III, 172.

[570] *Case concerning Military and Paramilitary Activities in and against Nicaragua*, Urteil vom 27. Juni 1986, ICJ Reports 1986, S. 14 (94).

Ließe man dennoch dem *ius ad bellum* den Vorrang, würde jedoch eine Grundnorm des Rechts des bewaffneten Konflikts in Frage gestellt, nämlich die Gleichheit der Kriegsparteien vor dem Kriegsrecht, und es ist ebenfalls ein Novum, daß ein Staat sich aus einer Notwendigkeit heraus dem Gesetz entgegenstellen darf. Dieser Ansicht folgend würde Tür und Tor zu der Auffassung geöffnet, daß im Krieg alles erlaubt ist oder wie Vize-Präsident Schwebel es nennt, es sei das Völkerrecht, das wir hätten, vermengt mit dem, das wir bräuchten.[571]

Weiterhin käme es dem gefährlichen Grundsatz *Kriegsräson vor Kriegsmanier* gleich. Dieser Grundsatz bestimmt, daß im Falle einer extremen Gefahr die Regeln des Krieges außer acht gelassen werden dürfen, um sich dieser Gefahr wirksam widersetzen zu können.[572] Die Ursprünge dieses Prinzips gehen auf eine Zeit zurück, in der es noch keine *Gesetze*, sondern lediglich *Gebräuche* des Krieges gab, die weder als Gesetz bestätigt noch von der internationalen Gemeinschaft als bindend akzeptiert waren. Diese Ansicht fand von jeher lediglich bei einigen deutschen Autoren Anerkennung[573], die Fortschritte der Waffentechnik seit Entstehung dieses Grundsatzes machten ihn aber jedenfalls unhaltbar.[574]

(4) Einschränkung von Art. 51 SVN

Entgegen der Lehre vom gerechten Krieg ist vielmehr davon auszugehen, daß auch das Selbstverteidigungsrecht gewissen Einschränkungen unterworfen ist.

(a) Inhärente[575] Schranken

Als hier maßgebliches Gesetz nimmt bereits Art. 51 SVN selbst eine Einschränkung des Selbstverteidigungsrechts oder wie der Gerichtshof wohl bevorzugt formuliert „*self-survival*" vor. Art. 51 SVN lautet:

---

[571] Vize-Präsident Schwebel, Dissenting Opinion, S. 311.

[572] Vgl. Greenspan, The Modern Law, S. 279, 314.

[573] Eine Aufzählung findet sich bei Lauterpacht, Oppenheim's International Law, S. 231, Rn. 6.

[574] So auch das Nürnberger Kriegsverbrechertribunal im *Krupp*-Fall, LRTWC, Vol. 10, London 1949, S. 69ff.; vgl. auch David, The Opinion, S. 21 (31); Greenwood, The Advisory Opinion, S. 65 (74); Richter Weeramantry, Dissenting Opinion, S. 545f..

[575] Ursprünglich ist die Formulierung „*inherent*" Ausdruck dafür, daß es sich bei dem Selbstverteidigungsrecht um Völkergewohnheitsrecht handelt und eine Begründung nicht erst durch die UN-Charta stattfand, vgl. Großbritannien, Schriftliche Stellungnahme, S. 36.

„Diese Charta beeinträchtigt im Falle eines bewaffneten Angriffs gegen ein Mitglied der Vereinten Nationen keineswegs das naturgegebene Recht zur individuellen oder kollektiven Selbstverteidigung, bis der Sicherheitsrat die zur Wahrung des Weltfriedens und der internationalen Sicherheit erforderlichen Maßnahmen getroffen hat. Maßnahmen, die ein Mitglied in Ausübung dieses Selbstverteidigungsrechts trifft, sind dem Sicherheitsrat sofort anzuzeigen; sie berühren in keiner Weise dessen auf dieser Charta beruhende Befugnis und Pflicht, jederzeit die Maßnahmen zu treffen, die er zur Wahrung oder Wiederherstellung des Weltfriedens und der internationalen Sicherheit für erforderlich hält."[576]

Eine Einschränkung des Rechts der Selbstverteidigung findet durch Art. 51 SVN also bereits insofern statt, als Voraussetzung der Ausübung ist, daß der jeweilige Staat Opfer eines Angriffs wurde. Weiterhin ist der UN-Sicherheitsrat unverzüglich von den getroffenen Sicherheitsmaßnahmen in Kenntnis zu setzen. Daß das Selbstverteidigungsrecht neben den Art. 51 SVN inhärenten Beschränkungen weiterhin eingegrenzt wird, läßt sich daran erkennen, daß lediglich die *erforderlichen* Maßnahmen vom Sicherheitsrat getroffen werden dürfen.[577] Die Frage ist deshalb nicht, ob ein Staat unter extremen Umständen seines Überlebens berechtigt ist, das Selbstverteidigungsrecht auszuüben, sondern vielmehr, ob ein Nuklearwaffeneinsatz überhaupt unter irgendwelchen Umständen, darunter die akuter Überlebensgefahr, rechtmäßig sein kann. Anders ausgedrückt ist entscheidend, ob ein Atomwaffeneinsatz vorstellbar ist, der nicht gegen Völkerrecht, v.a. die Vorschriften des humanitären Völkerrechts verstößt, da auch das Recht der Selbstverteidigung eben diesen Regeln unterliegt und gerade nicht vom *ius in bello* suspendiert wurde oder, wie der frühere IGH-Richter Hermann Mosler es formulierte: „*The law cannot recognise any act either of one member or of several members in concert, as being legally valid if it is directed against the very foundation of law*".[578]

---

[576] Weiterführend zu Art. 51 SVN vgl. Pogany, Nuclear weapons, S. 63 (70ff.).

[577] Vgl. Greenwood, The relationship, S. 221 (222f.).

[578] Mosler, The International Society, S. 18; vgl. hierzu Richter Koroma, Dissenting Opinion, S. 561f..

(b) Beschränkung von Art. 51 SVN durch das ius in bello

Die unterschiedslose Anwendung des humanitären Völkerrechts wurde von der Staatenpraxis bestätigt und auch in der Literatur bis dato nicht bestritten. Der diesbezüglich einzige ungeklärte Punkt war immer, ob in einer kriegerischen Auseinandersetzung die sich durch das Selbstverteidigungsrecht ergebenden Beschränkungen - wie z.B. das Gebot der Verhältnismäßigkeit - zusätzlich zu den Grundsätzen des humanitären Völkerrechts Anwendung finden. Überwiegende Meinung ist, daß die dem Selbstverteidigungsrecht innewohnenden Beschränkungen neben denen des humanitären Völkerrechts anwendbar sind, während eine Mindermeinung die Ansicht vertritt, daß im Selbstverteidigungfall nur die Beschränkungen des humanitären Völkerrechts greifen.[579] In den Abschnitten 41 und 42 des Gutachtens schloß sich der Gerichtshof der ersteren Meinung an, indem er feststellte: „*But at the same time, a use of force that is proportionate under the law applicable in armed conflict which comprise in particular the principles and rules of humanitarian law.*“[580]

Dennoch bildet der Gerichtshof schließlich die Ausnahme des extremen Selbstverteidigungsnotfalls, und geht somit weit über das hinaus, was selbst die Kernwaffenmächte fordern[581]. Der Gerichtshof erklärt die Grundsätze des humanitären Völkerrechts als auf Atomwaffen anwendbar,[582] nachdem er bereits erkannt hat, daß „*... the nuclear-weapon States ...accepted, that their independence to act was indeed restricted by the principles and rules of international law, more particularly humanitarian law.*“[583] Selbst wenn jedoch einige der Staaten optimistisch erwarteten, daß der Gerichtshof die Völkerrechtskonformität eines Atomwaffeneinsatzes unter bestimmten Umständen feststellt, gingen sie jedoch von der Anwendbarkeit des humanitären Völkerrechts in dieser Situation aus.[584]

Dem kann jedoch entgegengesetzt werden, daß der Gerichtshof zu keinem Zeitpunkt Zweifel daran ließ, daß nicht jeder Selbstverteidigungsfall ausreichend in diesem Sinne sei, sondern von Anfang an darauf hinwies, daß es sich um eine „extreme Selbstverteidigungssituation“ handeln müsse. Trotzdem wird jedoch nicht klar, warum gerade ein solcher Selbstverteidigungsnotfall die An-

---

579 Vgl. Doswald-Beck, International humanitarian law, S. 35 (53); Fujita, The Advisory Opinion, S. 56 (62).
580 Gutachten, Absatz 42.
581 Ausnahme hierzu Frankreich, vgl. Fn. 561.
582 Gutachten, Absatz 89.
583 Gutachten, Absatz 22.
584 Vgl. Richterin Higgins, Dissenting Opinion, S. 590; McCormack, A *non liquet*, S. 76 (88).

wendung des humanitären Völkerrechts suspendieren sollte. Der Gerichtshof macht keine Aussage, die als Begründung hierfür dienen könnte.

bbb) Konsequenz der Schaffung des Ausnahmefalls eines extremen Selbstverteidigungsnotfalls

(1) Völkerrechtliches Unrecht

Im Völkerrecht kommt es aus strukturellen Gründen zeitweise zu einer Ungleichbehandlung unter den Völkern, aber die Basis des Völkerrechts, der Kern der Vorschriften und Grundsätze, gilt gleichsam für alle Völker. Diese Gleichbehandlung ist eine wichtige Maxime des Völkerrechts und verhilft ihm zu seiner Daseinsberechtigung.[585] Es käme deshalb nicht in Frage, daß es ein Recht gäbe, das beispielsweise nur anwendbar auf starke Staaten ist, ein anderes Recht dagegen nur auf schwache. Bereits ein weniger bedeutendes Rechtssystem könnte derartige Regelungen nicht verkraften, erst recht jedoch nicht das internationale Recht. Durch die Entscheidung des Gerichtshofes ergibt sich aber bereits eine Inkonsequenz dadurch, daß der Besitz von Atomwaffen zwar allen bis auf fünf Staaten der Vereinten Nationen völkerrechtlich untersagt ist, der Einsatz aber unter bestimmten Umständen legal wäre.[586] *De facto* bestehen in der Staatengemeinschaft zwar zahlreiche Ungleichheiten, diese haben ihren Ursprung vor allem in der Staatensouveränität und werden bis zu dem Zeitpunkt existieren, bis zu welchem sich nicht alle Staaten an Größe, Reichtum und Einfluß gleichen. Ein absolutes Novum wäre jedoch, daß abgesehen von eben diesen strukturellen Unterschieden eine Ungleichheit der Staaten nicht lediglich *de facto* existierte, sondern auch *de iure*.[587]

(2) Notwehr oder Nothilfefall

Das Rechtsgutachten läßt hier weiterhin nicht mit hinreichender Sicherheit erkennen, ob die „Notwehrklausel“ lediglich den „Notwehrfall“[588] oder auch den

[585] Vgl. weiterführend Brownlie, Principles, S. 287ff..
[586] Dies wäre lediglich dann nicht inkonsequent, wenn der vom Gerichtshof beschriebene Selbstverteidigungsfall lediglich bei einem Notwehr- nicht jedoch bei einem Nothilfefall vorläge, vgl. hierzu unten, (2).
[587] Vgl. hierzu mit weiteren Verweisen Richter Weeramantry, Dissenting Opinion, S. 526f..
[588] Sog. individuelle Selbstverteidigung.

„Nothilfefall"[589] als möglichen Rechtfertigungsgrund vorsieht. Ohne dabei auf die spezielle Problematik des Atomwaffeneinsatzes einzugehen, gewährleistet Art. 51 SVN unter bestimmten Voraussetzungen sowohl die individuelle als auch die kollektive Selbstverteidigung. Hier jedoch ist gerade diese Differenzierung wesentlich. Läge nämlich die vom IGH akzeptierte Ausnahme nur im Falle der individuellen Selbstverteidigung vor, wäre nur der Einsatz von Nuklearwaffen zur eigenen Verteidigung eines Kernwaffenstaates gestattet, nicht jedoch zu der eines anderen Staates. Dieser Auslegung entspricht die Formulierung in Absatz 79 des Gutachtens: „... *in an extreme circumstance of self-defence, in which **its** very survival would be at stake...*" (Hervorhebung nachträglich). Dagegen wird jedoch im Tenor in Abschnitt 2E formuliert: „... *in an extreme circumstance of self-defence, in which the very survival of **a** State would be at stake...* " (Hervorhebung nachträglich), was dafür spricht, auch den „Nothilfefall" als Ausnahmefall i.S.d. IGH gelten zu lassen. Der Umstand aber, daß es sich - wenn überhaupt - nur um eine eng begrenzte Ausnahme von der generellen Rechtswidrigkeit des Atomwaffeneinsatzes handelt, spricht für die enge Auslegung, da nach allgemeinen Interpretationsregeln Ausnahmen restriktiv auszulegen sind.[590]

(3) Gefahr der Analogie

Weiterhin drängt sich eine analoge Anwendung der Rechtsprechung des Gerichtshofes auf. Wenn ein extremer Selbstverteidigungsnotfall einen Atomwaffeneinsatz zuläßt und somit einen Bruch des geltenden Völkerrechts rechtfertigt, warum sollte dann nicht erst recht der Einsatz einer anderen Waffe, die zwar in ihren Wirkungen weniger verheerend ist, aber auch gegen humanitäres Völkerrecht verstößt, ebenfalls erlaubt sein? Und diesen Gedankengang weiterführend: Wenn der Einsatz der Kernwaffe, als Waffe, die die schlimmsten aller Folgen nach sich zieht, durch einen extremen Selbstverteidigungsnotfall gerechtfertigt ist, warum sollte dann nicht die für einen Staat weniger akute Gefahr den völkerrechtswidrigen Einsatz einer weniger gefährlichen Waffe zulassen? Die vom Gerichtshof als möglich angesehene Ausnahme könnte so eine Vielzahl von

---

589 Sog. kollektive Selbstverteidigung.

590 *Singularia non sunt extenda*, vgl. Burroughs, The (Il)legality, S. 47; Deiseroth, Atomwaffen, S. 351 (354f.); a.A. mit Hinweis auf Auswirkung für die Positiven Sicherheitsgarantien sowie das horizontale Proliferationsrisiko Matheson, The Opinion, S. 417 (431) sowie Stone, Less than meets the eye, S. 43 (44); beachtlich ist diese Gegenansicht auch im Hinblick auf die Parallelen zum Nothilferecht des Art. 51 SVN.

Rechtsbrüchen und damit verbunden auch zahlreiche humanitäre Verbrechen nach sich ziehen.[591]

(4) Tatsächliche Erwägungen

Aber auch rein tatsächliche Erwägungen lassen die Entscheidung des Gerichtshofes problematisch erscheinen. Der Gerichtshof hat festgestellt, daß Atomwaffen zur Vernichtung der gesamten Menschheit fähig sind.

> *„The Court has noted the definitions of nuclear weapons contained in various treaties and accords. It also notes the definitions of nuclear weapons are explosive devices whose energy results from the fusion or fission of the atom. By its very nature, that process, in nuclear weapons as they exist today, releases not only immense quantities of heat and energy, but also powerful and prolonged radiation. According to the material before the Court, the first two causes of damage are vastly more powerful than the damage caused by other weapons, while the phenomenon of radiation is said to be peculiar to nuclear weapons. These characteristics render the nuclear weapon potentially catastrophic. The destructive power of nuclear weapons cannot be contained in either space or time. They have the potential to destroy all civilization and the entire ecosystem of the planet. The radiation release by a nuclear explosion would affect health, agriculture, natural resources and demography over a very wide area. Further, the use of nuclear weapons would be a serious danger to future generations. Ionizing radiation has the potential to damage the future environment, food and marine ecosystem, and to cause genetic defects and illness in future generations.“*[592]

Schwer verständlich ist es dann, wenn der Gerichtshof diese mögliche Folge durch das Überleben eines einzigen Staates rechtfertigt. Auch juristisch bereitet diese Feststellung Probleme. Recht und Gesetze sollen ein Zusammenleben und Zusammenarbeiten der verschiedenen Mitglieder der Gesellschaft ermöglichen. Es wäre aber absurd, wenn genau dieses rechtliche System zu einer Zerstörung eben dieser Gesellschaft führte, indem es erlaubt, daß eines ihrer Mitglieder, aus

[591] Vgl. Condorelli, Nuclear weapons, S. 9 (19).
[592] Gutachten, Absatz 35.

welchem Grund auch immer, diesem Zusammenleben und Zusammenarbeiten jegliche Grundlage entzieht. Es fällt schwer, unter diesen Umständen Völkerrecht noch als ein logisches und zusammenhängendes Gebilde anzuerkennen, wenn ein Argument, daß unter diesen Voraussetzungen logisch sein müßte, genau diesen völkerrechtlichen Regeln widerspricht und so gerade das Gegenteil des eigentlich durch Gesetz und Recht anvisierten Ziels erreicht wird.[593] Diese Ansicht vertritt auch Richter Shahabuddeen, der eine Waffe dann als verboten ansieht, wenn sie gegen den Zweck der internationalen Gemeinschaft verstößt.[594] Die Absurdität dieser Überlegung deutet jedoch an, daß eine andere Antwort des Gerichtshofes indiziert gewesen wäre oder legt zumindest die Vermutung nahe, daß der vom Gerichtshof gewählte Rechtfertigungsgrund ad absurdum führen kann. Es bleibt aber zu vermuten, daß der Gerichtshof in seinen Überlegungen nicht von einem Atomwaffeneinsatz mit derartiger Intensität, die geeignet ist, jegliches Leben zu zerstören, ausging. Selbst dann ist jedoch fraglich, ob eine derartige Entscheidung die Zustimmung der Staaten gefunden hätte. De facto bedeutete das, daß ein Staat es akzeptiert, das Überleben eines anderen Staates mit seiner eigenen territorialen Integrität, der Gesundheit seiner Bürger sowie seines gesamten Ökosystem zu bezahlen. Dies liefe aber auf eine Aufgabe der Souveränität hinaus, und es erscheint doch sehr fraglich, ob dies bei den Staaten Zustimmung fände.[595]

(5) „survival of the State“

Schwierigkeiten bereitet außerdem die Formulierung „*survival of the State*“.

(a) Der Mangel der Konkretisierung

Problematisch erscheint zunächst, daß der Gerichtshof „*survival of the State*“ nicht genauer definiert: Ist darunter die politische Souveränität zu verstehen, die Existenz des Staates selbst, das physische Überleben der Bevölkerung?[596] Diese Rechtsschöpfung ist so wenig konkretisiert, daß es in Zukunft einem jeden Staate selbst und nicht einer Schiedspartei oder dem Gesetz überlassen ist, zu entscheiden, wann ein derartiger Selbstverteidigungsnotfall gegeben ist. Lauter-

---

[593] Vgl. Condorelli, Nuclear weapons, S. 9 (13f.); London Nuclear Warfare Tribunal, The Bomb, S. 4-19; Richter Shahabuddeen, Dissenting Opinion, 380f..

[594] Ebd., S. 397ff..

[595] Vgl. David, The Opinion, S. 21 (32).

[596] Vgl. auch Mendlowitz, Merav, Advisory Opinion, S. 653 (676).

pacht merkte bereits in Verbindung mit dem Briand-Kellog-Pakt von 1928 an *„It is regulated to the extent that it is the business of the Courts to determine whether, how far, and for how long, there was a necessity to have recourse to it"*,[597] wobei dies wohl nicht als Aufforderung zur Ausübung einer legislativen Funktion durch Gerichte zu verstehen ist, sondern vielmehr als Wunsch nach einer Präzisierung gesetzlich bereits vorhandener Regelungen durch die Judikative.

Verbunden mit dem Verlangen nach einer klaren Entscheidung durch den Gerichtshof ist in diesem Falle die Kritik, daß der Gerichtshof die konkrete Entscheidung dem jeweiligen Staat überlasse, was äußerst gefährlich sei.[598] Fraglich ist jedoch, ob eine größere Gefahr darin liegt, einem einzelnen Staat die Entscheidung im Einzelfall zu überlassen, in dem dieser aber möglicherweise genau dem dann vorliegenden Einzelfall gerecht werden kann, oder um einer evt. Staatenwillkür aus dem Wege zu gehen, eine generelle Entscheidung getroffen werden sollte, die aber dann möglicherweise den Nachteil hat, daß sie in jedem Falle rechtswidrig ist.

(b) Der Vorwurf der Rechtsschöpfung

Bereits an anderer Stelle[599] wurde das Problem des Verbots der Rechtsschöpfung durch den Gerichtshof angesprochen. Genau dies, nämlich die Schöpfung neuen Rechts, wird dem Gerichtshof jedoch von Richter Koroma vorgeworfen durch die erstmalige Verwendung der Formulierung *„survival of the State"*.[600] Diese Formulierung beschreibt nach Aussage des Gerichtshofs die einzige Situation, in der ein Atomwaffeneinsatz als mit dem humanitären Völkerrecht vereinbar anzusehen ist. Die Formulierung *„survival of the State"* existierte vor Erstellung des IGH-Gutachtens[601], allerdings nicht in einer der ihr dort verliehenen auch nur ähnlichen Funktion. Dem Notwehrrecht wird durch die Verbindung mit der Formulierung *„survival of the State"* eine gänzlich neue Bedeutung zugemessen,[602] da der Gerichtshof unter diesen Umständen einen Atomwaffeneinsatz für

[597] Lauterpacht, The Function, S. 180.
[598] Vgl. hierzu Richter Koroma, Dissenting Opinion, S. 559f..
[599] Vgl. oben, 2, a, bb, (2).
[600] Richter Koroma, Dissenting Opinion, S. 559.
[601] Als Beispiele aus dem vergangenen Jahrhundert werden aufgezählt, der erste und der zweite Weltkrieg, der Korea-Krieg, der Golf-Krieg und die hypothetische Invasion des Warschauer Paktes, die der NATO-Nuklear-Doktrin zugrunde gelegt wurde, vgl. Matheson, The Opinion, S. 417 (430).
[602] Vgl. hierzu Richter Koroma, Dissenting Opinion, S. 560f..

möglicherweise rechtmäßig hält. Der Formulierung „*survival of the State*" wird durch die Verbindung mit der Ausnahme von der generellen Völkerrechtswidrigkeit eines Atomwaffeneinsatzes de facto Rechtssatzqualität beigemessen. Insofern kann dem Gerichtshof entgegen seiner Funktion als Rechtsprechungsorgan Rechtsschöpfung vorgeworfen werden.

ccc) Abschließende Betrachtung zu der Bewertung durch den Gerichtshof

Obwohl der Gerichtshof in den Absätzen 41 und 42 von der Einschränkung des Selbstverteidigungsrechts durch das humanitäre Völkerrecht ausgeht, wird die unter Absatz 2 E des Tenors getroffene *non liquet*-Feststellung dieser Einschränkung nicht gerecht. Nach Richter Herczegh hätte der Gerichtshof seine Aufgabe besser erfüllt, wäre er bei der Aussage der Absätze 41 und 42 geblieben,[603] so wäre denn auch den Atommächten ein wohl nur schwer zu erbringender Beweis auferlegt worden.[604] Dem ist jedoch gerade nicht so, und um im Verhältnis beider Aussagen zueinander keinen Widerspruch zu finden, bleibt nur, der von den Richtern Schwebel, Guillaume und Higgins[605] vertretenen Auffassung zu folgen, daß Atomwaffen *per se* keine unterschiedslosen Waffen seien und unter gewissen Umständen weder das Gebot der Verhältnismäßigkeit noch das Verbot der Verursachung unnötiger Leiden von Kombattanten verletzt wird. Diese Interpretation wird von der Anmerkung des Gerichtshofs am Ende des Gutachtens unterstützt, die darauf hinweist, daß die vorher ausgeführten Rechtsgründe nicht ihre Bedeutung verlieren, also auch nicht die ursprüngliche Feststellung bezüglich des humanitären Völkerrechts.[606] Dieser Ansicht setzte sich jedoch die Mehrheit der Richter[607] entgegen und - wie gezeigt wurde - ist sie tatsächlich nicht haltbar.

Eine andere Erklärung des Verhältnisses der Aussagen des Gutachtens in den Abschnitten 41 und 42 sowie dem Abschnitt 2E des Tenors wäre, in bestimmten Fällen des Selbstverteidigungsfalles eine Ausnahme von der Anwendung des *ius in bello* zuzulassen, was bedeutet, daß ein Staat, der sich selbst verteidigen will, niemals gesetzeswidrig handelt. Es konnte dargelegt werden, daß auch diese Lösungsmöglichkeit nach dem Völkerrecht nicht haltbar ist.

603 Richter Herczegh, Déclaration, S. 276.
604 Van den Biesen, Foreword, S. ix.
605 Vgl. oben unter aa, bbb, (2) und (3).
606 Gutachten, Absatz 104.
607 Die Richter Bedjaoui, Ranjeva, Herczegh, Fleischhauer, Shahabuddeen, Weeramantry und Koroma waren der Ansicht, daß ein Nuklearwaffeneinsatz gegen die Regeln des humanitären Völkerrechts verstößt.

Die Aussage des Gerichtshofes muß deswegen dahingehend korrigiert werden, daß jeglicher Atomwaffeneinsatz mit dem Völkerrecht unvereinbar ist und nicht nur *generally* von der Illegalität auszugehen ist.

III. Vereinbarkeit der Drohung des Atomwaffeneinsatzes mit humanitärem Völkerrecht und dem Neutralitätsprinzip

1. Bewertung durch den Gerichtshof

Zum zweiten und letzten Mal innerhalb des Gutachtens wird im Rahmen der Prüfung des humanitären Völkerrechts und des Neutralitätsprinzips die Rechtmäßigkeit der Drohung eines Atomwaffeneinsatzes durch den Gerichtshof angesprochen. Im Verhältnis zur politischen Bedeutung der Drohung eines Atomwaffeneinsatzes als Instrument der Abschreckungspolitik erscheint die auch hier wieder äußerst knappe Aussage des Gerichtshofes als Unterbewertung dieses Teils des Gutachtenantrags im Vergleich zu der Bewertung bezüglich eines Atomwaffeneinsatzes.[608]

Der Gerichtshof stellt fest, daß die Drohung eines Nuklearwaffeneinsatzes dann im Widerspruch zum humanitären Völkerrecht stehe, wenn die beabsichtigte Anwendung der Waffe selbst mit dem humanitären Völkerrecht unvereinbar sei.[609]

2. Diskussion und Ergebnis

Keiner der Richter äußert sich zu dieser Feststellung des Gerichtshofs. Dies ist deshalb erstaunlich, da die Drohung im Gegensatz zum Atomwaffeneinsatz selbst seit einigen Jahrzehnten im Rahmen der Abschreckungspolitik praktiziert wird, zur Abschreckungspolitik die Richter jedoch innerhalb ihrer Voten zahlreiche Stellungnahmen abgeben.

Da auch der Gerichtshof nur diese äußerst knappe Feststellung trifft, tauchen in der Literatur bezüglich deren Bedeutung einige Fragen auf.[610] Das Gutachten selbst kann diese Unklarheiten in seiner hier wenig umfangreichen Stellungnahme nicht klären. Durch die Prägnanz der Aussage wird aber klar, daß der Ge-

---

[608] Vgl. oben unter C, II.

[609] Gutachten, Absatz 78.

[610] Vgl. Doswald-Beck, International humanitarian law, S. 35 (59): „*Is it a general principle of law applicable in most national legal systems? ... Does this mean that a threat to violate any rule of humanitarian law is also unlawful in itself?*“...

richtshof die gesetzliche Fixierung der Rechtswidrigkeit der Drohung mit einem Atomwaffeneinsatz dann für überflüssig hält, wenn der Nuklearwaffeneinsatz selbst gegen geltendes Recht verstößt. Aber gerade auch diese an sich sehr klare Darstellung führte ja nur dann zu einer Regelung, wenn der Gerichtshof bezüglich der Völkerrechtskonformität des Atomwaffeneinsatzes zu einer eindeutigen Aussage käme. Bezogen auf das unter 2E des Tenors gefundene Ergebnis, daß nämlich ein Atomwaffeneinsatz *generally* gegen die Grundsätze des humanitären Völkerrechts verstoße, der Gerichtshof aber keine Aussage dazu machen könne, wie es sich in einem extremen Selbstverteidigungsnotfall verhalte, in dem das Überleben des Staates auf dem Spiel stehe, muß hinsichtlich der Vereinbarkeit der Drohung mit einem Atomwaffeneinsatz festgestellt werden, daß nach Einschätzung des Gerichtshofes auch dieser *generally* gegen humanitäres Völkerrecht und das Neutralitätsprinzip verstößt, lediglich im Selbstverteidigungsnotfall keine klare Aussage getroffen werden kann. Bereits die Ankopplung der Drohung an den Einsatz durch Art. 2 Abs. 4 SVN[611] ermöglichte hier jedoch keine andere Aussage.[612] Trotz dieser zwingenden Konsequenz hinsichtlich der Rechtmäßigkeit der Drohung aufgrund der Verknüpfung zwischen Einsatz und Androhung enttäuscht diese Aussage, da sie nicht die erwartete eindeutige, autoritative Stellungnahme des Gerichtshofs zur Abschreckungspolitik offenbart.

Da aber entgegen der Bewertung des Gerichtshofes auch im Selbstverteidigungsnotfall ein Atomwaffeneinsatz jedenfalls gegen das Verbot der Zufügung unnötiger Leiden verstößt,[613] führt dies auch zur Völkerrechtswidrigkeit der Drohung eines Atomwaffeneinsatzes.

---

611 Vgl. oben unter C, II.

612 Der Gerichtshof steht zumindest mit dieser Nicht-Entscheidung hinsichtlich Androhung eines Nuklearwaffeneinsatzes nicht allein. In der Literatur wird des öfteren von der intelektuellen Nichterfaßbarkeit der Thematik berichtet. So stellt Bertram fest: „*Atomare Abschreckung entzieht sich, (...) der intelektuellen Verfeinerung. Sie beruht allein auf der Angst, jedweder militärische Zusammenstoß könnte die Apokalypse auslösen, und auf einem Potential, das hinreichend geschützt ist, um nicht ausgeschaltet werden zu können. Alles andere sind Versuche am untauglichen Objekt.*“ (Bertram, Die Bombe, S. 110 (114f.)) und Holmes: „*The theory of nuclear deterrence, far from being one of the great advances of our time ... is so little understood in its conceptual foundations and so thoroughly confused in its implementation as to be practically useless from the standpoint of the rational, not to mention moral, guidance of policy.*“ (R.L. Holmes, On War and Morality, zit. bei Malaysia, Schriftliche Stellungnahme, S. 19).

613 Siehe oben unter II, 3, b, aa, bbb, (3).

IV. Das Abstimmungsverhältnis in diesem Punkt

Art. 9 des IGH-Statuts bestimmt, daß die Richter des IGH „*...in ihrer Gesamtheit eine Vertretung der großen Kulturkreise und der hauptsächlichen Rechtssysteme der Welt gewährleisten.*" So verhielt es sich auch bei Erstellung des vorliegenden Gutachtens auf der Richterbank.[614] Nicht überraschend ist deshalb, daß die Aussagen des Tenors in vielen Fällen nicht einstimmig gefällt wurden, da sich aus verschiedenen Kulturkreisen oft auch zu unterschiedliche Meinungen entwickeln.[615]

Hinsichtlich der Kernaussage 2E des Tenors, die die Vereinbarkeit mit den Grundsätzen des humanitären Völkerrechts und des Neutralitätsprinzips betrifft, wurde mit Stimmengleichheit abgestimmt, wobei das *casting vote* des Präsidenten entscheidend war[616]. Dieses Abstimmungsergebnis war jedoch nur scheinbar knapp. Als problematisch erwies sich dabei, daß dieser Abschnitt 2E sich aus zwei Einzelfragen zusammensetzte, zum einen nämlich aus der Frage nach der Rechtmäßigkeit des Einsatzes bzw. der Drohung des Einsatzes mit Atomwaffen, zum anderen aus der Frage der Rechtfertigung in einer extremen Selbstverteidigungssituation. Obwohl also zwei getrennte Fragen vorlagen, konnte bei diesem Abschnitt 2E nur mit einer Stimme geantwortet werden. Auf diese Art und Weise kam es zu einer Verschleierung des tatsächlichen Abstimmungsverhältnisses.

Aus den jeweiligen Stellungnahmen kann jedoch entnommen werden, daß die Richter Shahabuddeen, Weeramantry und Koroma nur deshalb gegen die Mehrheitsmeinung stimmten, weil sie ihnen nicht weitreichend genug erschien. Ein weiterer Richter, Oda aus Japan, votierte gegen die Mehrheit, weil er der Meinung war, der Gerichtshof hätte den Antrag auf Erstellung des Rechtsgutachtens ablehnen müssen.[617] Lediglich die Richter Guillaume und Schwebel sowie die Richterin Higgins[618] stimmten für die Rechtmäßigkeit eines Atomwaffeneinsatzes auch über die von der Mehrheit formulierte begrenzte Ausnahme hinaus.

---

[614] Zur Zusammensetzung des richterlichen Kollegiums, siehe 1. Kapitel, A.

[615] Vgl. Gutachten, Absatz 105; hierzu auch Richter Herczegh, Déclaration, S. 275.

[616] Zum ersten Mal in der Geschichte des Internationalen Gerichtshofs konnte eine Entscheidung in einem Gutachtenverfahren nur über die Heranziehung des *casting-vote* getroffen werden. in einem früherem streitigen Verfahren entschied bereits das *casting-vote* des Präsidenten Sir Percy Spencer (Entscheidung vom 18. Juli 1966, *South West Africa Case* (Second Phase), Urteil vom 18. Juli 1966, ICJ Reports 1966, S. 4); für die in diesem Punkt getroffenen Entscheidung stimmten mit Präsident Bedjaoui die Richter Fleischhauer, Vereshchetin, Shi Jiyuyong, Ferrari Bravo, Ranjeva und Herczegh, dagegen mit Vize-Präsident Schwebel die Richter Oda, Guillaume, Shahabuddeen, Weeramantry, Koroma und Higgins.

[617] Vgl. oben, 1. Kapitel, D.

[618] Aus den Atomwaffenstaaten Frankreich, USA Großbritannien.

Verwertet man diese eigentlichen Abstimmungsgründe, so läßt sich ein bereinigtes Quorum von einer Mehrheit von 10 von 13 Richtern für eine grundsätzliche Illegalität erkennen.

In diesem Zusammenhang ist es auch interessant, folgendes Gedankenexperiment zu machen: Wie wäre das Abstimmungsergebnis aufgefallen, wenn die Gutachtenfrage nicht die ursprüngliche mit eben dieser problematischen Verknüpfung gewesen wäre, sondern vielmehr folgendermaßen formuliert worden wäre: „*Is the threat or use of nuclear weapons always prohibited, or might it not be prohibited in an extreme circumstance of self-defence in which the very survival of the State would be at stake?*" Aus den Argumentationen der einzelnen Stellungnahmen der Richter abgeleitet, wäre es vermutlich zu folgendem Abstimmungsergebnis gekommen: Fünf Richter hätten wohl für ein absolutes Verbot gestimmt (Herczegh, Koroma, Ranjeva, Shahabuddeen und Weeramantry), möglicherweise auch der italienische Richter Ferrari Bravo, acht oder eben neun der Richter nur für ein bedingtes Verbot (Bedjaoui, Fleischhauer, Guillaume, Higgins, Oda, Schwebel, Shi Jiyuyong und Vereshchetin).[619] In der Literatur wird das Abstimmungsergebnis deswegen häufig als klares Votum für eine Illegalität aufgefaßt, daß lediglich die Bedenken des Gerichts bezüglich möglicher beträchtlicher politischer Folgen aufgrund einer aussagekräftigeren Entscheidung erahnen läßt.[620]

G. Die Zugabe: Pflicht zum Abschluß eines Vertrages zur nuklearen Abrüstung

I. Die Forderung des Gerichtshofs

Der Antrag der UN-Generalversammlung auf Erstellung des Gutachtens bezog sich im Grunde nur auf die Rechtmäßigkeit bzw. Rechtswidrigkeit des Einsatzes oder der Drohung des Einsatzes von Atomwaffen, nicht jedoch auf die nukleare Abrüstung. Trotzdem hat sich der Gerichtshof hierzu einstimmig geäußert, womit er nach Meinung des Präsidenten seine Befugnisse nicht überschritten hat.[621]

---

619 Vgl. Condorelli, Nuclear weapons, S. 9 (12).

620 Vgl. David, The Opinion, S. 21 (34); vgl. hierzu auch Kapitel 3.

621 Präsident Bedjaoui, Déclaration, S. 273; dieser „Anhang" zum eigentlichen Gutachten ist wohl auch darin begründet, daß einige Staaten im Vorverfahren bereits auf die negativen Auswirkungen des Gutachtens hinsichtlich der nuklearen Abrüstung hinwiesen, vgl. Großbritannien, Schriftliche Stellungnahme, S. 20; der Gerichtshof hatte diese vorbehaltlose Negativ-Relation bereits in Absatz 17 des Gutachtens abgelehnt.

Aus Art. VI NPT[622] schließt der Gerichtshof nicht nur eine Verhandlungspflicht, sondern auch die Pflicht zum Abschluß dieser Verhandlungen. Art. VI NPT fordere „*nuclear disarmament in all its aspects*“[623], was zu verstehen ist, als *totale* und *komplette* Abrüstung.[624]

Diese Aussage ist deswegen außerordentlich hoch einzuschätzen, da sie eine autoritative Interpretation von Art. VI NPT sowie eine Präzisierung dessen „Prinzipien und Ziele“ darstellt, wobei sie inhaltlich weit über diese beiden Dokumente hinausgeht.[625] Der Gerichtshof folgert den Abschluß der Verhandlungen über nukleare Abrüstung aus dem unbestrittenen Prinzip, daß Vertragspflichten nach Treu und Glauben zu erfüllen sind. Der NPT selbst fordert lediglich „*Verhandlungen in gutem Glauben*“, die „Prinzipien und Ziele“ äußern sich bereits eindeutig über das Ziel einer atomwaffenfreien Welt und berauben die Kernwaffenstaaten somit jeglicher Möglichkeit, an die Stelle der völligen nuklearen Abrüstung einen niemals zum Ende kommenden Prozeß zu setzen.

Nach Ansicht von Präsident Bedjaoui betrifft die Verpflichtung zur Nuklearabrüstung jedoch nicht nur - wie vom Gerichtshof wegen der Herleitung aus Art. VI NPT an sich vorgesehen - die 182 Signatarstaaten des Atomwaffensperrvertrages, sondern alle Staaten - somit also auch die sog. Schwellenstaaten Indien, Israel und Pakistan[626] - , da diese Verpflichtung inzwischen gewohnheitsrechtlichen Charakter erlangt habe.[627] Das bedeutet aber auch, daß jeder Staat, der derzeit nicht in die Verhandlungsprozesse zur Erreichung einer umfassenden nuklearen Abrüstung involviert ist, seine ihm durch das Völkerrecht auferlegten Verpflichtungen verletzt.[628] In der Literatur wird darauf hingewiesen, daß der Gerichtshof dies zwar nicht explizit ausdrückt, eine gleiche Einstellung aber durch die Formulierungen zu finden ist, daß „*[v]irtually the whole of [the international] community*“ an der Annahme der UN-Generalversammlungsresolutionen hinsichtlich der Abrüstung beteiligt waren, und den Forderungen aus Art.

622 Art. VI NPT lautet: „*Jede Vertragspartei verpflichtet sich, in redlicher Absicht Verhandlungen zu führen über wirksame Maßnahmen zur Beendigung des nuklearen Wettrüstens in naher Zukunft und zu nuklearen Abrüstung sowie über einen Vertrag zur allgemeinen und vollständigen Abrüstung unter strenger und wirksamer internationaler Kontrolle.*“; weiterführend vgl. Großbritannien, Schriftliche Stellungnahme, S. 6ff.; Woodliffe, Nuclear weapons, S. 84ff..

623 Gutachten, Absatz 99.

624 Vgl. Weiss, And now, abolition, S. 42 (43).

625 Vgl. hierzu auch Ware, Bombs away, S. 18 (19).

626 Vgl. Burroughs, The (Il)legality, S. 3.

627 Präsident Bedjaoui, Déclaration, S. 273.

628 Vgl. hierzu van den Biesen, Foreword, S. ix.

VI NPT nachzukommen „*an objective of vital importance to the whole of the international community today*" sei.[629]

II. Bewertung

Die Forderung des Gerichtshofs wird in der Literatur hoch eingeschätzt, wobei jedoch auch nach dem Philosophen David Hume aus dem 18. Jahrhundert auf dessen Lehre vom „*is-ought fallacy*", d.h. „*one cannot derive an is from an ought*", hingewiesen wird, was bezüglich der vom Gerichtshof auferlegten Abrüstungspflicht darauf hinweisen soll, daß dieser Auftrag des Gerichtshofs nicht die unverzügliche, umfassende Abrüstung garantiert,[630] allein das Gutachten nicht zur Abrüstung auch nur einer einzigen Waffe führt.[631] In diesem Zusammenhang wurde auch kritisiert, daß der Gerichtshof hinsichtlich der Abrüstungsverpflichtung keine Zeitvorgaben oder Verhandlungsmodifikationen vorgegeben hat oder etwa genauer festgelegt hat, was unter „*wirksame Maßnahmen*" oder „*strenge und internationale Kontrolle*" i.S.d. Art. VI NPT zu verstehen ist. Dieses Versäumnis wurde der Mutmaßung zugrunde gelegt, daß die Aufforderung des Gerichtshofes keinerlei praktische Folgen haben wird.[632]

Weiterhin hat der Gerichtshof die nukleare Abrüstung von der allgemeinen, die notwendigerweise immer noch nebeneinander stehen, getrennt, womit die Kernwaffenstaaten nicht mehr die Möglichkeit haben, das Gebot der gänzlichen nuklearen Abrüstung zu leugnen, solange die allgemeine Abrüstung nicht voran kommt.[633]

Dennoch bleibt es abzuwarten, wie sich die nukleare Abrüstung in Zukunft entwickelt. Eine Kausalität des Gutachtens wird in jedem Fall nur schwerlich nachzuweisen sein.

III. Abschließende Betrachtung

Möglicherweise ist aber dieser Aufruf der umfassenden atomaren Abrüstung die eigentliche Antwort auf die von der UN-Generalversammlung im Gutachtenantrag gestellte Frage und wurde deshalb vom IGH noch am Ende des Gutachtens

---

[629] Burroughs, The (Il)legality, S. 50.
[630] Vgl. McNeill, The International Court of Justice, S. 103 (104).
[631] Piotrowicz, The World Court, S. 959 (962).
[632] Matheson, The Opinion, S. 417 (421).
[633] Vgl. Neuseeland, Verbatim Record, S. 36f.; so auch Bothe, Nuklearstrategie, S. 249 (258); Fujita, The Advisory Opinion, S. 56 (64); Müller, Das Gutachten, S. 261 (272).

plaziert. Richter Fleischhauer weist in seiner Stellungnahme darauf hin, daß auf lange Sicht der durch die Erfindung der Atomwaffe geschaffene Konflikt zwischen grundlegenden Bedürfnissen der Staaten und höchsten Werten, nur in effektiver Reduzierung und Kontrolle atomarer Rüstung sowie einem verbesserten System kollektiver Sicherheit zu finden sei.[634] In der Tat, auch dies ist eine Lösung der Gutachtenfrage, denn Waffen, die nicht mehr existieren, können auch nicht so eingesetzt werden, daß ein Verstoß gegen das Völkerrecht vorliegt.[635]

H. Zusammenfassung

Nach Abschluß der Analyse der völkerrechtlichen Prüfung des IGH läßt sich feststellen, daß dem Gerichtshof mit zwei Ausnahmen zugestimmt werden kann: Die erste Ausnahme bilden die Giftwaffenverbote. Der Gerichtshof hat entgegen der zu bevorzugenden Ansicht, allerdings juristisch weitgehend nachvollziehbar Atomwaffen nicht als Giftwaffen eingeschätzt.

Problematisch ist die zweite Ausnahme, die durch die *non liquet*-Entscheidung gebildet wird. Es konnte gezeigt werden, daß diese Aussage einer juristischen Prüfung nicht standhält, vielmehr scheint der Gerichtshof mit dieser Aussage jedem gerecht werden zu wollen.[636]

Ein derart diplomatisches Vorgehen wurde bereits vor mehreren tausend Jahren als Lösung einer juristischen Frage geschätzt. So erzählt Herodot in seinen Historien[637] die Geschichte des Königs Kambyses. Diesem wurde auf die Frage, ob er seine Schwester heiraten dürfe, geantwortet: *„Sie fänden kein Gesetz, das für einen Bruder die Heirat mit seiner Schwester gutheiße. Ein anderes Gebot aber hätten sie gefunden: Dem Perserkönig sei es erlaubt zu tun, was er wolle.“*[638] So hält auch der Gerichtshof einen Atomwaffeneinsatz mit den Grundsätzen des humanitären Völkerrechts und dem Neutralitätsprinzip schwer vereinbar, kann aber keine endgültige Entscheidung treffen, wie es sich in einem ex-

---

634 Richter Fleischhauer, Separate Opinion, S. 310; Indian, Schriftliche Stellungnahme zum Antrag der WHO-Versammlung, S. 18.

635 Vgl. auch Richter Koroma, Dissenting Opinion, S. 581f.; Richter Vereshchetin, Declaration, S. 280.

636 Vgl. auch David, The Opinion, S. 21 (21f.).

637 Beschreibung der Geschichte Griechenlands bis 479 a.Chr.n., v.a. der Perserkriege.

638 Φάμενοι νομόν οὐδένα ἐξευρίσκειν ὅς κελεύει ἀδελφεῇ συνοικέειν ἀδελφεόν, ἄλλον μέντοι ἐξευρηκέναι νόμον, τῶ βασιλεύοντι Περσέων ἐξεῖναι ποιέειν τὸ ἂν βούληται, Herodot, Historien, Buch III, 31, 4, deutsche Übersetzung von Josef Feix, bei Färber, Falter, Herodot, Historien, S. 389.

tremen Selbstverteidigungsnotfall verhält.[639] Herodot erklärte die Antwort, die die Richter Kambyses gegeben hatten, schließlich folgendermaßen: „*So hoben sie einerseits aus Furcht vor Kambyses das Gesetz nicht auf; um andererseits durch hartnäckiges Festhalten am Brauch ihr Leben nicht aufs Spiel zu setzen, zogen sie ein* anderes *Gesetz hervor, das ihm die Geschwisterehe ermöglichte.*“[640] Auch der IGH weist auf die Probleme hin, die sich hinsichtlich der Vereinbarkeit mit dem humanitären Völkerrecht und dem Neutralitätsprinzip im Falle eines Nuklearwaffeneinsatzes ergeben, „*zieht aber ein anderes Gesetz hervor*“, nämlich das des extremen Selbstverteidigungsnotfalls, in dem das Überleben des Staates auf dem Spiel steht, um somit doch sowohl den Atomwaffengegnern als auch den Befürwortern gerecht zu werden.[641]

Im dritten Kapitel wird schließlich nach den Ursachen für eine derart zurückhaltende Entscheidung durch den Gerichtshof, wie die des *non liquets*, geforscht.

---

639 Gutachten, Absatz 105 2E.

640 οὔτω οὔτε τὸν νόμον ̓έλυσαν δείσαντες Καμβύσεα, ̔ίνα τε μὴ αὐτοί ἀπόλωνται τὸν νόμον περιστέλλοντες, παρεξεῦρον άλλον νόμον σύμμαχον τῶ θέλοντι γαμέειν ἀδελφεάς, Herodot, Historien, Buch III, 31, 4, deutsche Übersetzung von Josef Feix, bei Färber, Falter, Herodot, Historien, S. 389.

641 Vgl. auch Mendlowitz, Merav, Advisory Opinion, S. 653 (662f.); ausführlich hierzu das 3. Kapitel.

3. Kapitel: Die Grenzen der Gerichtsbarkeit

Nachdem im ersten Kapitel das Verfahren im Vorfeld des Gutachtens dargestellt wurde und im zweiten Kapitel die einzelnen Prüfungen des IGH analysiert wurden, soll hier nun nach der im zweiten Kapitel offen gebliebenen Frage der Ursache für die juristisch nicht nachvollziehbare *non liquet*-Entscheidung gesucht werden, um eine umfassende Einschätzung des Gutachtens in verschiedene Richtungen zu ermöglichen.

A. Die richterliche Zurückhaltung im gewaltenteilenden Rechtsgefüge

Hilfreich könnte vorliegend der Blick auf verschiedene Verfahren vor anderen Gerichten sein, die ebenfalls in Zusammenhang mit Atomwaffen standen und in denen vergleichsweise zurückhaltend judiziert wurde. Bei diesen zunächst in Betracht kommenden Verfahren handelt es sich zum einen um den Prozeß anläßlich der Klage der französischen Sektion von Greenpeace vor dem französischen Conseil d'Etat wegen der 1995 wiederaufgenommenen französischen Atomversuche sowie zum anderen um eine Klage verschiedener Bewohner Tahitis vor dem Gericht erster Instanz der Europäischen Gemeinschaften aus dem gleichen Anlaß. Die Verfahren sollen zunächst dargestellt werden, um die richterliche Zurückhaltung mehr oder weniger eindeutig feststellen bzw. herausarbeiten zu können. Schließlich soll nach der Ursache für diese zurückhaltenden Entscheidungen gesucht werden, um hier möglicherweise Rückschlüsse für die *non liquet*-Entscheidung des Atomwaffengutachtens des IGH treffen zu können.

I. Fallbeispiele

Am 5. September 1995 kündigte der französische Präsident Jaques Chirac eine Testreihe von acht Atomversuchen[642] im Südpazifik an, deren Ablauf am 7. September 1995 schließlich von Alain Juppé vor dem Institut des hautes études

[642] Diese Zahl ist schließlich herabgesetzt worden, vgl. insbesondere die Rede des Präsidenten auf CNN am 23. Oktober 1995, in der er die Zahl der Versuche auf sechs reduzierte, vgl. Grand, Force de frappe, S. 474 (482); zur Definition vgl. Müller, Dembinski, Schaper, Atomarer Teststopp, S. 5.

de défense nationale vorgetragen wurde.[643] Dem folgte ein Sturm weltweiten Protests.[644] Offiziell wurde die Notwendigkeit der Tests mit der Überprüfung der Verläßlichkeit der in Zukunft als Ersatz für Atomversuche fungierenden Computersimulationen begründet,[645] die rechtzeitig vor Inkrafttreten des CTBT[646] beendet werden sollten. Es wurde jedoch vermutet, daß der wirkliche Grund in der Erprobung neuer atomarer Sprengköpfe zu sehen sei.[647]

1. Die Klage der französischen Sektion von Greenpeace vor dem Conseil d'Etat

Am 25. Juli 1995 reichte die französische Sektion von Greenpeace beim Conseil d'Etat[648] eine verwaltungsgerichtliche Klage ein, da sie der Meinung war, durch die Wiederaufnahme der Versuche mißbrauche der Präsident sein Ermessen. Ein Ermessensmißbrauch liege deshalb vor, weil Frankreich durch die Wiederaufnahme der Versuche gegen Normen des Umweltrechts verstoße. Klageziel war, ein Verbot der Wiederaufnahme der Tests zu erreichen.[649]

---

643 Der vollständige Text der Rede ist abgedruckt in: „*Défense nationale*", November 1995, S. 7.

644 Vgl. auch die Reaktion des deutschen Außenministers Dr. Klaus Kinkel, anderer EU-Mitglieder, des amerikanischen Präsidenten, des australischen Premierministers und des japanischen Außenministers , sowie zahlreiche Veröffentlichungen durch die Presse, abgedruckt bei Schaper, Müller, Fatale Versuche, S. 34ff. und die Entschließung des Europäischen Parlaments vom 15. Juni 1995, abgedruckt in EuGRZ 1995, S. 435.

645 Zur Versuchsanordnung vgl. Bothe, Challenging French Nuclear Tests, S. 253 (253); weiterführend auch Schaper, Technischer Sprengsatz, S. 13ff..

646 Weiterführend zur Entstehung des CTBT und den Problemen im Vorfeld vgl. Joeck, York, Die Geschichte, S. 51ff.; Müller, Dembinski, Schaper, Atomarer Teststopp, S. 1ff.; Schaper, Der Umfassende Teststoppvertrag, S. 1ff.; Wellmann, Der künftige Atomteststop-Vertrag, S. 46ff..

647 Rauf, French Nuclear Testing, S. 49 (49).

648 Der Conseil d'Etat ist in seiner *Section du contentieuse* oberstes Verwaltungsgericht in Frankreich, für einige Streitigkeiten, d.h. bei besonders schwerwiegenden Streitigkeiten oder wenn der Streit über den Zuständigkeitsbereich des Verwaltungsgerichts hinaus geht, ist er jedoch einzige Instanz, vgl. Constantinesco, Hübner, Einführung, S. 15ff.; Sonnenberger, Einführung, S. 133.

649 Vgl. hierzu Marauhn, Oellers-Frahm, Atomwaffen, S. 221 (223f.).

a) Die Entscheidung des Gerichts

Am 19. September 1995 wies der Conseil d'Etat die Klage ab, da seiner Ansicht nach die Wiederaufnahme der Versuche einen *acte de gouvernement*, worunter ein justizfreier Hoheitsakt zu verstehen ist, darstelle:

> „*Considérant que le Président de la République a, le 13 juin 1995, rendu publique sa décision de procéder, en préalable à la négociation d'un traité international, à la reprise d'une série d'essai nucléaires: que ces essais avaient été suspendus en avril 1992 au soutien d'une initiative diplomatique de la France portant sur le désarmement nucléaire, et que ce moratoire avait été prolongé en juillet 1993 après que les principales puissances nucléaires eurent elles-mêmes annoncé la suspension de leurs propres essais qu'ainsi la décision attaquée n'est pas détachable de la conduite des relations internationales de la France et échappe, par suite, à tout contrôle juridictionnel; que la juridiction administrative n'est, dès lors, pas compétente pour connaître de la requête de l'association Greenpeace France tendant à l'annulation pour excès de pouvoir de cette décision.*"[650]

Die Wiederaufnahme der Versuche sei ein Akt außenpolitischer Natur, da sie in untrennbarem Zusammenhang mit dem Abschluß des künftigen CTBT stehe, weiterhin da sie gleichsam den *actus contrarius* zum *acte de gouvernement* von 1992, der Einstellung der damaligen Atomversuche, darstelle. Im letzteren Fall handele es sich aber zweifelsohne um einen *acte de gouvernement*, da ein direkter Zusammenhang mit dem Beitritt Frankreichs zum NPT und zu verschiedenen Abrüstungsabkommen bestehe.[651]

b) Der acte gouvernement

Diese Entscheidung des Conseil d'Etat stieß wegen der Einstufung der Ankündigung des Präsidenten als *acte de gouvernement*, und somit der Lokalisierung der Wiederaufnahme der Versuche im lediglich internationalen, außenpolitischen Bereich auf heftige Kritik.

---

[650] Conseil d'Etat, Urteil vom 29. September 1995, Association Greenpeace France, AJDA 1995, S. 749.

[651] Vgl. auch Marauhn, Oellers-Frahm, Atomwaffen, S. 221 (223f.).

Die Theorie vom *acte de gouvernement*, die hier Ursache der Klageabweisung war, ist auch im amerikanischen Recht als *political question*-Doktrin bekannt.[652] Dieser Lehre im einzelnen auf den Grund zu gehen, würde hier zu weit führen, auf ein Minimum zusammengefaßt kann eine Vorstellung gewonnen werden durch die Beschreibung, daß solche Hoheitsakte justizfrei sind, die *„sich auf den Wesenskern der politischen Macht in der Demokratie und ihrer Ausübung durch die dazu bestimmten Staatsorgane, auf die Souveränität und auf die Art und Weise der Regierungsführung beziehen.“*[653] Zugrunde liegt diesem differenzierenden Rechtsverständnis die Gewaltenteilung, der gerade in Frankreich große Bedeutung zukommt.[654] Auch im Rahmen der Festlegung einer Materie als *acte de gouvernement* geht es wiederum um die Abgrenzung zwischen dem rechtlichen und politischen Charakter. Bereits im ersten Kapitel wurde die schwierige Differenzierung im Rahmen dieser Thematik beschrieben.[655] Es handelt.sich um ein äußerst sensibles Problem, da häufig eine genaue Abgrenzung zwischen rechtlichen und politischen Fragen gerade nicht möglich ist. In nicht eindeutigen Fällen führt dies zu einer Abwägung zwischen den Interessen, die sich in Zusammenhang mit der Gewaltenteilung ergeben, und denjenigen, die aus der Forderung nach einer Gesetzmäßigkeit der Legislative abgeleitet werden. So wurde denn auch vorliegend in Frage gestellt, ob der Blickwinkel des Conseil d'Etat nicht zu eng gewesen sei, da die Landesverteidigung ebenso wie Fragen des Umweltpolitik vorrangig nationale Beziehungen beträfen.

Diese allgemeinen Bewertungen finden Bestätigung durch die neuere französische Rechtsprechung. Der Conseil d'Etat hatte in verschiedenen Fällen erklärt, daß ein *acte de gouvernement* dann zumindest zum Teil einer gerichtli-

---

[652] Weiterführend, auch im Bezug des Lösungsansatzes in der Bundesrepublik vgl. Blumenwitz, Verfassungsbeschwerde, S. 520ff.; ders., Judicial self-restraint, S. 464ff.; Engelen, Die „Political Question Doctrin“, S. 1ff.; Massey, Constitutional Law, S. 53ff.; Piazolo, Verfassungsgerichtsbarkeit, S. 55ff.; Schwarz, Die verfassungsrechtliche Kontrolle, S. 65ff..

[653] Löwenstein, Verfassungsrecht, S. 432; weiterführend vgl. Auvret-Finck, Les actes, S. 131ff.; Cayla, Le contrôle, S. 1ff.; Engelen, Die „Political Question Doctrin“, S. 1ff. (bezüglich den USA).

[654] Conseil d'Etat, Urteil vom 20.2.1989, M. Allain c. Président de la République, RFDA 1989, S. 868ff.; vgl. hierzu Marauhn, Oellers-Frahm, Atomwaffen, S. 221 (223), die darauf hinweisen, daß das französische Recht keine gerichtliche Kontrolle für bereits verkündete Gesetze vorsieht, und auch die Prüfung durch ein Gericht zwischen Annahme und Verkündung des Gesetzes äußerst gehobenen Voraussetzungen unterliegt; dem Conseil Constitutionnel obliegt lediglich die Kompetenz zur präventiven Verfassungskontrolle, vgl. Hecker, Europäische Integration, S. 25.

[655] Vgl. oben, 1. Kapitel, D, 2.

chen Kontrolle unterliege, wenn ein rechtlicher Gesichtspunkt abstrakt vom Gesamtzusammenhang betrachtet werden kann, der sog. *acte detachable*.[656] Bezogen auf den vorliegenden Fall wäre beispielsweise eine gerichtliche Prüfung der umweltrechlichen Verpflichtungen Frankreichs in Zusammenhang mit der Wiederaufnahme der Atomtests in Betracht gekommen.

c) Zusammenfassung

Ohne hier eine abschließende Entscheidung treffen zu wollen, ob die Einstufung als *acte de gouvernement* zutreffend war oder vielmehr vorliegend eine abstrakte Prüfung als *acte detachable* möglich bzw. von Nöten gewesen wäre, kann jedenfalls festgestellt werden, daß im französischen Recht generell von der Existenz justizfreier Hoheitsakte ausgegangen wird, die hier die Verweigerung einer Entscheidung ermöglichte.

2. Das Verfahren vor dem Gericht erster Instanz der Europäischen Gemeinschaften

Wegen der Wiederaufnahme der französischen Atomversuche 1995 kam es außerdem[657] zu einem Verfahren vor dem Gericht erster Instanz der Europäischen Gemeinschaften. Auch dieses judizierte mit äußerster Zurückhaltung.

Nachdem Frankreich die Wiederaufnahme der Tests angekündigt hatte, wurde in der Europäischen Kommission die Frage aufgeworfen, ob Frankreich aufgrund der Gefährlichkeit der Versuche einen Antrag nach Art. 34 Abs. 1 Euratom-Vertrag[658] zu stellen habe. Weiterhin sollte festgestellt werden, ob aufgrund der Auswirkung der Versuche auf das Gebiet anderer Mitgliedstaaten, vorlie-

---

[656] Vgl. hierzu Conseil d'Etat, Urteil vom 15.10.1993, Royame-Uni de Grand-Bretagne et d'Irlande du Nord et Gouverneur de la Colonie royale de Hong Kong, Affaire Saniman, RUDH 1994, S. 217ff.; Maugüe, Schwartz, Chronique générale, S. 82ff..

[657] Ein dritter Fall wird unter B, III, 3 besprochen. Nicht näher eingegangen wird auf zwei weitere, als Folge der Wiederaufnahme der französischen Atomtests 1995 entstandene Verfahren. Zum einen handelt es sich hier um die Klage mehrerer Polynesier vor dem UN-Menschenrechtsausschuß (Beschwerde Nr. 645/1995; Vaihere Bordes und John Temeharo gegen Frankreich, abgedruckt in HRLJ 1997, S. 36ff.) zum anderen vor der Europäischen Kommission für Menschenrechte (E 28204/95, Noël Narvii Tauira und andere gegen Frankreich, DR 83, 112, abgedruckt auch in RUDH 1996, S. 315ff.).

[658] Vertrag zur Gründung der Europäischen Atomgemeinschaft (EURATOM), BGBl. 1973 II, S. 1014.

gend die Pitcairn-Inseln[659], eine Zustimmung der Kommission nach Art. 34 Abs. 2 Euratom-Vertrag notwendig sei.[660] Am 28. Juli 1995 forderte das Europäische Parlament die Kommission deshalb auf, auf die Einhaltung der Vorschriften der Art. 34f. Euratom-Vertrag zu achten,[661] woraufhin im August 1995 Sachverständige Frankreichs und der Kommission zusammentraten. Die Kommission entsandte schließlich ein Expertenkomitee zum Testgelände, um Forschungen bezüglich der Gefährlichkeit der Tests zu unternehmen. Dieses war jedoch aufgrund des schwierigen Zugangs zu Informationen nur mäßig erfolgreich. Auch aufgrund des Protests im Europäischen Parlament gab die Kommission später bekannt, daß sie nicht in der Lage sei festzustellen, ob die Voraussetzungen von Art. 34 Euratom-Vertrag vorliegend erfüllt seien.[662]

a) Die Entscheidung des Gerichts

Durch diesen Beschluß fühlten sich drei Einwohner Tahitis, Ms. Danielsson, Mr. Largenteau und Mr. Haoa, in ihren durch die Europäischen Gemeinschaften zugestandenen Rechten verletzt und erhoben am 2. Dezember 1995 vor dem Gericht erster Instanz der Europäischen Gemeinschaften eine Nichtigkeitsklage gem. Art. 146 Euratom-Vertrag unter anderem wegen Verletzung ihrer Rechte aus Art. 30 Euratom-Vertrag sowie Art. 6 und Art. 13 EMRK[663]. Weiterhin stellten sie einen Antrag auf vorläufigen Rechtsschutz gem. Art. 157, 158 Euratom-Vertrag. Das Gericht erster Instanz lehnte durch Beschluß des Präsidenten vom 22. Dezember 1995 den durch die Kläger angestrebten einstweiligen Beschluß gem. Art. 158 Euratom-Vertrag jedoch wegen Unzulässigkeit ab.[664]

---

[659] Die ca. 800 bis 1000 km entfernt gelegene Insel Pitcairn wird von Nachfahren der Meuterer der H.M.S. Bounty bewohnt; zu den Pitcairn-Inseln gehören noch drei weitere unbewohnte Inseln, vgl. Encyclopaedia Britannica, Bd. 9, S. 474.

[660] Art. 34 Euratom-Vertrag lautet: „*Jeder Mitgliedstaat, in dessen Hoheitsgebiet besonders gefährliche Versuche stattfinden sollen, ist verpflichtet, zusätzliche Vorkehrungen für den Gesundheitsschutz zu treffen; er hat hierzu vorher die Stellungnahme der Kommission einzuholen. Besteht die Möglichkeit, daß sich die Auswirkungen der Versuche auf die Hoheitsgebiete anderer Mitgliedstaaten erstrecken, so ist die Zustimmung der Kommission erforderlich.*“

[661] EU-Nachrichten vom 28. Juli 1995, S. 5.

[662] Amtsblatt der Europäischen Gemeinschaften, Verhandlungen des Europäischen Parlaments, Sitzungsprotokoll 1995/96, 24.10.1995, S. 32f..

[663] BGBl 1952 II, S. 685, 953.

[664] Vgl. Entscheidung des Präsidenten des Gerichts erster Instanz der Europäischen Gemeinschaften vom 22. Dezember 1995, Rechtssache T-219/95 R, Marie-Thérèse Danielsson,

Die Kläger seien nur insofern betroffen, wie auch alle anderen Einwohner der Gegend, die Entscheidung betreffe die Kläger somit nicht „*unmittelbar und individuell*" i.S. des Art. 146 Abs. 4 Euratom-Vertrag.[665]

b) Analyse

Um hier nun eine evt. richterliche Zurückhaltung herausarbeiten zu können, ist nun zu klären, inwiefern diese Entscheidung gebilligt werden kann. Augenmerk wird hier insbesondere auf Art. 34 Euratom-Vertrag und die Klagebefugnis gerichtet.

aa) Die Voraussetzungen von Art. 34 Euratom-Vertrag

aaa) Art. 34 Abs. 1 Euratom-Vertrag

Eine Stellungnahme der Kommission nach Art. 34 Abs. 1 Euratom-Vertrag wäre dann erforderlich, wenn es sich um einen „*besonders gefährlichen Versuch (...)*" handelte. Die Kommission umschreibt die besondere Gefährlichkeit eines Versuchs folgendermaßen:

> „*[A]n experiment was to be regarded as particularly dangerous for the purposes of that article if it presented a perceptible risk of significant exposure of workers or the general public to ionizing radiation. An experiment involving the explosion of a nuclear device might entail such a risk and could therefore be regarded, in certain circumstances, as „particularly dangerous",*"[666]

und stellte schließlich fest: „*Even in the worst hypothesis, a scientific assessment showed that the basic standards would be met*", die Versuche somit nicht als gefährlich i.S. des Art. 34 Abs. 1 Euratom-Vertrag einzustufen seien.[667] Diese Definition wurde als unzureichend eingestuft, da eine mittelbare Beeinträch-

---

Pierre Largentau und Edwin Haoa gegen die Europäische Kommission, unterstützt durch Frankreich, abgedruckt in HRLJ 1996, S. 453ff..

665 Vgl. hierzu Bothe, Challenging French Nuclear Tests, S. 253 (255); Marauhn, Oellers-Frahm, Atomwaffen, S. 221 (224); Toutain, A Current Case, S. 153 (154f.).

666 Siehe Fn. 664, Absatz 12.

667 Ebd., Absatz 13.

tigung durch die Kontamination von Atmosphäre, Ozean und Festland nicht berücksichtigt wird.[668]

Fraglich ist nun, ob die Zündung eines Atomsprengsatzes in ca. 1000 m unter NN und somit unter dem Korallengestein als besonders gefährlicher Versuch gem. Art. 34 Abs. 1 Euratom-Vertrag einzustufen ist. Probleme bereitet bei einer Prüfung nicht nur die unterschiedliche Auffassung hinsichtlich der Definition, sondern auch die Ermittlung tatsächlicher Werte. Obwohl Frankreich gem. Art. 35ff. Euratom-Vertrag eine Informationspflicht gegenüber der EU-Kommission bezüglich der Atomversuche hat, und obwohl die EU-Kommission erst kurz zuvor um gebührende Berichterstattung gebeten hatte[669], lagen zum Zeitpunkt der Entscheidung der EU-Kommission hinsichtlich Art. 34 Euratom-Vertrag keine offiziellen Daten – auch nicht zu den bisherigen Versuchen – bei der EU-Kommission vor.

Nach wissenschaftlichen Berichten weist das Gestein des Testsgebiets jedoch bereits Risse auf und droht, durch jede Detonation noch poröser zu werden.[670] Die tatsächliche Gefahr ist aber nur schwer einzuschätzen, da Untersuchungen auf dem Testgebiet jeweils nur für kurze Zeiträume zugelassen wurden. Jedenfalls aber wiesen von Greenpeace gesammelte Plankton-Proben außerhalb der Zwölf-Meilen-Schutzzone, Spuren des radioaktiven Isotops 134 von Cäsium auf.[671]

In die Überlegung, ob es sich um besonders gefährliche Versuche handelt, müssen auch mögliche Störfälle mit einbezogen werden. Die Notwendigkeit dessen ergibt sich bereits aus einem sich am 25. Juli 1979 ereignenden Unfall, bei dem ein atomarer Sprengsatz auf eine Tiefe von nur 400 anstatt 1000 m herabgelassen werden konnte, es aber dennoch zu einer Detonation kam.[672]

Eine Einschätzung der Versuche als besonders gefährlich erscheint deshalb notwendig. Auch wenn das ganze Ausmaß der Tests aufgrund der französischen Informationspolitik – die ja so gesehen erst recht eine Überwachung nach Art. 34ff. Euratom-Vertrag herausfordert - zum Zeitpunkt des Verfahrens nicht festgestellt werden konnte, berechtigt dies jedenfalls nicht zu der Annahme, die Versuche als ungefährlich zu deklarieren.

---

668 Ebd., Absatz 42.

669 Vgl. EU-Nachrichten vom 28. Juli 1995, S. 5.

670 Atkinson, H.R. , Report of a New Zealand, Australia, Papua New Guinea Scientific Mission to Mururoa Atoll, New Zealand 1984, zit. bei Gillespie, The 1995 nuclear tests cases, S. 200.

671 Siehe Buske, Radioactivity, S. 3.

672 Worm, Moruroas, S. 7; zu dem Unfall vom 25. Juli 1979 vgl. auch McEwan, Environmental Effects, S. 74 (81).

bbb) Art. 34 Abs. 2 Euratom-Vertrag

Eine Zustimmung der Kommission ist gem. Art. 34 Abs. 2 Euratom-Vertrag dann erforderlich, wenn die Möglichkeit besteht, daß sich Auswirkungen der Versuche auf andere Hoheitsgebiete erstrecken. In Betracht kommt hier das Gebiet der Pitcairn-Inseln[673], die letzte noch verbliebene britische Kolonie im Pazifik sind.

Fraglich ist jedoch, ob sich die Auswirkungen der französischen Atomversuche auf die Pitcairn-Inseln erstrecken. Im Rahmen einer gedanklichen Verknüpfung drängen sich hier die im 2. Kapitel im Rahmen des Neutralitätsprinzips gemachten Erwägungen auf. Dort wurde festgestellt, daß ein Atomwaffeneinsatz neutrales Territorium nicht zwingend verletzt.[674] Zu klären ist, ob vorliegend deshalb angenommen werden muß, daß die Voraussetzungen des Art. 34 Abs. 2 Euratom-Vertrag nicht gegeben sind. Die Überlegungen zum Neutralitätsprinzip können auf die hier zu untersuchenden Atomversuche jedoch deshalb nicht angewendet werden, weil die Voraussetzungen vorliegend andere sind. Hier geht es nicht um eine prinzipielle rechtliche Würdigung, in die jede Rechtfertigung mit einbezogen werden muß, sondern, wie Art. 34 Abs. 2 Euratom-Vertrag formuliert, ist eine Zustimmung der Kommission bereits dann erforderlich, wenn „*die Möglichkeit ... besteht*", daß fremdes Territorium verletzt wird. Entscheidendes Gewicht kommt vorliegend im Gegensatz zum 2. Kapitel deshalb – geht man nicht ohnehin von der generellen nicht zu kontrollierenden Anwendbarkeit der Versuche aus – auch unvorhergesehenen Unfällen, wie beispielsweise dem oben geschilderte aus dem Jahr 1979 zu. Die Reaktorkatastrophe von Tschernobyl 1986 führte überaus deutlich vor Augen, daß die Auswirkungen sich auch auf fremde Hoheitsgebiete erstrecken, mitunter auch solche, die 800 bis 1000 km oder weiter entfernt sind. Eine Zustimmung der Kommission gem. Art. 34 Abs. 2 Euratom-Vertrag wäre deshalb erforderlich gewesen.

Geht man hier entgegen aller vorgebrachten Bedenken dennoch davon aus, daß die Auswirkungen der Versuche andere Mitgliedstaaten nicht belasten, sind jedoch jedenfalls die Voraussetzungen für Art. 34 Abs. 1 Euratom-Vertrag gegeben, d.h. insofern hätte die Klage Aussicht auf Erfolg gehabt.

---

673 Zum räumlichen Anwendungsbereich des Euratom-Vertrages im Bezug auf die Pitcairn-Inseln als britisches Hoheitsgebiet, vgl. Art. 198 Abs. 3 lit. c Euratom-Vertrag in Verbindung mit Anhang IV zum EWG-Vertrag, BGBl. 1972 II, S. 1157.

674 Vgl. oben, 2. Kapitel, F, II, 3, b, aa, bbb (4).

bb) Die Klagebefugnis

Zu prüfen ist nun weiterhin, ob die Entscheidung des Gerichts insofern gebilligt werden kann, als daß den Klägern keine Klagebefugnis zustand. Derjenige, der nicht Adressat einer Maßnahme ist, ist nach ständiger Rechtsprechung des Europäischen Gerichtshofs nur dann von dieser Maßnahme individuell betroffen, wenn sie ihn wegen bestimmter individueller Eigenschaften oder besonderer, ihn aus dem Kreis der übrigen Personen hervorhebender, Umstände berührt und ihn somit in vergleichbarer Weise wie den Adressaten einer Maßnahme betrifft.[675] Das Gericht erster Instanz stellte vorliegend fest: „*[T]he contested decision concerns the applicants only in their objective capacity as residents of Tahiti, in the same way as any other person residing in Polynesia*",[676] und weist darauffolgend hin, daß die Kläger keinen Nachweis dafür erbracht hätten, daß die Atom-Tests sie in irgendeiner Weise gegenüber den anderen Bewohnern Polynesiens individualisierten. Die Kommission könne jedoch nicht „*take into consideration the particular situation of each individual resident and worker within the geographical area concerned by a given experiment unless there are specific grounds for taking such considerations into account in the light of the objectives envisaged.*"[677]

Auch wenn es zunächst nachvollziehbar erscheint, daß eine Klagebefugnis nur dann anerkannt werden kann, wenn der Kläger in besonderer Weise gegenüber anderen beschwert ist, ergibt sich daraus vorliegend eine nur schwer zugängliche Logik: „*The more individuals are affected by a polluting activity, the less there is 'individual concern'.*"[678] Diese Überlegung zeigt, daß die besondere Individualisierung innerhalb einer Gruppe allein nicht sinnvolles Abgrenzungsmerkmal zur Annahme einer Klagebefugnis im Hinblick auf Vermeidung einer *actio popularis* sein kann; zumal diese enge Auslegung der Klagebefugnis im Gemeinschaftsrecht mit Hinblick auf wirtschaftsverwaltungsrechtliche Sachverhalte vorgenommen wurde.[679] Wenn eine Gruppe derart ernste und irreparable Schäden davontragen kann, wie sie durch radioaktive Kontamination entstehen, kann eine Individualisierung aus dieser Gruppe heraus nicht Maß aller Dinge zur Feststellung der Klagebefugnis sein, zumal Art. 130r Abs. 2

---

[675] EuGH- Plaumann/Kommission, Slg.1963, 213 (238); EuGH–Piraiki-Patraiki/Kommission, Slg. 1985, 207 (242); EuGH- RAR/Rat, Slg. 1989, 2049; vgl. auch Beutler, Bieber, Pipkorn, Streil, Die Europäische Union, S. 269ff.; Krück in von der Groeben, Thiesing, Ehlermann, Kommentar zum EWG-Vertrag, § 173, Rn. 57ff..

[676] Siehe Fn. 664, Absatz 70.

[677] Siehe Fn. 664, Absatz 74.

[678] So Bothe, Challenging French Nuclear Test, S. 253 (255).

[679] Marauhn, Oellers-Frahm, Atomwaffen, S. 221 (224f.).

EGV[680] im Rahmen der Umweltpolitik der Gemeinschaft auch Vorsorge und Vorbeugung verlangt. Das Gericht erster Instanz ist hier auf den Trend der Berücksichtigung eines individuellen Rechts auf eine gesunde Umwelt nicht eingegangen.

cc) Abschließende Bewertung

Zusammenfassend kann festgestellt werden, daß zum einen der Entscheidung der Kommission hinsichtlich Art. 34 Euratom-Vertrag kritisch gegenüber getreten werden muß, weiterhin, im vorliegenden Fall die gewöhnlich im Europarecht herangezogenen Kriterien zur Begründung der Klagebefugnis nicht geeignet waren, eine möglicherweise tatsächlich bestehende Beschwer der Kläger festzustellen. Die Entscheidung des Gerichts erster Instanz der Europäischen Gemeinschaften berücksichtigte die sich so bietende Problematik des vorliegenden Falls nicht ausreichend und erscheint allzu restriktiv. Eine frühzeitige Beendigung des Verfahrens aus politischen Gründen liegt nahe.[681] Abgeleitet werden kann aus dieser Entscheidung jedoch zunächst, daß nicht generell, wie beispielsweise im französischen und amerikanischen Recht, ausdrücklich von einer Justizfreiheit von Hoheitsakten ausgegangen wird, vielmehr die richterliche Zurückhaltung zeitweise auch nach Außen hin in ein anderes Gewand eingekleidet wird.

II. Rückschlüsse auf die non liquet-Entscheidung des IGH

Es drängt sich nun die Frage auf, inwiefern aus diesen eben dargestellten Verfahren bereits Rückschlüsse auf die Zurückhaltung des IGH im Atomwaffengutachten gezogen werden können. Bleibt eine Kritik der *non liquet*-Entscheidung bereits deshalb verwehrt, weil der IGH immerhin die rechtliche Begutachtung der Problematik nicht bereits im vornherein generell versagt hat? Eine solche Schlußfolgerung aus dem Verfahren vor dem Conseil d'Etat und dem Gericht erster Instanz der Europäischen Gemeinschaften böte sich nur dann an, wenn dieser Vergleich zwischen dem IGH auf der einen Seite und dem Conseil d'Etat und dem Gericht erster Instanz auf der anderen Seite auf einer gemeinsamen Vergleichsgrundlage basierte.

---

680 BGBl. 1957 II, S. 766.

681 Vgl. FAZ vom 1. August 1995, S. 5 „Sind Atomtests „besonders gefährlich"?": „*Kraftprobe mit Frankreich*".

Wesentlicher Unterschied zwischen den Rechtsprechungsorganen der ersten gebildeten Gruppe und dem IGH ist jedoch, daß der Conseil d'Etat als Gericht eines Staates und das Gericht erster Instanz der Europäischen Gemeinschaften jeweils Bestandteil eines Gebildes sind[682], in dem verschiedene Gewalten zur Funktion einer Gemeinschaft zusammenarbeiten, der IGH aber als Rechtsprechungsorgan nicht einer derartigen Gemeinschaft, deren Judikative er ist, begleitet von Exekutive und Legislative, zugeordnet ist.[683]

Es soll hier deshalb zunächst der Frage auf den Grund gegangen werden, inwiefern sich die Einbindung in eine staatliche oder gemeinschaftliche, jedenfalls eben eine Funktionseinheit, auf derart politische relevante Themen in der Rechtsprechung auswirkt, um schließlich die Frage entscheiden zu können, ob hiervon Rückschlüsse auf die Entscheidung des IGH gezogen werden können.

1. Die Gewaltenteilung als Ursache der richterlichen Zurückhaltung

In den demokratischen Grundordnungen, worauf heute zahlreiche Staaten bzw. Rechtsgefüge basieren und die hier Vergleichsgrundlage sein sollen, wurde eine Aufteilung der staatlichen Gewalt auf verschiedene Träger – der Gewaltenteilungsgrundsatz - Fundament des Systems. Jene Trennung dient der Beschränkung staatlicher Macht. Diese Maxime des Rechtsgefüges lebt v.a. davon, daß jede der Gewalten ihre Kraft autark von den anderen ausübt, dennoch andererseits ein funktionales und wechselseitiges Miteinander stattfindet. Aufgabe der Gerichtsbarkeit ist es hierbei, Streitigkeiten anhand spezifischen Rechts und in richterlicher Unabhängigkeit zu entscheiden, was zum einen dem Rechtsschutz des einzelnen Bürgers dienen soll, im vorliegenden Zusammenhang aber wichtiger, v.a. die Kompetenzordnung des Staates wahren soll. Im Verhältnis zu den anderen Gewalten ist die Judikative deshalb primär Kontrolle, nicht jedoch politisches Aktionsorgan und Staatsleitung, wenngleich der Rechtsprechung, innerhalb einzelner Staaten v.a. der Verfassungsgerichtsbarkeit, häufig auch eine politisch konstruktive Funktion zukommt. Festzuhalten ist dennoch, daß die politische Gewalt grundsätzlich anderen Trägern zugeordnet ist.[684]

Aus dieser Aufgabenzuweisung an die Gerichtsbarkeit zeichnet sich bereits eine Problematik des Rechtsstaats demokratischer Prägung ab: regelmäßig fin-

682 Hinsichtlich der EU siehe Wefelmeier, Der internationale und der europäische Gerichtshof, S. 36ff..

683 Vgl. Mosler, Der Internationale Gerichtshof, S. 16.

684 Degenhart, Staatsrecht, Rn. 220; Doehring Staatsrecht, S. 197ff.; Hesse, Grundzüge, Rn. 482ff.; Schwarz, Die verfassungsgerichtliche Kontrolle, S. 54ff.; Stern, Staatsrecht I, S. 792ff..

det sich eine enge Verzahnung von Politik und Recht, die eine Trennung erschwert. Dann stoßen zwei Grundprinzipien des Systems aufeinander, zum einen die dringende Forderung nach der Gewaltenteilung, zum anderen der Ruf nach dem Primat des Rechts, wonach auch jede politische Handlung am geltenden Recht gemessen werden muß.[685] Einerseits muß die politische Gestaltung sich also im Rahmen der Gesetze bewegen und Gerichtsentscheidungen sind ohne Rücksicht auf die jeweiligen Vorstellungen verschiedener politischer Lager zu realisieren. Andererseits ist die Teilung der Gewalten insofern zu wahren, daß die Gerichtsbarkeit sich nicht „fremde" Aufgaben, beispielsweise die des Parlaments, anmaßt. Anliegen der Rechtsprechung ist es deshalb v.a. bezüglich außenpolitisch relevanter Materien insofern auch, daß der Staat sich zumindest nach außen hin mit nur einer Stimme artikuliert, um nicht an Glaubwürdigkeit einzubüßen.[686]

Daraus folgt, daß die Gerichtsbarkeit im Rahmen eines Verfahrens nicht nur die Rechtmäßigkeit der zu prüfenden Handlung zu kontrollieren hat, sondern auch Augenmerk auf die Folgen ihrer Entscheidung richten muß.[687] Ergebnis dieser regelmäßigen Verzahnung von Recht und Politik ist dann aber, wie an den eben besprochenen Fallbeispielen erkannt werden konnte, daß die Gerichtsbarkeit sich äußerste Zurückhaltung auferlegt, da sie sich ihrer Aufgabe bewußt ist, die ja im Grundsatz darin besteht, *„nicht zu agieren, sondern zu reagieren, nicht politisch zu streiten, sondern rechtlich zu schlichten (...)"*.[688]

Es besteht deswegen die Notwendigkeit, diese Grundsätze für allgemeine Leitlinien der Rechtsprechung umzusetzen. Eine diesbezügliche Umsetzung fand in den einzelnen Staaten naturgemäß auf verschiedene Art und Weise statt, hat jedoch in zahlreichen Rechtssystemen ihren Platz gefunden unter dem Begriff des *judicial self restraint.*[689]

2. Rückschlüsse hinsichtlich der Rechtsprechung des IGH

Eben diesen Beschränkungen aufgrund der Gewaltenteilung ist der IGH infolge seiner Autonomie jedoch nicht unterworfen. Wie bereits oben angesprochen ist der Internationale Gerichtshof ein *„organsationsrechtlich isoliertes Instrument*

---

685 Vgl. Stern, Außenpolitischer Gestaltungsspielraum, S. 12.
686 Vgl. hierzu Piazolo, Verfassungsgerichtsbarkeit, S. 43.
687 Schuppert, Die verfassungsgerichtliche Kontrolle, S. 158.
688 Merten, Demokratischer Rechtsstaat, S. 773 (776).
689 Zur Auslegung des Begriffs im einzelnen vgl. Piazolo, Verfassungsgerichtsbarkeit, S. 63, weiterhin auch Blumenwitz, Judicial self-restraint, S. 520 (520); hinsichtlich der Lösungsansätze beispielsweise in den USA und der Bundesrepublik siehe die Verweise in Fn. 652.

gerichtlich wahrnehmbarer Funktionen"[690]. Auch wenn die UN-Charta die Aufgaben der verschiedenen Organe der Vereinten Nationen miteinander verbindet, sind doch die Funktionen des IGH nicht institutionell mit denen der Vereinten Nationen verknüpft.[691] Daraus ergibt sich schließlich, daß die Problematik der richterlichen Selbstbeschränkung, hergeleitet aus der Gewaltenteilung, wie das nationale Recht sie mit sich bringt, dem IGH zunächst fremd ist. Der IGH ist aufgrund seines Statuts verpflichtet, „*rechtliche*" Fragen zu entscheiden. Wie bereits im ersten Kapitel im Rahmen der Annahme des Gutachtenantrags dargestellt wurde, hindert auch die politische Implikation einer Frage nicht das Tätigwerden des IGH. Dem muß auch so sein, da es im internationalen Recht eine Ausnahme darstellt, wenn ein Sachverhalt überhaupt keine politischen Bezüge aufweist. Der IGH hat sich diesen Herausforderungen grundsätzlich gestellt.[692] Selbst im Gutachtenverfahren, das dem Gerichtshof die Möglichkeit bietet, eine Erstattung aus „*compelling reasons*" abzulehnen, nimmt der Gerichtshof diese ihm durch sein Statut gegebene Möglichkeit bislang nicht wahr, um eine Judizierung zu verweigern.

3. Zwischenergebnis

Abschließend kann somit festgestellt werden, daß die Verfahren vor dem Conseil d'Etat und vor dem Gericht erster Instanz der Europäischen Gemeinschaften keine Rückschlüsse auf die zurückhaltende *non liquet*-Entscheidung des IGH zulassen, da die Problematik, die sich aus der Zuordnung der Gerichte zu den verschiedenen Systemen ergibt, jeweils derart unterschiedlich ist, daß sie einen Vergleich nicht ermöglicht.

B. Die Grenzen der Gerichtsbarkeit des IGH

Wie eben festgestellt wurde, unterliegt der Gerichtshof somit keiner sich aus einer Gewaltenteilung ergebenden Beschränkung. Um so mehr überrascht schließlich die *non liquet*-Aussage des Gerichtshof im Atomwaffengutachten. Der Gerichtshof hat den Gutachtenantrag angenommen, wie es seine Pflicht nach dem Statut ist. Worin liegt aber der Grund, daß er in der relevantesten Fra-

---

690 So Wefelmeier, Der internationale und der europäische Gerichtshof, S. 38.

691 Ebd..

692 Vgl. hierzu die Zusammenstellung der hochpolitischen Fälle der jüngeren Zeit vor dem IGH bei Mosler, Der Internationale Gerichtshof, S. 15.

ge der Bewertung, obwohl, wie gezeigt werden konnte, die rechtliche Möglichkeit besteht, zu keinem Ergebnis kommen konnte? Auch hier ist nach den Gründen - wie bereits hinsichtlich des Verfahrens vor dem Conseil d'Etat und dem Gericht erster Instanz der Europäischen Gemeinschaften – in dem System zu suchen, dem der IGH als Rechtsprechungsorgan zugeordnet ist.

Augenmerk soll diesbezüglich zunächst auf die Möglichkeiten des Vollzugs der Entscheidungen des IGH gerichtet werden.

I. Das Vollzugsdefizit

Art. 94 Abs. 1 SVN bestimmt: „*Jedes Mitglied der Vereinten Nationen verpflichtet sich, bei jeder Streitigkeit, in der es Partei ist, die Entscheidung des Internationalen Gerichtshofs zu befolgen.*" Es drängt sich jedoch die Frage auf, welche Konsequenzen sich ergeben, wenn ein Staat sich dem Spruch des IGH nicht beugen will. Die Problematik liegt darin, daß das Völkerrecht keine zentrale Instanz wie den Nationalstaat vorsieht, der eine Einhaltung der Rechtsprechung überwacht oder gegebenenfalls erzwingt.[693]

1. Die mangelnde Bindungswirkung der Gutachten

Bevor aber nähere Ausführungen hinsichtlich der Schwierigkeiten des Vollzugs der Entscheidungen in der internationalen Gerichtsbarkeit gemacht werden, stellt sich zunächst die Frage, ob hierin überhaupt eine Ursache für die zurückhaltende Entscheidung des IGH im Atomwaffen-Gutachten gesehen werden kann, d.h. ob die Problematik der Durchsetzbarkeit der Entscheidungen auch im Hinblick auf die vom Gerichtshof erstellten Gutachten betrachtet werden muß.

Art. 59 IGH-Statut legt fest: „*Die Entscheidung des Gerichtshofs ist nur für die **Streitparteien** und nur in bezug auf die Sache **bindend**, in der entschieden wurde.*" (Hervorhebungen nachträglich), weiterhin bestimmt der bereits zitierte Art. 94 Abs. 1 SVN „*Jedes Mitglied der Vereinten Nationen verpflichtet sich, bei jeder Streitigkeit, **in der es Partei ist**, die Entscheidungen des Internationalen Gerichtshofs zu befolgen.*" (Hervorhebung nachträglich). Kritiker berufen sich deshalb darauf, daß den Gutachten des Gerichtshofs keine Bindungswirkung zukommt. Fraglich ist jedoch, ob eine durch das IGH-Statut bestimmte Bindungswirkung entscheidend für eine tatsächliche Befolgung der durch den

[693] Vgl. Däubler, Stationierung, S. 15f.; Mosler, Der Internationale Gerichtshof, S. 17; siehe bereits oben hinsichtlich der sich nicht ergebenden Probleme mangels einer Gewaltenteilung im nationalen Sinn.

IGH aufgestellten Forderungen ist, d.h. ob vorliegend deswegen ein mögliches Vollzugsdefizit in der internationalen Gerichtsbarkeit nicht erörtert werden braucht, da das IGH-Statut die Bindungswirkung der Gutachten ohnehin nicht vorsieht, ein Vollzugsdefizit hier deswegen nicht als Ursache für die zurückhaltende Entscheidung des IGH im Atomwaffen - Gutachten angesehen werden kann.

Die Vereinigten Staaten entzogen sich 1986 im *Nicaragua*-Fall[694] der damals bindenden Entscheidung des IGH, auch den im März 1999 durch Klage der Bundesregierung angestrebten Prozeß wegen der Hinrichtung der Brüder La-Grand vereitelten die USA durch vorzeitige Exekution der Verurteilten, obschon sie im Vergleich zum *Nicaragua*-Fall sich hier nicht durch Nichtbeteiligung entziehen können, da auch die USA die Zuständigkeit des Gerichtshofes für Streitigkeiten aus dem Wiener Übereinkommen über konsularische Beziehungen im Fakultativ-Protokoll vom 24. April 1963[695] anerkannt haben.[696]

Ob also eine Entscheidung des IGH von einem ständigen Mitglied des UN-Sicherheitsrats respektiert wird oder nicht, hängt somit nicht davon ab, ob sie formell Bindungswirkung entfaltet oder nicht.[697] Da aber gerade die fünf ständigen Mitglieder des UN-Sicherheitsrates auch die Kernwaffenstaaten sind, liegt eine Wirkung der Entscheidung des Atomwaffengutachtens vor allem an diesen Staaten.

Demnach sind die im Folgenden gemachten Ausführungen bezüglich der Vollzugsproblematik im internationalen Recht auch hinsichtlich der Gutachtenverfahren relevant.

2. Der UN-Sicherheitsrat als Vollzugsorgan

Zu klären ist nun deshalb, auf welche Instrumente zurückgegriffen werden kann, wenn eine Partei die Entscheidung des IGH nicht befolgen will.

Im klassischen Völkerrecht, wie es bis 1919 existierte, hatte die im Prozeß siegende Partei das Recht, die Entscheidung gegenüber dem Gegner selbst durchzusetzen. Zu Zeiten des Völkerbundes sah Art. 13 Abs. 4 der Völkerbundsatzung[698] vor, daß der Völkerbundrat im Falle der Nichtausführung eines

---

694 *Case concerning military and paramilitary activities in and against Nicaragua*, Urteil vom 20. Juni 1986, ICJ Reports 1986, S. 14ff..

695 BGBl. 1969 II, S. 1585; Kern des Streites ist Art. 36 dieses Abkommens.

696 Vgl. hierzu Hipp, Schlamp, Simons, Selbstgerechte Supermacht, S. 196 (198); Leyendekker, Warten, S. 2 (2); Müller, Der Fall LaGrand, S. 13 (13); Prandl, Letztes Mittel, S. 2 (2).

697 Fagan Ginger, The opinion, S. 455 (459).

698 RGBl. 1919, S. 716.

Schieds- oder Gerichtsspruches eine Maßnahme vorzuschlagen habe, um der Gerichtsentscheidung Geltung zu verschaffen. Innerhalb der Vereinten Nationen nun bestimmt Art. 94 Abs. 2 SVN, daß sich der im Prozeß siegende Staat an den Sicherheitsrat wenden kann, der nötigenfalls Empfehlungen aussprechen oder auch über Maßnahmen entscheiden kann, um dem Urteil des Gerichtshofs so Wirkung zu verleihen. Die Vollstreckung einer Entscheidung durch die siegende Partei selbst wie es im klassischen Völkerrecht gehandhabt wurde, wäre nur schwerlich mit dem allgemeinen Gewaltverbot des Art. 2 Abs. 4 SVN vereinbar.[699]

Im heute geltenden Völkerrecht der Vereinten Nationen gibt es somit für den Gerichtshof keine Vorschrift, aufgrund derer er seine Entscheidungen selbst durchzusetzen vermag, vielmehr ist – wie bereits erwähnt - der UN-Sicherheitsrat durch Art. 94 Abs. 2 SVN bevollmächtigt, den Entscheidungen des Gerichtshofs nötigenfalls unter Zwang Wirkung zu verschaffen: „*Kommt eine Streitpartei ihren Verpflichtungen aus einem Urteil des Gerichtshofs nicht nach, so kann sich die andere Partei an den Sicherheitsrat wenden; dieser kann, wenn er es für erforderlich hält, Empfehlungen abgeben oder Maßnahmen beschließen, um dem Urteil Wirksamkeit zu verschaffen.*"

a) Die Frage der Kompetenzprobleme zwischen Gerichtshof und Sicherheitsrat bei einem Tätigwerden des Sicherheitsrats nach Art. 94 Abs. 2 SVN

Fraglich ist, ob der Sicherheitsrat, wenn er aufgrund des Art. 94 Abs. 2 SVN tätig wird, zu einer juristischen Überprüfung der Entscheidung des IGH berechtigt ist. Wäre dies der Fall, könnten Schwierigkeiten innerhalb der Kompetenzabgrenzung zwischen Sicherheitsrat und Gerichtshof entstehen. Möglicherweise ist eine zurückhaltende Entscheidung des Gerichtshofs deshalb bereits darin begründet, daß anderenfalls eine rechtliche Prüfung durch den Sicherheitsrat zu befürchten ist, die dem Ansehen des Gerichtshofs schaden könnte.

Eine solche rechtliche Überprüfung der IGH-Entscheidung durch den UN-Sicherheitsrat im Rahmen des Art. 94 Abs. 2 SVN widerspräche jedoch der „Rollenverteilung" innerhalb der Vereinten Nationen. Gem. Art. 92 SVN ist der Internationale Gerichtshof „*Hauptrechtsprechungsorgan der Vereinten Nationen*", vgl. auch Art. 1 IGH-Statut. Bezüglich einer Überprüfung seiner Entscheidungen durch die UN-Generalversammlung wurde deshalb anläßlich verschiedener Fälle die diesbezügliche Souveränität des Gerichtshofs festgestellt:

[699] Wehberg, Goldschmidt, Der Internationale Gerichtshof, S. 37.

„[T]he Assembly would not pass upon the reasoning of the Court. (...) In accepting the Court's opinion on the question submitted to it, this Assembly would not necessarily accept any particular argument or implication of the Court's opinion. It would neither commend nor criticize the Court on its reasoning. This is no more our function than to commend or criticize those Member States who in the past have contended for their varying views on the question before this Committee or before the Court. We would merely accept the precise answer of the Court on the precise question the Assembly put to it.

The draft resolution anticipates the General Assembly performing a function which is proper to it. The General Assembly is not a court. It is not a judicial organ of the United Nations, as Article 92 of the Charter describes the International Court of Justice. It is not the function of this Assembly - and certainly not of this Committee - to act as a court to review the International Court of Justice. To do so would be to depart from the Charter's clear intention. When the Court's opinion is asked, establishment and interpretation of the law, in the design of the Charter, is the function of the Court".[700]

Deutlich wird hierdurch, daß die Überprüfung einer Entscheidungen des IGH durch ein anderes Organ der Vereinten Nationen, sei es nun die Generalversammlung oder der Sicherheitsrat, mit der Aufgabenzuweisung und dem System der Vereinten Nationen nicht zu vereinbaren ist.[701]

Wird der Sicherheitsrat nach Art. 94 Abs. 2 SVN tätig, führt dies somit nicht zu einer rechtlichen Überprüfung der betreffenden Entscheidung des IGH. Zu Kompentenzproblemen zwischen dem Sicherheitsrat und dem Gerichtshof und den daraus resultierenden Schwierigkeiten kommt es folglich hier nicht.

Da in der Verfahrensordnung des UN-Sicherheitsrats kein gesonderter Hinweis auf Art. 94 Abs. 2 SVN erfolgt,[702] ist zu schließen, daß Art. 94 Abs. 2 SVN

---

[700] U.S. Del. to UN General Assembly, Press Release No. 4112 at 3 (1962), zit. bei Gross, The Future, S. 278f., sowie *Certain Expenses of the United Nations (Article 17, paragraph 2 of the Charter)*, Gutachten vom 20. Juli 1962, ICJ Reports 1962, S. 151.

[701] Vgl. hierzu auch oben, 1. Kapitel, B, II; in unwahrscheinlichen, extremen Fällen ist an eine Ausnahme zu denken.

[702] Regel Nr.3 dieser Verfahrensordnung lautet:
„The President shall call a meeting of the Security Council if a dispute or situation is brought to the attention of the Security Council under Article 35 or under Article 11 (3) of the Charter, or if the General Assembly makes recommendations or refers any question to the Security Council under Article 11 (2), or if the Sec-

dem Sicherheitsrat nicht als selbständige Ermächtnisgrundlage dient. Deswegen ist auch bei einem Tätigwerden des Sicherheitsrats nach Art. 94 Abs. 2 SVN von dem gewöhnlichen Prozedere im Sicherheitsrat auszugehen, d.h. der Sicherheitsrat nimmt die Thematik in seine Tagesordnung auf, wird sich um eine politische, nicht rechtliche Lösung der Frage bemühen und gem. Art. 36 Abs. 1 SVN um Streitbeilegung durch Verhandlungen, Untersuchungen und Vermittlungen anstreben, vgl. Art. 33 Abs. 1 SVN. Sind diese Bemühungen erfolglos geblieben, bestehen die Möglichkeiten der Sanktionen nach Art. 41f. SVN.[703]

b) Die praktische Relevanz des Sicherheitsrats als Vollzugsorgan

Im Folgenden soll nun dargestellt werden, inwiefern sich die Staaten bislang den Entscheidungen des Internationalen Gerichtshof widersetzt haben und welche Rolle der Sicherheitsrat in diesen Fällen gespielt hat, um möglicherweise hier Vollzugshilfe zu leisten.

aa) Corfu Channel-Fall

Bereits im ersten streitigen Verfahren vor dem IGH fügte sich Albanien nicht der Entscheidung des Gerichtshofs. Dem Fall lag folgender Sachverhalt zugrunde: Am 15. Mai 1946 wurden zwei Kriegsschiffe der britischen Marine auf ihrer Fahrt durch den Korfu-Kanal, der zwischen Albanien und dem Norden der Insel Korfu verläuft, von albanischer Seite beschossen, ohne jedoch getroffen zu werden. Während die britische Regierung im anschließenden Notenwechsel davon ausging, daß die Meerenge ohne weiteres passiert werden dürfe, verlangte Albanien eine vorherige Ankündigung und Erlaubnis seinerseits. Um die albanische Haltung zu erproben, schickte Großbritannien am 22. Oktober 1946 wiederum vier Kriegsschiffe durch den Korfu-Kanal, wovon zwei nun durch Minen zerstört wurden und erhebliche Verluste unter der Besatzung sowie schwere Schäden an den Schiffen entstanden. Der IGH entschied im *Corfu Channel*-Fall[704], daß zu Friedenszeiten Staaten ihre Kriegsschiffe durch Meerengen schicken dürfen, wenn es sich dabei um Wege handelt, die für die inter-

---

retary-General brings to the attention of the Security Council any matter under Article 99."
(UN-Sicherheitsrat, Verfahrensordnung I (S/96/Rev. 5), abgedruckt auch mit weiteren Hinweisen bei Gross, The Future, S. 277.

[703] Vgl. ebd. S. 281.

[704] *Corfu Channel Case*, Merits, Entscheidung vom 4. April 1949, ICJ Reports 1949, S. 4ff..

nationale Seefahrt von Bedeutung seien, wovon im Fall des Korfu-Kanals auszugehen sei. Die britischen Schiffe hätten deswegen nicht die Souveränität des albanischen Staates verletzt und Albanien sei daher für die Schäden, die Toten und die Verletzten verantwortlich. Entscheidend sei, daß Albanien Kenntnis von dem Minenfeld gehabt habe, was die Verpflichtung zur Bekanntgabe und Warnung zur Folge gehabt hätte. In einer weiteren Entscheidung in diesem Verfahren[705] verurteilte der Gerichtshof Albanien deshalb zu Schadensersatzzahlungen gegenüber Großbritannien. An diesem Verfahren nahm Albanien jedoch nicht teil, und weigerte sich außerdem, den Schadensersatzforderungen nach zu kommen.[706]

Großbritannien wandte sich jedoch damals nicht an den UN-Sicherheitsrat, um den Vollzug dieses Urteils zu erzwingen, sondern griff vielmehr zu anderen Methoden, um an die geforderte Summe zu kommen: Albanien hatte vor dem zweiten Weltkrieg Goldreserven zur Währungsstabilisierung in Rom deponiert. Im Jahre 1943 wurden auf deutsche Veranlassung 2338 Kilogramm des Goldes nach Berlin geschafft, das jedoch bei Kriegsende von den Alliierten sichergestellt werden konnte. Teil III des Pariser Reparationsabkommens vom 14. Januar 1946 regelte die Verteilung des gesamten in Deutschland aufgefundenen Währungsgoldes in der Weise, das jedes Land den durch Deutschland verursachten Verlust durch einen seinem Anteil entsprechenden Teil des Goldes ausgeglichen bekommen sollte. Bezüglich des ehemals in Rom eingelagerten albanischen Goldes machte aber auch Italien Ansprüche geltend.[707] Die USA, Frankreich und Großbritannien als Besatzungsmächte einigten sich deshalb insofern, als daß bei Zuweisung des Goldes durch ein ernanntes Schiedsgericht an Albanien, die albanische Regierung mit diesem Gold ihre Schulden aus dem *Corfu Channel*-Fall bezahlen sollte, wenn nicht innerhalb von 90 Tagen Albanien oder Italien sich gegen diese Zuweisung wandten. Italien ging jedoch gegen die Zuweisung des Goldes vor. Dies führte zu dem *Case of the Monetary Gold Removed from Rome,*[708] in dem der Gerichtshof mangels Zustimmung Albaniens in der Sache jedoch nicht entscheiden konnte, was schließlich dazu führte, daß das Gold bis auf weiteres in London von den drei Mächten verwahrt wurde. Im Mai 1992, nachdem ein Regimewechsel in Albanien stattgefunden hatte, und die di-

---

[705] *Corfu Channel Case*, Assessment of Amount of Compensation, Entscheidung vom 5. Dezember 1949, ICJ Reports 1949, S. 244ff..

[706] Vgl. hierzu Bernhardt, Corfu Channel Case, S. 831 (832f.); ders., Korfu Kanal-Fall, S. 313 (313ff.) mit zahlreichen weiteren Verweisen.

[707] Italien gründete seinen Anspruch auf die Enteignung der albanischen Nationalbank im Jahre 1945, an der es zu diesem Zeitpunkt zu 88,5 % beteiligt war.

[708] *Case of the Monetary Gold Removed from Rome*, Entscheidung vom 15. Juni 1954, ICJ Reports 1954, S. 19ff..

plomatischen Beziehungen zwischen Albanien und dem Vereinigten Königreich wieder aufgenommen worden waren, konnte eine Vereinbarung erzielt werden, aufgrund derer schließlich die gesamte Summe von Albanien gezahlt wurde.[709]

Hier wurde also nicht, wie an sich durch Art. 94 Abs. 2 SVN vorgesehen, der Sicherheitsrat zum Vollzug der *Corfu Channel*-Entscheidung tätig, sondern die drei Mächte versuchten vielmehr vereint, durch Selbsthilfe auf wirtschaftlichem Wege Großbritannien zu seinem Recht zu verhelfen.

bb) Anglo-Iranian Oil Company-Fall

Auch in einem weiteren Fall, in dem eine der Parteien, vorliegend der Iran, sich weigerte, der Anordnung des IGH zu folgen, wurde der Sicherheitsrat nicht tätig, um den Vollzug der Entscheidung zu erzwingen. Streitgegenstand des in dem 1951 von Großbritannien vor den IGH gebrachten Falls war ein am 29. Mai 1933 in Kraft getretener Konzessionsvertrag zwischen dem Iran (damals „Persien") und der britischen Anglo-Iranian Oil Company (damals „Anglo-Persian Oil Company"), dessen Vorgänger zu Zeiten des Völkerbundes zu erheblichen Spannungen zwischen Großbritannien und dem Iran geführt hatte. Diese Vereinbarung von 1933 sah u.a. vor, daß die Konzession zunächst bis 1993 fortbestehen sollte und nur unter Einschaltung eines Tribunals eine vorherige Beendigung möglich sein solle. Nach weiteren Unstimmigkeiten zwischen Großbritannien und dem Iran eskalierte der Streit schließlich 1951, als der Iran die zitierte Vereinbarung durch die Verstaatlichung der Ölindustrie brach. Großbritannien wandte sich deshalb an den IGH, der in einer einstweiligen Anordnung festsetzte, daß keine der Parteien etwas unternehmen dürfe, was die Lage weiterhin verschlechtere.[710] Der Iran bestritt hier die Zuständigkeit des Gerichtshofs und leistete auch der Anordnung nicht Folge. Großbritannien wandte sich deshalb an den UN-Sicherheitsrat, um den Vollzug der Anordnung des IGH gegenüber dem Iran zu erreichen, was schließlich zu erheblichen politischen Schwierigkeiten führte. Die so im Sicherheitsrat erzeugte Problematik wurde aber von den Ereignissen im Iran und vor dem Gerichtshof überholt, so daß sich der Sicherheitsrat dazu entschloß, die Frage hintanzustellen, bis der Gerichtshof seine Zuständigkeit in dieser Angelegenheit festgestellt habe. Der Gerichtshof

---

[709] Vgl. hierzu Bernhardt, Monetary Gold-Fall, S. 545 (545ff.); Rosenne, The World Court, S. 44, 181f.; Wühler, Monetary Gold Case, S. 445 (445ff.) mit zahlreichen weiteren Verweisen.

[710] *Anglo-Iranian Oil Co.*, Interim Protection, Entscheidung vom 5. Juli 1951, ICJ Reports 1951, S. 89ff..

erklärte sich schließlich am 22. Juni 1952 für nicht zuständig.[711] Ein Tätigwerden des Sicherheitsrats nach Art. 94 Abs. 2 SVN hatte sich somit erübrigt.

Politische Veränderungen im Iran ermöglichten schließlich im Sommer 1954 die Beendigung des Streits durch Abschluß eines Vertrags mit einem neuen Öl-Konsortium.

cc) Right of Passage over Indian Territory-Fall

Anstoß des Streits, der zu dem hier weiterhin relevanten Fall des *Right of Passage over Indian Territory* führte, waren die damals portugiesischen Gebiete Goa, Daman und Diu auf der indischen Halbinsel. Zu Daman gehörten Dadra und Nagar-Aveli, die zu diesem Zeitpunkt ausschließlich von indischem Hoheitsgebiet umschlossen waren. Um 1950 kam es zwischen Indien, das diese Gebiete im Zuge der Ausmergelung der letzten Spuren europäischer Kolonisation auf dem indischen Subkontinent annektieren wollte, und Portugal zu Spannungen. Die Transitrechte, die Portugal bis zu diesem Zeitpunkt hinsichtlich seiner Gebiete auf der indischen Insel hatte, wurden 1953 von Indien beschränkt. Im Sommer 1954 besetzten indische Nationalisten schließlich Dadra und Nagar-Aveli, nahmen Angehörige der lokalen Behörden fest und setzten an Stelle derer indische Behörden ein. Im Anschluß daran untersagte Indien außerdem Portugal, indisches Hoheitsgebiet zu passieren, um zu diesen portugiesischen Gebieten zu gelangen. Als Portugal um die Erlaubnis ersuchte, Soldaten und Angehörige des portugiesischen Staates in die besetzten Gebiete zu entsenden, um die portugiesische Herrschaft dort wiederherzustellen, untersagte Indien Portugal ein Passieren indischen Hoheitsgebiets mit dem Ziel, auf diesem Wege die portugiesischen Enklaven erreichen zu können. Portugal wandte sich deswegen am 22. Dezember 1955 an den IGH. Nach einem vorläufigen Verfahren[712] entschied der Gerichtshof in der Hauptsache schließlich, daß Portugal berechtigt sei, indische Gebiete zu passieren, jedoch nur Privatpersonen betreffend.[713] Die indische Regierung lehnte das Urteil des Gerichtshofs zwar nicht ausdrücklich ab, überging es aber insofern, als sie die portugiesischen Gebiete

---

[711] *Anglo-Iranian Oil Co.*, Entscheidung vom 22. Juli 1952, ICJ Reports 1952, S. 93ff.; vgl. hierzu Bernhardt, Anglo-Iranian Oil-Fall, S. 60 (60f.); Dolzer, Anglo-Iranian Oil Company Case, S. 167 (167f.) mit zahlreichen weiteren Verweisen; Rosenne, The World Court, S. 44, 178f..

[712] *Right of Passage over Indian Territory*, Preliminary Objections, Entscheidung vom 26. November 1957, ICJ Reports 1957, S. 125ff..

[713] *Right of Passage over Indian Territory*, Merits, Entscheidung vom 12. April 1960, ICJ Reports 1960, S. 6ff..

ohne weiteres 1961 annektierte. Die Frage, die Portugal ursprünglich an den Gerichtshof gerichtet hatte, wurde somit überholt. Ein Ersuchen Portugals an den Sicherheitsrat blieb erfolglos. 1974 erkannte Portugal die Annexion schließlich an, so daß auch hier nicht der Sicherheitsrat, sondern politische Verhandlungen den Konflikt beendeten.[714]

dd) Fisheries Jurisdiction-Fälle

Ein weiteres Beispiel für die Nichtbefolgung einer Entscheidung durch den IGH ist das Verhalten Islands auf die Entscheidungen zu den *Fisheries Jurisdiction*-Fällen. Großbritannien und Deutschland hatten jeweils vor dem IGH geklagt, weil Island beabsichtigte - nachdem Deutschland und Großbritannien schließlich unter gewissen Einschränkungen der ursprünglichen eigenmächtigen Erweiterung der isländischen Fischfangzone von vier auf zwölf Meilen zugestimmt hatten[715] - diese Zone auf 50 Meilen zu erweitern. Der IGH entschied diesbezüglich[716], daß Island es zu unterlassen habe, gegen deutsche und britische Fischerboote in dieser 50 Meilen Zone vorzugehen, Deutschland und Großbritannien dagegen ein Kontingent von jeweils 119 000 und 170 000 Tonnen Fisch jährlich nicht überschreiten dürften.[717] Während sich Deutschland und Großbritannien der Entscheidung des IGH fügten, weigerte sich Island dies zu tun.

Deutschland und Großbritannien verzichteten jedoch darauf, den UN-Sicherheitsrat um Vollzugshilfe nach Art. 92 Abs. 2 SVN zu bitten. Wie im *Corfu Channel*-Fall[718] einigte man sich auch hier schließlich auf diplomatisch bzw. wirtschaftlichem Wege: Nachdem Irland seine Fischfangzone 1975 auf 200 Meilen erweitert hatte, stimmten Deutschland und Großbritannien dem unter dem Vorbehalt zu, daß ihnen geringe Rechte innerhalb dieses Bereichs blieben. 1977 schließlich wurden die 200 Meilen Zonen unter den Staaten der Europäischen Wirtschaftsgemeinschaft grundsätzlich anerkannt, dieser wurden endlich auch die Kompetenz hinsichtlich des Fischfangs außerhalb heimischer

---

[714] Vgl. hierzu Rosenne, The World Court, S. 44, 187f.; Weber, Right of Passage, S. 244 (244ff.) mit zahlreichen weiteren Verweisen.

[715] 409 UNTS 47; 397 UNTS 275.

[716] *Fisheries Jurisdiction* (Vereinigtes Königreich gegen Island) Interim Protection, Entscheidung vom 17. August 1972, ICJ Reports 1972, S. 12ff.; *Fisheries Jurisdiction* (Bundesrepublik Deutschland gegen Irland), Interim Protection, Entscheidung 17. August 1973, ICJ Reports 1972, S. 30ff.; in beiden Verfahren folgten inhaltlich gleiche Entscheidungen, vgl. die Zusammenstellung bei Jaenicke, Fisheries Jurisdiction Cases, S. 386 (388f.).

[717] Die Zahlen orientierten sich an den Raten der vorausgegangenen Jahre.

[718] Siehe oben unter aa.

Gewässer übertragen. Die Entscheidung des IGH erübrigte sich somit, gleichzeitig auch ein Tätigwerden des Sicherheitsrats nach Art. 94 Abs. 2 SVN.[719]

ee) United States Diplomatic and Consular Staff in Teheran-Fall

Gegenstands des Streits, als dessen Folge der Iran sich nicht der Anordnung des Gerichtshofs fügte, waren amerikanische Geiseln, die militärische Einheiten in Teheran am 4. November 1979 gefangen genommen hatten. Dies stellte die Eskalation der Spannungen zwischen dem Iran und den USA dar, die sich nach dem Sturz des Shahs Reza Pahlevi und der Regimeergreifung durch Ayatollah Khomeini gebildet hatten, da sich die USA für die Politik des Ex-Shahs ausgesprochen hatten. Am 4. November 1979 kam es demzufolge vor der amerikanischen Botschaft im Iran zu Demonstrationen und das Botschaftsgebäude wurde attackiert. Nachdem die örtlichen Sicherheitsbehörden trotz expliziter Aufforderung durch Angehörige der Botschaft nicht intervenierten, drangen die Demonstranten in das Botschaftsgebäude ein und nahmen sowohl us-amerikanische als auch andere Angehörige der Botschaft fest, außerdem weiterhin einige Gäste. Nachdem eine Freilassung der Geiseln nicht erreicht werden konnte, wandten die USA sich am 29. November 1979 an den Internationalen Gerichtshof. Dieser stellte in einer einstweiligen Anordnung fest, daß die Belagerung des Botschaftsgebäudes unverzüglich zu beenden sei, die Geiseln freizulassen seien, die internationalen Pflichten aus dem Konsular- und Diplomatenrecht zu respektieren seien und keine der beiden am Streit beteiligten Parteien diesen weiter vorantreiben dürften.[720]

Der Iran folgte weder dieser Entscheidung des Gerichtshof, noch einer vom Sicherheitsrat verabschiedeten Resolution[721]. Auch hier wurde der Konflikt schließlich auf diplomatischem Wege gelöst: Eine Vereinbarung (United States-

[719] Vgl. hierzu Jaenicke, Fisheries Jurisdiction Cases, S. 386 (386ff.) mit zahlreichen weiteren Verweisen; Rosenne, The World Court, S. 45, 206ff..

[720] *United States Diplomatic and Consular Staff in Teheran*, Entscheidung vom 15. Dezember 1979, ICJ Reports 1979, S. 7ff.; weiterhin ICJ Reports 1980, S. 3ff.

[721] Mit seiner Resolution 461 vom 31. Dezember 1979 ordnete der UN-Sicherheitsrat vorläufige Maßnahmen an, für den Fall der Nichtbefolgung der Resolution weiterhin ein Tätigwerden nach Kapitel VII der UN-Charta, das dem Sicherheitsrat eine Handlungsbefugnis bei Bedrohung oder Bruch des Friedens sowie bei Angriffshandlungen ermöglicht. Dies war die weitreichendste Resolution, die der Sicherheitsrat in Zusammenhang mit dem Vollzug einer IGH-Entscheidung verabschiedet hatte.

Iran Agreement vom 19. Januar 1981) sollte den Streit zwischen den USA und dem Iran beenden und führte schließlich zur Freilassung der Geiseln.[722]

ff) Military and Paramilitary Activities in and against Nicaragua-Fall

Die Spannungen, die ab 1979 zwischen den USA und Nicaragua entstanden waren, weil Nicaragua zum einen der Meinung war, die USA mische sich unberechtigterweise durch die Unterstützung der Opposition in innenpolitische Angelegenheiten ein, die USA dagegen Nicaragua eine nicht-demokratische Regierungsführung vorwarfen, weiterhin die Unterstützung aufständischer Gruppierungen in benachbarten zentralamerikanischen Staaten, verstärkten sich 1981, als die USA ihr Hilfsprogramm für Nicaragua einstellte, und statt dessen die Opposition *Contras* gegen die regierenden *Sandinista* finanziell, durch entsprechende Ausbildung und die Ausrüstung mit militärischen Materialien verstärkt unterstützte. Weiterhin setzten die USA die Regierung von Nicaragua massiv unter Druck, ihre Innen- und Außenpolitik grundlegend zu verändern. Ab Ende 1983 unterstützten die USA die Aktivitäten der Opposition direkt, indem sie verschiedene Häfen in Nicaragua verminten und bewaffnete Überfälle auf Hafeneinrichtungen und Öldepots unternahmen. Dies wurde auf direkte Anweisung des Central Intelligence Agencys (CIA) ausgeführt. Ziel solcher Aktionen war, den Exportmarkt Nicaraguas zu zerstören sowie die Einfuhr wichtiger Güter nach Nicaragua zu verhindern. Nicaragua wandte sich in dieser Angelegenheit an den IGH, der schließlich u.a. entschied, daß die Unterstützung der Opposition in Nicaragua durch die USA rechtswidrig sei.[723]

Die USA weigerten sich, die Entscheidung des IGH in dem von Nicaragua vorgebrachten Fall anzuerkennen. Demzufolge kamen sie auch den Forderungen der Entscheidung vom 27. Juni 1986 nicht nach. Nicaragua wandte sich gem. Art. 94 Abs. 2 SVN an den UN-Sicherheitsrat. Zum ersten Mal wurde somit eine Maßnahme des Sicherheitsrats durch eine Streitpartei direkt durch Art. 94 Abs. 2 SVN eingeleitet. Durch das Veto der USA konnte jedoch eine Resolution des Sicherheitsrats nicht verabschiedet werden. Nicaragua wandte sich deshalb an die UN-Generalversammlung, die schließlich am 3. November 1986 Resolution 41/31 verabschiedete:

---

[722] Vgl. Oellers-Frahm, United States Diplomatic and Consular Staff, S. 282 (282ff.) mit zahlreichen weiteren Verweisen; Rosenne, The World Court, S. 45, 215ff..

[723] *Military and Paramilitary Activities in and Against Nicaragua*, Merits, Entscheidung vom 27. Juni 1986, ICJ Reports 1986, S. 14ff..

"The General Assembly, (...)
Emphasizing the obligation of States, under customary international law, not to intervene in the internal affairs of other States,
1. Urgently calls for full and immediate compliance with the Judgment of the International Court of Justice of 27 June 1986 in the case of „Military and Paramilitary Activities in and against Nicaragua" in conformity with the relevant provisions of the Charter of the United Nations;
2. Requests the Secretary-General to keep the General Assembly informed on the implementation of this resolution."

Ähnliche Resolutionen wurden in der 42. Sitzung im Jahre 1987 und in der 44. im Jahre 1989 verabschiedet. Nach einem Regierungswechsel in Nicaragua veranlaßte die dortige Regierung, den Fall vor dem IGH nicht weiter zu verfolgen. Auch in der 45. Sitzung der UN-Generalversammlung wurde beschlossen, von weiteren Maßnahmen vorerst abzusehen.[724]

c) Die Problematik der Vollzugshilfe innerhalb des Sicherheitsrats

Der Blick auf diese Fälle läßt deutlich erkennen, daß der UN-Sicherheitsrat bislang keine Vollzugshilfe hinsichtlich der nicht befolgten Entscheidungen des IGH darstellte. Dies mag verschiedene Gründe haben, die hier nicht auf eine einzige Ursache reduziert werden dürfen, in einigen Fällen schien wohl auch der diplomatische Weg der aussichtsreichere zu sein. Ein wesentlicher Schwachpunkt, den gerade der Sicherheitsrat als Vollzugsorgan aufweist und auf den hier nun Augenmerk gelenkt werden soll, zeigte sich jedoch in dem an letzter Stelle betrachteten *Nicaragua*-Fall. Die Problematik liegt darin, daß - abgesehen von der Wahl der IGH-Richter nach Art. 10 IGH-Statut - keine gesonderte Vorschriften neben Art. 27 SVN für eine Abstimmung innerhalb des UN-Sicherheitsrats bestehen. D.h. daß Beschlüsse des Sicherheitsrats hinsichtlich Verfahrensfragen der Zustimmung von neun Mitgliedern bedürfen, Art. 27 Abs. 2 SVN, über alle sonstigen Fragen ebenfalls der Zustimmung von neun Mitgliedern, allerdings mit der Maßgabe, daß unter diesen neun Mitgliedern die Stimmen der ständigen Mitglieder des Sicherheitsrats sein müssen, Art. 27 Abs. 3 SVN. Ständige Mitglieder des UN-Sicherheitsrats sind gem. Art. 23 Abs. 1 SVN die Republik China, Frankreich, die Union der Sozialistischen Sowjetrepubliken, das Vereinigte Königreich Großbritannien und Nordirland sowie die

[724] Vgl. hierzu Crawford, Military Activities, S. 371 (371ff.) mit zahlreichen weiteren Verweisen; Rosenne, The World Court, S. 45f., 113f..

Vereinigten Staaten von Amerika, denen somit gem. Art. 27 Abs. 3 SVN bezüglich der Abstimmung von sonstigen Fragen, also solcher Angelegenheiten, die nicht lediglich das Verfahren betreffen, ein Vetorecht zusteht.

Vorliegend ist davon auszugehen, daß es sich bei der Vollziehung einer Entscheidung des IGH nicht lediglich um eine Verfahrensfrage i.S.d. Art. 27 Abs. 2 SVN handelt, sondern vielmehr um eine sonstige Frage i.S.d. Art. 27 Abs. 3. D.h. den ständigen Mitgliedern des Sicherheitsrats steht bei der Abstimmung über den Vollzug einer Entscheidung des Internationalen Gerichtshofs ein Vetorecht zu.[725]

Die Schwierigkeit liegt nun darin, daß der IGH ohnehin dann angerufen wird, wenn es gilt, internationale Streitigkeiten zu schlichten, bereits also eine Uneinigkeit zwischen den Parteien vorliegt und eine diplomatische Lösung zunächst nicht möglich erscheint. Folgt schließlich die im Prozeß unterliegende Partei dem Urteil nicht, konnte somit auch der IGH die Streitigkeiten nicht effektiv beenden. Die unterliegende Partei ist also letztendlich auf die Einigkeit zumindest unter den ständigen Mitgliedern des Sicherheitsrats angewiesen, die von vornherein dann nicht zu erreichen ist, wenn die im Prozeß unterliegende Partei eines der ständigen Mitglieder des UN-Sicherheitsrats ist, da nicht zu erwarten ist, daß der Staat der sich nicht „freiwillig“ dem Urteil fügt, im Sicherheitsrat für einen Vollzug stimmt. D.h. der Prozeß entsteht aus einer Uneinigkeit zwischen den Parteien, das Widersetzen der unterliegenden Partei gegen den Richterspruch ist weitere Frucht der Uneinigkeit - in dieser Situation sieht nun Art. 94 Abs. 2 SVN die Vollzugshilfe durch den Sicherheitsrat insofern vor, daß dort Einigkeit zumindest unter den ständigen Mitgliedern, von denen an sich eher selten als grundsätzlich Übereinstimmung erwartet werden kann. Aus diesen Überlegungen folgt nun, daß das innerhalb der Vereinten Nationen vorliegende Vollzugsdefizit somit in den meisten Fällen auch in Zukunft – selbst wenn es häufiger zu einer Beanspruchung des Sicherheitsrats als Vollzugsorgan kommen sollte - durch Art. 94 Abs. 2 SVN nicht beseitigt werden kann, da ja gerade auch dieser auf Einigkeit unter den ständigen Sicherheitsratsmitgliedern angewiesen ist.[726]

Gerade aber in einer derart prekären Frage wie der der Atomwaffen zeigt sich besonders das Vollzugsdefizit in der internationalen Gerichtsbarkeit. Die Atomwaffenstaaten sind die fünf ständigen Mitglieder des UN-Sicherheitsrats. Wie also sollte eine jedwede Entscheidung über die Atomwaffenfrage, die den Nuklearwaffenstaaten nicht genehm ist, gegen deren Willen vollzogen werden bzw. für den Fall eines Gutachtens ihre Wirkung entfalten, wenn mit dem Veto aller ständigen Mitglieder des Sicherheitsrates zu rechnen ist, wobei bereits das

[725] Gross, The Future, S. 281.
[726] Rosenne, The World Court, S. 46.

Veto eines einzigen Atomwaffenstaates für das Fehlschlagen einer Maßnahme nach Art. 94 Abs. 2 SVN ausreichend ist?[727]

d) Abschließende Bewertung

Der Versuch, das Vollzugsdefizit in der internationalen Gerichtsbarkeit durch Art. 94 Abs. 2 SVN zu beseitigen, spielt somit zum einen praktisch keine große Rolle, weiterhin hat er eine wesentliche Schwäche, nämlich die Anwendung der Abstimmungsmodalitäten des Sicherheitsrats nach Art. 27 Abs. 3 SVN. So gestaltet sich denn nach wie vor die Durchsetzung einer Entscheidung gegen den Willen eines Staates als schwierig. Folglich kann auch hierin ein Grund für die Zurückhaltung des IGH liegen, der ansonsten allzusehr Gefahr läuft, immer und immer wieder sein Gesicht zu verlieren, wenn seine Entscheidungen konsequenzlos nicht befolgt bzw. respektiert werden.

II. Die Loyalität der Richter gegenüber ihren Heimatstaaten

Ein weiterer Anhaltspunkt für die Grenzen der Rechtsprechung des IGH könnte darin liegen, daß die Richter allzusehr mit der Ansicht ihrer Heimatstaaten stimmen, dem Gremium somit eine objektiv rechtliche Bewertung des politisch relevanten Streitgegenstandes nicht immer ermöglichen.

Der IGH als internationales Tribunal ist mit Richtern aus verschiedenen Staaten besetzt, während diese auch über Streitigkeiten vorgebracht durch verschiedene Staaten entscheiden. Es drängt sich deshalb die Frage auf, inwiefern eine Interessenkollision zwischen der nationalen Identität des Richters und der beabsichtigten Unabhängigkeit des Gerichts besteht.

1. Die im IGH-Statut geforderte Unabhängigkeit der Richter

Üblicherweise ist der IGH mit fünfzehn Richtern besetzt, Art. 3 Abs. 1 IGH-Statut. Die Richter werden nur auf Vorschlag ihrer jeweiligen Regierungen, die so die Loyalität des von ihr ausgesuchten Richters sicherstellen will, zur Wahl aufgestellt.

Das IGH-Statut bestimmt in Art. 2: „*Der Gerichtshof besteht aus* ***unabhängigen*** *Richtern*" (Hervorhebung nachträglich). Unterstrichen wird diese Forderung nach Unabhängigkeit in Art. 16 IGH-Statut: „*Ein Mitglied des Gerichts-*

[727] Vgl. auch Däubler, Stationierung, S. 15f..

hofs darf weder ein politisches Amt noch ein Amt in der Verwaltung ausüben noch sich einer anderen Beschäftigung beruflicher Art widmen". Die Richter, die vor ihrer Wahl für den Staatsdienst oder eine internationale Organisation tätig waren, haben dieses Beschäftigung vor Amtsantritt am IGH aufzugeben. [728] Verhindert werden sollen auf diese Art und Weise Interessenkonflikte. So bestimmt denn auch Art. 20 IGH-Statut, daß jeder Richter vor Amtsantritt zu erklären hat, daß er seine Befugnisse „*unparteiisch und gewissenhaft*" ausüben wird.[729]

Zur Vermeidung spontaner Reaktionen der Heimatstaaten auf das Abstimmungsverhalten eines Richters in einem bestimmten Verfahren steht die Amtszeit der Richter von vornherein fest, Art. 13 IGH-Statut, und die Bezahlung entsprechend hoher Gehälter und Pensionen soll eine praktische Unabhängigkeit ermöglichen.[730]

Grundsätzlich haben die Staaten einen Anspruch auf die Entscheidung des gesamten Richterkollegiums des IGH, lediglich Krankheit, Urlaub oder die in Art. 24 IGH-Statut vorgesehene Enthaltung wegen Befangenheit ermöglichen das Fernbleiben eines Richters. Die Institution des *ad hoc*-Richters[731] verdeutlicht außerdem, daß die Beteiligung eines Richters an Verfahren, in denen das Heimatland Partei ist, nicht lediglich notwendige, negative Begleiterscheinung eines internationalen Tribunals ist oder überdies Anlaß für einen Ausschluß des betroffenen Richters wegen Befangenheit gibt, sondern vielmehr im Verfahren des Internationalen Gerichtshofs deshalb vorgesehen ist, damit das betroffene Land als Partei seine Interessen gebührend vertreten weiß.

Shabtai Rosenne stellt deswegen im Bezug auf die Wahrung der richterlichen Unabhängigkeit am IGH fest: „*These provisions have worked reasonably well in practice, and no instance is known, whether from the history of the Permanent Court or in that of the present Court, in which doubt has been cast on the independence of the Court as a whole.*"[732]

---

[728] Rosenne, The World Court, S. 70.

[729] Der Wortlaut der Erklärung und das genaue Prozedere findet sich in Art. 4 der Verfahrensordnung des Internationalen Gerichtshofs.

[730] Genaue Angaben sind im *Yearbook* des IGH zu finden.

[731] Vgl. hierzu Fn. 5.

[732] Rosenne, The World Court, S. 71; dort auch Verweise auf Erörterung dieser Problematik im Zusammenhang mit dem *Case concerning Military and Paramilitary Activities in and against Nicaragua*, der aufgrund des Verhaltens einiger Richter hier an der Unabhängigkeit zweifeln ließ.

2. Die Loyalität der Richter gegenüber ihren Heimatstaaten

Möglicherweise geht es zu weit, den Richtern vorzuwerfen, sie seien nicht unabhängig. Die Entscheidung des IGH in dem Fall *South West Africa (Second Phase)*, verglichen mit der in dem Gutachten *Namibia (South West Africa)* verdeutlicht jedoch, inwiefern eine bestimmte nationale Zusammensetzung der Richterbank das Abstimmungsergebnis beeinflußt.

a) Die Namibia-Entscheidungen

aa) Die Entscheidung South West Africa (Second Phase) von 1966

Süd-West-Afrika, das heutige Namibia, war ab 1884 deutsche Kolonie, bis im Ersten Weltkrieg 1915 Südafrika in Süd-West-Afrika einfiel und die dortigen deutschen Streitkräfte kapitulierten. In den folgenden fünf Jahren wurde das Gebiet von Südafrika unter Kriegsrecht verwaltet. 1920 schließlich wurde Süd-West-Afrika Mandatsgebiet der Kategorie C Südafrikas, was bedeutete, daß *„the mandatory shall have full power of administration and legislation over the territory subject to the present Mandate as an integral portion of the Union of South Africa, and may apply the laws of the Union of South Africa to the territory, subject to such local modifications as circumstances may require*“.[733] Südafrika war als Mandator verpflichtet, jährlich Berichte zu erstellen, jegliche Modifikation des Mandats vom Völkerbund genehmigen zu lassen und jeden Streit zwischen Süd-West-Afrika und einem Staat des Völkerbundes hinsichtlich der für das Mandat relevanten Vorschriften, der nicht durch Verhandlungen beigelegt werden konnte, dem Ständigen Internationalen Gerichtshof vorzulegen.

Mit der Auflösung des Völkerbundes und der Gründung der Vereinten Nationen begann schließlich der Streit um das heutige Namibia, das Südafrika ab diesem Zeitpunkt annektieren wollte. Spannungen zwischen den Vereinten Nationen, die dies zu verhindern wußten, und Südafrika führten schließlich dazu, daß Südafrika sich weigerte, weiterhin Berichte für die Vereinten Nationen zu erstellen. Die folgenden 17 Jahre waren geprägt von dem Versuch der Vereinten Nationen, Südafrika juristisch beizukommen. In dieser Zeit entstanden hin-

[733] Art. 2 des Mandat-Instruments, vom 17. Dezember 1920, LNTS, Band 2 (1922), S. 89.

sichtlich des Verhältnisses zwischen Südafrika und Süd-West-Afrika sowie den Vereinten Nationen drei Gutachten.[734]

Der Entscheidung, die der Gerichtshof schließlich im Jahre 1966 traf, lag eine Klageerhebung Äthiopiens und Liberias aus dem Jahre 1960 zugrunde. In dieser wurde vorgebracht, daß Südafrika seinen Verpflichtungen, die es hinsichtlich der Berichterstattung bezüglich seiner Aufsicht über Süd-West-Afrika gegenüber den Vereinten Nationen habe, nicht nachgekommen sei, die Gesuche der Einwohner des unter Mandat stehenden Gebiets, die gefordert hatten, die Mandatsausübung ohne Zustimmung der Vereinten Nationen nicht zu modifizieren, nicht berücksichtigt habe und diese Einwohner Süd-West-Afrikas außerdem durch die Apartheid-Politik diskriminiert habe. Hiergegen machte Südafrika verschiedene Einwände geltend, die der Gerichtshof jedoch allesamt in einer Vorabverfügung abwies.[735]

In der Hauptsacheentscheidung 1966 wies der Gerichtshof die Klage Äthiopiens und Nigerias schließlich mit der Begründung ab, daß die Kläger sich hinsichtlich des Verhaltens Südafrikas gegenüber Süd-West-Afrika nicht auf eine Verletzung eigener Rechte berufen könnten. Die Mitgliedstaaten der Vereinten Nationen könnten gegen die evt. Verletzungen des Mandats durch Südafrika nur als solche Mitgliedsstaaten vorgehen, nicht jedoch als Individualstaaten, da die Rechtsbeziehung nur zwischen Südafrika als Mandator und der Organisation selbst bestehe. Der Gerichtshof lies somit nicht die Meinung gelten, daß die humanitären Erwägungen, die durch das Mandatssystem verkörpert werden, ausreichend für eine Klagebegründung seien.[736]

Die Klageabweisung brachte einen Sturm der Entrüstung mit sich sowohl unter den Apartheidsgegnern der Dritten Welt als auch in den Vereinten Nationen selbst. Die UN-Generalversammlung verabschiedete schließlich am 27. Oktober 1966 Resolution 2145 (XXI), worin sie erklärte, daß Südafrika seine Pflichten als Mandator nicht erfüllte habe, das Mandat Südafrikas über Namibia deshalb beendet werde und Südafrika somit keine Rechte mehr in Süd-West-Afrika habe.[737]

---

[734] *International Status of South West Africa*, Gutachten vom 11. Juli 1950, ICJ Reports 1950, S. 128ff.; *Voting Procedure on Questions relating to Reports and Petitions concerning the Territory of South West Africa*, Gutachten vom 7. Juni 1955, ICJ Reports 1955, S. 67ff.; *Admissibiliy of Hearings of Petitioners by the Committee on South West Africa*, Gutachten vom 1. Juni 1956, ICJ Reports 1956, S. 23ff..

[735] Vgl. *South West Africa*, Preliminary Objections, Entscheidung vom 21. Dezember 1962, ICJ Reports 1962, S. 319ff..

[736] *South West Africa (Second Phase)*, Entscheidung vom 15. Juni 1962, ICJ Reports 1962, S. 6ff..

[737] Vgl. hierzu Klein, Namibia, S. 485 (485ff.); ders., South West Africa, S. 260 (260ff.); McWhinney, The World Court, S. 17ff.; Rosenne, The World Court, S. 168ff..

bb) Die Entscheidung im Namibia-Gutachten 1971

Südafrika weigerte sich, den Forderungen dieser Resolution der UN-Generalversammlung sowie den Resolutionen 264 und 269 (1969) des UN-Sicherheitsrats, die den gleichen Inhalt hatten, nachzukommen. Um den Druck auf Südafrika zu erhöhen wandte sich der Sicherheitsrat schließlich mit einem Gutachtenantrag, beschlossen durch Resolution 284 (1970), an den IGH: „*What are the legal consequences for States of the continued presence of South Africa in Namibia, notwithstanding Security Council resolution 276 (1970)?*“. In seiner Entscheidung vom 21. Juni 1971 vertrat der Gerichtshof die Ansicht der Vereinten Nationen,

> „*that ... South Africa is under obligation to withdraw its administration from Namibia immediately*“ und „*that States members of the United Nations are under obligation ... to refrain from any acts and in particular any dealings with the Government of South Africa implying recognition of the legality of, or lending support or assistance to, such presence and administration*“.[738]

cc) Die Diskrepanz zwischen den beiden Namibia-Entscheidungen

Die Abweisung der Klage von Äthiopien und Liberia 1966 war eine große Überraschung, v.a. deshalb weil der Gerichtshof in seiner Entscheidung 1962 bereits auf den Gegenstand des Streits eingegangen war und sich in dieser Entscheidung nicht auf die fehlende Rechtsverletzung Liberias und Äthiopiens und die daraus resultierende Unzulässigkeit der Klage berief. Es drängte sich der Gedanke auf, daß eine konservative Stimmung auf der Richterbank durch prozessuale Unzulässigkeit maskiert wurde. Warum aber traf der Gerichtshof dann 1971, also nur fünf Jahre später, im *Namibia*-Gutachten, eine derart bahnbrechende Entscheidung, die einen wesentlichen Beitrag zum Ende des Apartheidregimes leistete?

Nach der Entscheidung von 1966 erreichte das Ansehen des Gerichtshofs in politischen Kreisen der Vereinten Nationen seinen Tiefpunkt. Nach dieser Entscheidung, die zweifellos juristisch nur schwer zu rechtfertigen war und deshalb der damaligen Zusammensetzung des Richterkollegiums angelastet wurde, wur-

---

[738] *Legal Consequences for States of the Continued Presence of South Africa in Namibia (South West Africa) notwithstanding Security Council Resolution 276 (1970)*, Gutachten vom 21. Juni 1971, S. 16 (58).

de die Notwendigkeit spürbar, die Besetzung der Richterbank des Internationalen Gerichtshofs endlich der Fortentwicklung der Vereinten Nationen zugunsten kleiner, politisch nicht zu mächtiger Staaten anzupassen.[739] Dies führte schließlich auch dazu, daß die Verfahrensordnung des Gerichtshofs nach 1966 mehrfach geändert wurde.[740]

Die Unvereinbarkeit der beiden Entscheidungen resultiert somit aus dem Wechsel, der sich auf der Richterbank zwischen 1966 und 1971 vollzogen hatte.[741] Der Vergleich dieser beiden Entscheidungen verdeutlicht also in hohem Maße, inwiefern die Besetzung der Richterbank die an sich juristische Bewertung doch beeinflußt. In der Literatur wird bezüglich des Verfahrens um Namibia überdies behauptet, daß man mit der Entscheidung von 1971 bewußt den Fehler von 1966 wiedergutmachen wollte.[742]

b) Das Abstimmungsverhältnis im Atomwaffen-Gutachten

Fraglich ist, ob durch diese nach 1966 festgestellte Relevanz der Besetzung der Richterbank und die daraufhin eingeleiteten Maßnahmen, der Mangel hinsichtlich des politisch motivierten Abstimmungsverhaltens der Richter beseitigt werden konnte.

Interessant dürfte hier ein Blick auf das Abstimmungsverhalten der Richter im Atomwaffengutachten sein. Wie bereits festgestellt wurde,[743] kann im entscheidenden Punkt 2E des Tenors, der das Abstimmungsergebnis hinsichtlich der Vereinbarkeit mit dem humanitären Völkerrecht wiedergibt, aufgrund der zweifachen Fragestellung eine Erkenntnis hinsichtlich der Einstufung durch die Richter nicht ohne weiteres getroffen werden. Aus den Sondervoten ließ sich jedoch ableiten, daß gerade die Richter aus den Atomwaffenstaaten, außerdem der deutsche Richter, möglicherweise der italienische und Präsident Bedjaoui aus Algerien gegen ein Atomwaffeneinsatzverbot abgeleitet aus dem humanitären Völkerrecht gestimmt hätten.[744] Zusammenfassend kann deshalb festgestellt

[739] Da die Richter des IGH nur alle drei Jahre jeweils zu 1/3 neu gewählt werden, konnte die Besetzung des Kollegiums nicht immer mit der Entwicklung der Vereinten Nationen hinsichtlich des Beitritts neuer Mitgliedstaaten mithalten.

[740] Vgl. hierzu die Übersicht bei Rosenne, The World Court, S. 28f..

[741] Der schwedische, der polnische und der japanische Richter des Kollegium von 1966, waren 1971 durch jeweils einen Richter aus Dahomey (das heutige Benin), Uruguay und Spanien ersetzt, zur Besetzung im einzelnen siehe das *Yearbook* des IGH von 1966/67, S.3 sowie von 1971/72, S. 15.

[742] Vgl. McWhinney, The World Court, S. 23.

[743] Siehe oben, 2. Kapitel, F.

[744] Vgl. oben, 2. Kapitel, F, IV.

werden, daß jedenfalls die Richter der Atomwaffenstaaten in den relevanten Abstimmungspunkten mit der Haltung ihrer Heimatländer übereinstimmten. Es ginge jedoch zu weit, allein aufgrund dieser Beobachtung den Richtern Unabhängigkeit abzusprechen, zumal auch nicht mit letzter Sicherheit festgestellt werden kann, ob das Gewissen des jeweiligen Richters oder vielmehr die Rücksicht auf den Heimatstaat diesen zu der so getroffenen Abstimmung veranlaßt hat. Wirft man jedoch einen Blick auf die Sondervoten, fällt auf, daß die der Richter aus den kleinen Staaten oftmals wesentlich ausführlichere rechtliche Erwägungen aufweisen als vielmehr politische Interessenschwerpunkte setzen. Dies könnte als Indiz dafür dienen, daß weniger rechtliche als vielmehr politische Erwägungen das Abstimmungsverhalten der Richter aus den Atomwaffenstaaten beeinflußt hat. Auch nach Paech ist es eine allgemeine Beobachtung, daß sehr oft gerade Richter der ständigen Mitglieder des Sicherheitsrates sich allzusehr als juristische Vertreter ihrer Regierungen begreifen, und sich weniger zu einer unabhängigen Abstimmung berufen fühlen.[745] Monique Chemillier-Gendreau formulierte dies so:

> „*Ils ont confondu la fonction judiciaire, qui implique l'indépendance des juges et l'autorité du tribunal, et la fonction arbitrale, où les arbitres représentent les parties et cherchent à les satisfaire. Les juges les plus indépendants sont ceux provenant de pays petits ou moyens, peu impliqués dans les querelles des grands.*"[746]

Da diese Richter aus den Atomwaffenstaaten jedoch vorliegend ein Drittel des gesamten Gremiums ausmachten, nagt ein so beeinflußtes Abstimmungsverhalten nicht unwesentlich an der Unabhänigkeit des gesamten Kollegiums. Erschwerend kommt hinzu, daß auch die Richter, die aus den alliierten Staaten der Atomwaffenstaaten entsandt wurden, im vorliegenden Gutachten beispielsweise der deutsche Richter, sich ebenfalls im Rahmen der Abstimmung loyal gegenüber ihren Verbündeten verhielt. So wurde im Rahmen des Atomwaffengutachtens in diesem Zusammenhang beispielsweise die Veröffentlichung des deutschen Richters Fleischhauer kritisiert, der diese in eine *separate opinion* kleidete, inhaltlich jedoch keine anderen Thesen vertrat als die Richter aus den Atomwaffenstaaten Großbritannien, Frankreich und USA, aus diesem Grunde eine nach außen hin erfolgte Kenntlichmachung durch die Überschrift einer *dissenting opinion* als aufrichtiger eingestuft worden wäre.[747] Eine auch von den

[745] Paech, Zwischen Politik und Recht, S. 176 (185).
[746] Chemillier-Gendreau, La Cour, S. 10 (10).
[747] Paech, Zwischen Politik und Recht, S. 176 (185).

Richtern der alliierten Staaten eher politisch motivierte Abstimmung rückt die oben festgestellte Unabhängigkeit des gesamten Gremiums doch in ein entsprechend schlechtes Licht, ohne daß dennoch der Beweise dafür erbracht werden kann, daß diese Richter tatsächlich nicht frei votierten.

Es stellt sich hier auch die Frage, ob die Atomwaffenstaaten im Gremium des Internationalen Gerichtshofs im Vergleich zum Anteil der übrigen Staaten derzeit nicht überrepräsentiert sind. Die Problematik, die sich aus der Besetzung dieser Staaten als ständige Mitglieder des UN-Sicherheitsrats für den evt. erzwungenen Vollzug von Entscheidungen des IGH ergibt,[748] ist zunächst aufgrund von Art. 23 Abs. 1 SVN unvermeidlich. Für die internationale Gerichtsbarkeit muß dies aber nicht gelten, Art. 9 IGH-Statut verlangt lediglich, daß die Richter *„in ihrer Gesamtheit eine Vertretung der großen Kulturkreise und der hauptsächlichen Rechtssysteme der Welt gewährleisten.*“ So bleibt denn die Bemühung, die Richterbank des Internationalen Gerichtshofs entsprechend „ausgeglichen“ zu besetzen, was schwer, wenn nicht sogar unmöglich erscheint.

c) Abschließende Bewertung

Im Ergebnis kann festgestellt werden, daß die durch die Entscheidung von 1966 sich aufgedrängten Erkenntnisse und daraufhin eingeleiteten Maßnahmen das Problem nicht beseitigen konnten. Zu weit würde es aber gehen, hier von nicht unabhängigen Richtern zu sprechen. Die Problematik ist bereits darin begründet, daß schon die Staaten „loyale“ Personen auswählen, die Auswahl der Richter also bereits eine politische Entscheidung ist. So ist es zum einen innerhalb der internationalen Gerichtsbarkeit beabsichtigt, daß die einzelnen Staaten mit ihren Anschauungen vertreten sind, vgl. die Institution des *ad hoc*-Richters, nicht selten wird aber dieses System zum Fallstrick für die an sich juristische Entscheidung. Das Problem der zeitweise allzu politisch abstimmenden Richter liegt somit in der pluralistischen Zusammensetzung des Gerichtshofs begründet und dürfte auch in Zukunft nur schwer gänzlich auszuräumen sein.

[748] Siehe unter I, 2, c.

III. Das Fehlen einer obligatorischen Gerichtsbarkeit

Eine weitere Ursache für eine eher zurückhaltende Rechtsprechung des Internationalen Gerichtshofs in bestimmten Fragen könnte in der Tatsache zu sehen sein, daß der Gerichtshof nicht generell die Gerichtsbarkeit über jedes Land inne hat, vielmehr eine gesonderte Unterwerfungserklärung notwendig ist, die sowohl sachlich eingeschränkt als auch zeitlich begrenzt und widerrufbar ist.

1. Die Gerichtsbarkeit nationaler Gerichte

Im innerstaatlichen Bereich werden die Gerichte vom Staat eingesetzt und ihre Zuständigkeit ist durch Vorschriften detailliert und für alle Mitglieder der Staatsgemeinschaft verbindlich geregelt. Die an einem Streit, der vor Gericht prozessiert werden soll, beteiligten Parteien haben nur selten die Wahl zwischen mehreren gleichermaßen zuständigen Gerichten, jedoch sind auch diesbezüglich die relevanten Normen zu beachten. Die Zuständigkeit des Gerichts wird somit v.a. durch von der Legislative als höherer Macht verabschiedete Gesetze bestimmt und insofern den Parteien nahezu zwingend bereits von vornherein auferlegt. Hinsichtlich des Beklagten kann sogar eine uneingeschränkte Aussage getroffen werden, da er verpflichtet ist, sich dem auf Anweisung des Klägers hin tätig gewordenen Gericht selbst dann zu stellen, wenn dieses ohne oder gegen seinen Willen geschah, was in den meisten Fällen gegeben sein wird. Das Fernbleiben von dem festgesetzten Gerichtstermin führt nicht zu einer Vereitelung des gesamten Verfahrens, sondern bringt vielmehr lediglich negative Konsequenzen für die säumige Partei mit sich.

Die Parteien könnten der so gesetzlich festgelegten Zuständigkeit der Gerichte nur dadurch ausweichen, daß sie sich außergerichtlich einigen. Dies erfordert jedoch die diesbezügliche Übereinstimmung beider Parteien, so daß bereits der entgegengesetzte Wille einer Partei zu dem obligatorischen Gerichtsverfahren führt. Eine weitere Möglichkeit, dieser staatlichen Gerichtsbarkeit zu entgehen, besteht in der Anrufung eines Schiedsgerichts, jedoch ist auch insofern die Wahlmöglichkeit nicht unbegrenzt, sondern vielmehr weitläufig eingeschränkt.[749]

[749] Vgl. hierzu Andrassy, Betrachtungen, S. 1 (2f.).

2. Die Gerichtsbarkeit des IGH

Gänzlich verschieden hierzu sind die Regelungen der Gerichtsbarkeit im Völkerrecht. Die Gerichtsbarkeit des IGH ist durch die Freiwilligkeit ihrer Anrufung gekennzeichnet und steht somit im Spannungsfeld zwischen der Souveränität der einzelnen Staaten und internationaler Streitschlichtung durch justizförmige Konzentration. Das Völkerrecht basiert auf der Grundlage koordinierter Staatswesen, die in diesem System keiner höhergestellten Instanz untergeordnet sind. Die Existenz zwischenstaatlicher Organisationen beruht generell auf der Zustimmung aller beteiligter Staaten, so daß der internationalen Gemeinschaft jedes den Mitgliedern aufgezwungene und verbindlich zuständige Gericht fremd ist. Das führt dazu, daß im Völkerrecht eine gerichtliche Streitbeilegung nur dann möglich ist, wenn das Einverständnis der beteiligten Parteien vorliegt, wobei man sich bis zum 20. Jahrhundert nicht nur über die Gerichtsbarkeit einigen mußte, sondern außerdem noch das dafür notwendige gewordene Gericht geschaffen werden mußte. Aber auch seit der festen Konstitution internationaler Gerichte kann nur mit Einwilligung der Parteien die richterliche Funktion ausgeübt werden.[750]

Der Internationale Gerichtshof ist somit zwar Hauptrechtsprechungsorgan der Vereinten Nationen, Art. 92 SVN, Art. 1 IGH-Statut, aufgrund der Besorgnis der Staaten vor einer Einschränkung ihrer Souveränität besitzt er jedoch deshalb dennoch keine allgemeine Zuständigkeit. Die Unterwerfung unter die Gerichtsbarkeit des Internationalen Gerichtshofs bedarf - obschon alle UN-Staaten gem. Art. 93 Abs. 1 SVN an das IGH-Statut gebunden sind - einer expliziten Erklärung.[751] Die entsprechende Regelung findet sich in Art. 36 Abs. 1 sowie Art. 36

[750] Vgl. ebd.; auf der Konferenz von San Francisco (25. April bis 26. Juni 1945), die die Charta der Vereinten Nationen ausarbeitete, fand eine heftige Debatte über die Frage statt, ob der „neue“ Gerichtshof, also der jetzige Internationale Gerichtshof, von vornherein ohne weiteres als obligatorische Instanz für alle internationalen Rechtsfragen zuständig sein solle oder ob man vielmehr auch innerhalb der Vereinten Nationen, wie es bis dahin der Fall gewesen war, den Staaten freistellen solle, daß die Gerichtsbarkeit lediglich auf Grundlage einer gesonderten Erklärung (sog. Fakultativklausel) anzunehmen sei. Die überwiegende Mehrheit der damals beteiligten Staaten war zu diesem Zeitpunkt für eine obligatorische Gerichtsbarkeit des Internationalen Gerichtshofs ohne gesonderte Erklärung. Aufgrund der Gegenstimmen der Sowjetunion und der USA verzichtete man jedoch hinsichtlich des „neuen“ Internationalen Gerichtshofs auf diese Änderung und entschied sich, die Notwendigkeit der Fakultativklausel beizubehalten, vgl. hierzu Wehberg, Goldschmidt, Der Internationale Gerichtshof, S. 33.

[751] Staaten können auf dreierlei Art und Weise die Berechtigung erwerben, vor dem Internationalen Gerichtshof aufzutreten:

Abs. 2 IGH-Statut, wobei die Unterwerfung nach Art. 36 Abs. 2 IGH-Statut der Allgemeinzuständigkeit im nationalen Recht am ehesten nahe kommt:

> *„Die Vertragsstaaten dieses Statuts können jederzeit erklären, daß sie die Zuständigkeit des Gerichtshofs von Rechts wegen und ohne besondere Übereinkunft gegenüber jedem anderen Staat, der dieselbe Verpflichtung übernimmt, für alle Rechtsstreitigkeiten über folgende Gegenstände als obligatorisch anerkennen: a) die Auslegung des Vertrags; b) jede Frage des Völkerrechts; c) das Bestehen jeder Tatsache, die, wäre sie bewiesen, die Verletzung einer internationalen Verpflichtung darstellt; d) Art und Umfang der wegen Verletzung einer internationalen Verpflichtung geschuldeten Wiedergutmachung.“*

Damit die Zuständigkeit des IGH begründet ist, müssen beide am Streit beteiligte Parteien der Gerichtsbarkeit in der Angelegenheit der Streitigkeit unterworfen sein. Dies gestaltet sich deshalb häufig schwierig, weil nur ca. 30% der UN-Staaten eine allgemeine Unterwerfungserklärung nach Art. 36 Abs. 2 IGH-Statut abgegeben haben und auch diese Erklärung häufig nur unter Vorbehalt[752] abgegeben wurde,[753] da Art. 36 Abs. 3 IGH-Statut es ausdrücklich gestattet, die

---

1. Gem. Art. 93 Abs. 1 SVN sind alle Mitglieder der Vereinten Nationen ohne weiteres Vertragsparteien des Statuts des Internationalen Gerichtshofs (Der aktuelle Stand der Mitglieder der Vereinten Nationen findet sich jeweils im *Yearbook* des IGH).
2. Gem. Art. 93 Abs. 2 SVN kann ein Staat, der nicht Mitglied der Vereinten Nationen ist, zu Bedingungen, die die UN-Generalversammlung jeweils auf Empfehlung des UN-Sicherheitsrats bestimmt hat, Vertragspartei des IGH-Statuts werden. Diese Bedingungen wurden anläßlich des Beitritts der Schweiz in der Resolution 91(I) der UN-Generalversammlung vom 11. Dezember 1946 formuliert.
3. Gem. Art. 35 Abs. 2 IGH-Statut steht der Zugang zum Gerichtshof unter vom Sichereheitsrat festgelegten Bedingungen auch solchen Staaten offen, die nicht Vertragsparteien des IGH-Statuts sind. Diese Bedingungen sind in der Resolution 9 (1946) des Sicherheitsrats vom 15. Oktober 1946 zu finden.

Vgl. hierzu das *Yearbook* des Internationalen Gerichtshof, das auch die jeweiligen Resolutionen wörtlich wiedergibt, weiterhin Oellers-Frahm, International Court of Justice, S. 1088 (1090); Wehberg, Goldschmitt, Der Internationale Gerichtshof, S. 34ff..

[752] Vgl. hierzu jeweils die aktuelle Aufstellung im *Yearbook* des IGH.

[753] Während zu Zeiten des Ständigen Internationalen Gerichtshofs die Regierungen berechtigt waren, für alle oder nur einzelne der in Art. 36 Abs. 2 des Statuts des Ständigen Internationalen Gerichtshofs aufgezählten Arten von Rechtsfragen die obligatorische Gerichtsbarkeit anzunehmen, kann unter der Gerichtsbarkeit des IGH die nach Art. 36 Abs. 2 IGH-Statut abzugebende Erklärung nur für *alle* in Art. 36 Abs. 2 IGH-Statut vorgesehene Arten von

Fakultativklausel mit Einschränkungen zu versehen, deren Umfang über die in dieser Vorschrift genannten Formen weit hinausgeht. Der Staatenpraxis sind eine Reihe solcher Vorbehalte bekannt, die bereits die Effektivität der Gerichtsbarkeit des IGH beeinträchtigen, da nicht selten eine Jurisdiktion schon deshalb nicht möglich ist, weil bereits die Gerichtsbarkeit des IGH nicht gegeben ist. Diese Wirkung wird noch dadurch gesteigert, daß die Staaten den in Art. 36 Abs. 3 IGH-Statut vorgesehenen Vorbehalt der Gegenseitigkeit aussprechen: die Partei kann sich dann ebenfalls auf alle von den Gegenseite vorgebrachten Einschränkungen berufen. Dies führt bei unterschiedlichen Vorbehalten der am Streit beteiligten Parteien dazu, daß sich die Zuständigkeit des IGH auf einen minimalen, von beiden Seiten akzeptierten Bereich reduziert. In den Fällen schließlich, in denen keine Unterwerfungserklärung wenigstens einer am Streit beteiligten Partei vorliegt oder noch *ad hoc* gegeben wird, ist der IGH deshalb nicht zuständig.[754] Wesentlich für die vorliegende Betrachtung ist jedoch v.a., daß die Unterwerfung unter die Gerichtsbarkeit des IGH grundsätzlich ebenso wieder aufgekündigt werden kann. Die sich daraus möglicherweise ergebenden Probleme werden im Folgenden repräsentativ an einem Beispiel, wiederum in Zusammenhang mit der Aufnahme der französischen Atomversuche, dargestellt.

3. Fallbeispiel: Die Nuclear-Tests-Fälle

a) Das Verfahren 1973/ 74

Bereits am 9. Mai 1973 wandte sich Neuseeland[755], in gleicher Angelegenheit überdies auch Australien[756], wegen damals anstehender Atomtests mit der Bitte an den IGH, alle Mitglieder der internationalen Gemeinschaft sowie die Umwelt mit ihren Bereichen des Landes, der Meere und der Luft von unrechtmäßiger Belastung durch radioaktiven Niederschlag zu bewahren,[757] indem er eine Verletzung des Völkerrechts und ein daraus erfolgendes Verbot der Versuche feststelle. Bereits damals weigerte sich Frankreich, in dieser Angelegenheit vor dem IGH zu erscheinen und nahm demzufolge weder am schriftlichen noch am mündlichen Verfahren teil. Frankreich ging davon aus, daß der Gerichtshof

---

Rechtsstreitigkeiten abgegeben werden, vgl. hierzu Wehberg, Goldschmidt, Der Internationale Gerichtshof, S. 33f..

[754] Vgl. hierzu weiterführend Arnold, Probleme, S. 3 (3); Marauhn, Oellers-Frahm, Atomwaffen, S. 221 (226); McWhinney, The World Court, S. 41.

[755] *Nuclear Tests Case*, Entscheidung vom 22. Juni 1973, ICJ Reports 1973, S. 135ff..

[756] *Nuclear Tests Case*, Entscheidung vom 22. Juni 1973, ICJ Reports 1973, S. 99ff..

[757] Siehe Fn. 755, ICJ Reports 1973, S. 135 (141).

„manifestly not competent“ sei in dieser Angelegenheit und weigerte sich weiterhin, ein Urteil zu akzeptieren.[758] Nichtsdestotrotz erließ der Gerichtshof ungeachtet der Zustimmungsverweigerung Frankreichs am 22. Juni 1973 eine einstweilige Verfügung: *„[T]he French government should avoid nuclear tests causing the deposit of radioactive fall-out on the territory of New Zealand, the Cook Islands, Niue or the Tokelau Islands.“*[759]. Frankreich ignorierte diese Verfügung und setzte sein Testprogramm fort mit der Anmerkung, daß die Versuche keine schädlichen Auswirkungen auf die Umwelt hätten.

1974 trat Neuseeland wiederum an den IGH heran[760]. Neuseeland wollte nun geklärt wissen, *„[t]hat the conduct by the French government of nuclear tests in the South Pacific Region that give rise to radio-active fall-out constitutes a violation of New Zealand's rights under international law, and that these rights will be violated by any further such tests.“*[761]

Frankreich erklärte, daß diese Versuchsreihe von 1974 die letzte sein sollte. Dies veranlaßte den IGH zur Abweisung der Klage mit der Begründung: *„The object of the claim having clearly disappeared, there is nothing on which to give judgement.“*[762] Aus diesem Grund sei auch nicht mehr zu klären, ob derartige Versuche das internationale Recht verletzen. Diese Ablehnung brachte verschiedene, hart formulierte *dissenting opinions* mit sich, v.a. deshalb, weil der Kern der Klage Neuseelands, nämlich die Erklärung, daß die radioaktive Kontamination anderer Staaten und der Umwelt verursacht würde, verneint wurde.[763]

b) Das Verfahren 1995

1995 wandte sich Neuseeland ein drittes Mal in dieser Angelegenheit an den IGH und es kam aus folgendem Grund zu einer Wiederaufnahme des Verfah-

---

[758] *Nuclear Tests Case*, Entscheidung vom 25. Juli 1974, ICJ Reports 1974, S. 457 (458).

[759] Siehe Fn. 755, ICJ Reports 1973, S. 135 (142).

[760] Siehe Fn. 758, ICJ Reports 1974, S. 457ff.; ebenso wiederum Australien *Nuclear Tests Case*, Entscheidung vom 25. Juli 1974, ICJ Reports 1974, 253ff..

[761] Siehe Fn. 758, ICJ Reports 1974, 457 (460).

[762] Ebd., S. 477.

[763] Vgl. auch Berg, Nuclear Tests Cases, S. 216ff.; Franck, Word Made Law, S. 612ff.; Gillespie, The 1995 nuclear tests case, S. 195 (196); Kewenig, Der Internationale Gerichtshof, S. 323 (323f.); Koshla, Nuclear Test Cases, S. 322 (323ff.); Lellouche, The International Court of Justice, S. 614ff.; Macdonald, Hough, The Nuclear Tests Case, S. 337ff.; Ruiz, Mootness, S. 358ff.; Watson, The ICJ, S. 1ff.; Wengler, Der Internationale Gerichtshof, S. 1063ff..

rens: Frankreich hatte eine neue atomare Versuchsreihe angekündigt[764]. Neuseeland beantragte deshalb die Feststellung, daß die französischen Atomversuche eine Verletzung des Völkerrechts darstellen und hilfsweise, daß den Versuchen eine Umweltverträglichkeitsprüfung mit anschließender Bekanntgabe der Ergebnisse voranzugehen habe. Auch 1995 stellte Neuseeland wieder den Antrag auf einstweilige Maßnahmen.[765]

Frankreich hatte sich jedoch inzwischen der Gerichtsbarkeit des IGH entzogen,[766] da der IGH sich 1974 weigerte von dem damaligen Verfahren Abstand zu nehmen, obwohl Frankreich bereits anläßlich seiner Unterwerfungserklärung unter die Gerichtsbarkeit des IGH am 20. Mai 1966 erklärt hatte, daß Fragen der „*national defence*" nicht in die Gerichtsbarkeit mit einbezogen seien.[767] Da man aber bei Beendigung des ersten Teils des Verfahrens 1974 bereits befürchtet hatte, daß zum einen Frankreich sich der Gerichtsbarkeit entziehen werde, gleichzeitig aber die Versuche irgendwann fortsetzen werde, hatte man folgende Klausel in die Entscheidung von 1974 aufgenommen, um Frankreich auch nach den erwarteten Geschehnissen durch die internationale Gerichtsbarkeit beikommen zu können:

> „*Once the Court has found that a State has entered into a commitment concerning its future conduct it is not the Court's function to contemplate that it will not comply with it. However, the Court observes that if the basis of this Judgement were to be affected, the Applicant could request an examination for the situation in accordance with the provisions of the Statute; the denunciation by France, by letter dated 2 January 1974, of the General Act for the Pacific Settlement of International Disputes,*

---

[764] Vgl. oben unter A, I.

[765] *Request for an Examination of the Situation in Accordance with Paragraph 63 of the Courts Judgement 20. Dec. 1974 in the Nuclear Tests (New Zealand v. France)*, Urteil vom 22. September 1995, ICJ Reports 1995, S. 288ff..

[766] Die hier problematische Unterwerfung Frankreichs unter die internationale Gerichtsbarkeit hatte Neuseeland in den Verfahren 1973/74 auf Art. 36 Abs. 2 IGH-Statut gestützt, sowie wegen der Einschränkung von 1966 weiterhin auch auf Art. 33 der Genfer Generalakte zur friedlichen Beilegung von Streitigkeiten vom 26. September 1928 (revidierte Fassung vom 28. April 1949 in 71 UNTS 101) weiterführend vgl. von der Heydte, General Act, S. 499ff.; ders., Genfer Generalakte, S. 651 (652), wo von der Heydte die Fortgeltung nach dem Ende des Völkerbundes als selbstverständlich ansieht; a.A. wie auch Frankreich von Mangoldt, Arbitration, S. 417 (439) mit Verweis auf Resolution 268 (III) der UN-Generalversammlung); vgl. auch Lellouche, The International Court of Justice, S. 614 (619, 628f.); Marauhn, Oellers Frahm, Atomwaffen, S. 221 (226).

[767] Grand, Legality, S. 273 (275).

which is relied on as a basis of jurisdiction in the present case, cannot constitute by itself an obstacle to the presentation of such a request".[768]

Da es sich 1995 somit lediglich um die Wiederaufnahme des Verfahrens von 1974 handelte und eine Verhandlung wegen des Rückzugs Frankreichs aus der Gerichtsbarkeit des IGH auch nur in diesem Rahmen möglich war, konnte Neuseeland seine Argumentation nicht auf schlagkräftige Argumente, wie z.B. die Verlängerung des NPT ausweiten. Um den Gerichtshof von der Notwendigkeit der Wiederaufnahme des Verfahrens zu überzeugen, brachte Neuseeland vor, daß das Verfahren von 1974 nicht lediglich auf Versuche in der Atmosphäre beschränkt war und begründete dies mit dem eben zitierten Absatz 63 der damaligen Entscheidung: „*[T]he Court observes that if the basis of this judgement were to be affected, the Applicant could request an examination of the situation* ...“[769].

Daß unter Formulierung des Art. 63 des Urteils von 1974 nur Versuche in der Atmosphäre zu verstehen seien, ergab sich schließlich aus Absatz 29 der damaligen Entscheidung: „*The New Zealand claim is to be interpreted as applying only to atmospheric tests, not to any other form of testing, and as applying only to atmospheric tests so conducted as to give rise to radio-active fall-out on New Zealand territory.*“[770] Diese Restriktion nahm der Klage schließlich die Erfolgsaussichten: Der Gerichtshof kam zu einer ablehnenden Entscheidung, da die Prüfung durch das erste Verfahren darauf beschränkt war, daß (1) es sich um radioaktiven Niederschlag handeln müsse, der (2) als Ursache oberirdischer Versuche entstanden sein müsse. Bei den Versuchen von 1995 handelte es sich aber um unterirdische Versuche:

> „*The basis of the judgement delivered by the Court in the [1974]* Nuclear Tests (New Zealand v. France) *case was consequently France's undertaking not to conduct any further atmospheric tests; whereas it was only, therefore, in the event of a resumption of nuclear tests in the atmosphere that that basis of the Judgement would have been affected; and whereas that hypothesis has not materialized ... it is not possible for the Court now to take into consideration questions relating to underground nu-*

---

[768] Siehe Fn. 758, ICJ Reports 1974, S. 457 (477).

[769] Ebd..

[770] Siehe Fn. 758, ICJ Reports 1974, 457 (466).

clear tests ... and ... the development of international law in recent decades – ... particularly ... the Noumea Convention ...".[771]

4. Konsequenz

Dieser Fall[772] führt allzu deutlich vor Augen auf welcher Gratwanderung der Gerichtshof sich bei der rechtlichen Bewertung politisch heikler Fragen befindet: Auf der einen Seite die Bewertung eines Sachverhalts anhand einer rechtlichen Meßlatte, der sich der Gerichtshof als Hauptjustizorgan der Vereinten Nationen verpflichtet hat, auf der anderen Seite die Souveränität der Staaten, die ihnen nahezu ohne Einschränkung freistellt, sich einem internationalen Gericht zu unterstellen, v.a. aber auch sich jederzeit dessen Gerichtsbarkeit wieder zu entziehen. Die Frage ist jedoch dann, inwiefern dem internationalen Wohl und Frieden, die ja letztendlich Zielsetzung der Vereinten Nationen und somit auch der Arbeit des Gerichtshofs sind, vgl. die Präambel der UN-Charta, mit einer rechtlich standhaltenden, aber politisch heiklen Entscheidung gedient werden kann. Aufgrund der überaus umfangreichen Einschränkungen, die zahlreiche Staaten ohnehin anläßlich ihrer Unterwerfungserklärung unter die Gerichtsbarkeit des IGH gemacht haben, ist es fraglich, ob eine Rechtsprechung um des Rechts wegen sinnvoll ist, die den Staaten schließlich Veranlassung bietet, sich gänzlich der Gerichtsbarkeit des IGH zu entziehen. Auch steht es um das internationale Ansehen des Gerichtshofs nicht gut, wenn z.B. Frankreich als Mitglied der ersten Stunde sich der Gerichtsbarkeit entzieht. Offen bleibt jedoch die Frage, in welche Richtung eine Auflösung des Konflikts weniger Schaden mit sich bringt bzw. sinnvoller ist.[773]

Zusammenfassend kann jedenfalls festgehalten werden, daß die aufgrund der Souveränität der Staaten diesen offenstehende Unterwerfung unter die Gerichtsbarkeit des IGH einen Grund für eine zurückhaltende Rechtsprechung darstellt. Besonders in der Atomwaffenfrage ist dies nachzuvollziehen, da in diesem Bereich die Gerichtsbarkeit über die fünf ständigen Mitglieder des UN-Sicherheitsrats indirekt zur Debatte stand (auch wenn diesbezüglich wohl Einschränkungen wegen der Gutachtennatur der Entscheidung gemacht werden müssen).

---

[771] Siehe Fn. 765, ICJ Reports 1995, S. 288 (305f.).

[772] Weitere diesbezüglich problematische Fälle sind aufgeführt bei Mosler, Der Internationale Gerichtshof, S. 16.

[773] Vgl. McWhinney, International Law-Making, S. 9 (43f.).

IV. Zusammenfassung

Es konnte vorliegend gezeigt werden, inwiefern eine zurückhaltende Entscheidung des IGH, vornehmlich die *non liquet*-Entscheidung des Atomwaffengutachtens, aus dem System, dem der Internationale Gerichtshof zugeordnet ist, den Vereinten Nationen, als pluralistischer Gesellschaft erwächst. Der Vorteil des IGH liegt darin, daß er bei seinen Entscheidungen keine vorhandenen anderen Gewalten eines Rechtsgefüges zu berücksichtigen hat. Dennoch stößt der IGH aufgrund der Souveränität, die einem jeden Staat trotz Beitritts zu den Vereinten Nationen oder zumindest der Unterwerfung unter die Gerichtsbarkeit des IGH, erhalten bleibt, an die aufgezeigten Grenzen. Aufgrund der gezeigten Systemimmanenz dieser behandelten Grenzen und somit hier auch Schwächen der Gerichtsbarkeit des IGH kann jedoch auch in Zukunft nicht erwartet werden, daß – ohne daß die hier nicht behandelten Fälle der in diesem Sinne progressiven Entscheidungen des IGH, wie z.B. des *Namibia*-Gutachtens[774], gänzlich vernachlässigt werden sollen – der Gerichtshof ohne den Blick auf diese Grenzen lediglich rechtliche Bewertungen vornimmt.

[774] *Legal Consequences for States of the Continued Presence of South Africa in Namibia (South West Africa) notwithstanding Security Council Resolution 276 (1970)*, Gutachten vom 21. Juni 1971, S. 16ff..

Zusammenfassung

Das Gutachten über die Völkerrechtskonformität der Drohung und des Einsatzes von Nuklearwaffen ist das Ergebnis einer Kampagne von Nichtregierungsorganisationen mit der Unterstützung zahlreicher blockfreier Staaten, die unter der Bezeichnung „World Court-Project" 1992 gestartet wurde. Zielsetzung der Mobilisierungsarbeit des World Court-Projects war die Einleitung eines Gutachtenverfahrens vor dem IGH, weil man hoffte, nach dem Stillstand, der sich in den Resolutionen der UN-Generalversammlung zur Abrüstung andeutete, so auf diesem Gebiet Fortschritte erzielen zu können. Bereits ein Jahr nach Beginn der Arbeit des World Court-Projects beschloß die WHO-Versammlung gegen den Widerstand der Atomwaffenstaaten und ihrer Alliierten, vom IGH ein Rechtsgutachten hinsichtlich der Rechtswidrigkeit eines Kernwaffeneinsatzes einzuholen. Dieser Antrag wurde jedoch vom IGH richtigerweise abgelehnt, weil die Gutachtenfrage nicht in den Tätigkeitsbereich der WHO fiel.
Der durch das World Court-Project erreichte zweite Gutachtenantrag mit der UN-Generalversammlung als Trägerin wurde jedoch zutreffenderweise vom Gerichtshof trotz des starken Widerstands der Kernwaffenstaaten und ihrer Alliierten in einem äußerst umfangreichen Vorverfahren angenommen, da die nach Art. 65 Abs. 1 IGH-Statut hierfür notwendigen Voraussetzungen gegeben waren. Entgegen dem Vorbringen der Kernwaffenstaaten lag die Antragsberechtigung der UN-Generalversammlung vor, da diese gem. Art. 96 Abs. 1 SVN über jede Rechtsfrage ein Gutachten anfordern kann. Weiterhin fiel der Gutachtenantrag auch thematisch in den Tätigkeitsbereich (vorliegend Art. 10, 11 und 13 SVN) der UN-Generalversammlung. Trotz der politischen Relevanz des Gutachtenantrags, die hinsichtlich der Verfahren vor dem IGH größtenteils gegeben ist, konnte die rechtliche Natur des Antrags nicht verneint werden, da der Gerichtshof sich dem rechtlichen Moment des Sachverhalts zuwendete. Auch war die Ermessensausübung des Gerichtshofs dahingehend, den Gutachtenantrag anzunehmen, zu begrüßen. Insbesondere gab die abstrakte Fragestellung keinen Anlaß zur Ablehnung, da die Thematik auch losgelöst von einem konkreten Sachverhalt und ohne Bezugnahme auf einzelne Normen einer generellen Klärung bedurfte. Eine solche war zur Unterstützung der Arbeit verschiedener UN-Organe hilfreich, außerdem auch zur Weiterentwicklung des internationalen Rechts.

Das Gutachten betrifft thematisch zunächst den Einsatz von Atomwaffen (Kernwaffen, Nuklearwaffen). Darunter sind lediglich diejenigen Waffen zu verstehen, die durch Umwandlung eines Kernbrennstoffs Energie freisetzen. Gegenstand des Gutachtens sind folglich nicht sog. Depleted Uranium Weapons, die im Golf- und im Kosovo-Krieg eingesetzt wurden. Eine Subsumtion unter die hier näher in Betracht kommende Definition der Anlage II des Waffenkontrollvertrags vom 23. Oktober 1954 bereitet deshalb Schwierigkeiten, weil lediglich eine Beschichtung durch abgereichertes Uran-238 vorliegt. Es ist bereits fraglich, ob insofern von dem *Inhalt* eines radioaktiven Isotops gesprochen werden kann. Weiterhin umstritten ist, ob die Freisetzung diese abgereicherten Urans zu *Massenzerstörungen, Massenschäden oder Massenvergiftungen* führt. Insbesondere widerspricht eine Einstufung der Depleted Uranium Weapons dem dargestellten grundsätzlichen Verständnis des Funktionierens einer Nuklearwaffe.

Insoweit das Gutachten die *Drohung* zum Gegenstand hat, ist darunter lediglich die Drohung mit einem Nuklearwaffeneinsatz zu verstehen und nicht bereits der bloße Besitz von Kernwaffen. Ein anderes Verständnis kollidierte mit der Souveränität der einzelnen Länder, weiterhin findet auch im Völkerrecht im allgemeinen und in der UN-Charta im besonderen eine Differenzierung zwischen dem bloßen Besitz einer Waffe und einer Drohung statt.

Maßstab der Untersuchung war das Völkerrecht, wobei nicht bereits das Fehlen eines Erlaubnissatzes die Gutachtenfrage beantwortete. Vielmehr wurde die Völkerrechtskonformität der Drohung und des Einsatzes von Atomwaffen anhand einzelner Verbote überprüft. Es fand allerdings entgegen der Rechtsprechung des Ständigen Internationalen Gerichtshofs im *Lotus*-Fall[775], der jedes Verhalten als erlaubt ansah, daß nicht generell verboten war, richtigerweise keine Beschränkung auf explizite Verbote unter Ausschluß allgemeiner statt. Die Rechtsprechung des *Lotus*-Falls war vor allem aufgrund der seit 1927 abgenommenen Bedeutung der Staatensouveränität auf die vorliegende Thematik nicht zu übertragen.

Der IGH prüfte zunächst die Vereinbarkeit der Drohung und des Einsatzes von Nuklearwaffen mit Vorschriften des Menschenrechtsschutzes, des Genozidverbots und des Umweltschutzes und wendete sich damit Bereichen zu, die nicht speziell dem Kriegsrecht zugeordnet werden können. Hinsichtlich des Menschenrechtsschutzes bezog sich der Gerichtshof auf Art. 6 IPBPR, der eine Menschenrechtsverletzung lediglich bei einer *willkürlichen* Tötung anerkennt. Richtigerweise stellte der IGH fest, daß diese trotz der hohen Wahrscheinlichkeit von Todesopfern als Folge eines Nuklearwaffeneinsatzes nicht zwingend gegeben ist, da für die Ausfüllung des Merkmals *willkürlich* nur die Intention eines Einsatzes entscheidend sein kann, nicht jedoch die eingesetzte Waffenart. Die Ablehnung der Annahme einer generellen Verletzung von Art. 6 IPBPR

---

[775] *The Case of the S.S. „Lotus"*, Urteil vom 7. September 1927, PCIJ Reports, Series A, No. 10.

durch einen Nuklearwaffeneinsatz war auch deswegen zutreffend, weil diese Vorschrift in der Hauptsache in Friedenszeiten zur Anwendung kommt. Eine unmodifizierte Anwendung während kriegerischer Auseinandersetzung nähme der absoluten Aussage des Art. 6 IPBPR ihre Stärke.

Art. II der Genozidkonvention setzt für die Annahme eines Genozids ebenso eine Tötungsabsicht voraus, was vorliegend gleichfalls zur Ablehnung eines generellen Verstoßes gegen diese Konvention führt. Auch die Formulierung des IGH in einem früheren Fall, daß unter einem Genozid „*'a crime under international law' involving a denial of the right of existence of entire groups, a denial which shocks the conscience of mankind and results in great losses to humanity and which is contrary to moral law and the spirit and aims of the United Nations*"[776], vermag nicht die absolute Forderung des Art. II der Genozidkonvention abzumildern. Von einem Verstoß kann nicht bereits deshalb ausgegangen werden, weil ein Nuklearwaffeneinsatz mit großer Wahrscheinlichkeit „*nationale, ethnische, rassische oder religiöse Gruppe[n] als solche ganz oder teilweise zerstört*" (Art. II der Genozid-Konvention).

Der Prüfung eines Verstoßes gegen den Umweltschutz lagen verschiedene Vorschriften zugrunde. Der IGH stellte fest, daß weder Art. 21 der Erklärung von Stockholm, noch der Grundsatz 2 der Erklärung von Rio, Art. 35 II und Art. 55 des ZP I oder Art. 1 der Konvention über das Verbot militärischer oder sonstiger feindseliger Anwendung von Mitteln zur Einwirkung auf die Umwelt einen Nuklearwaffeneinsatz verbieten. Auch hier ist dem IGH zuzustimmen. Was die Erklärungen von Rio und Stockholm betrifft, so ist - wie bereits hinsichtlich Art. 6 IPBPR - festzustellen, daß auch diese Vorschriften im Vordergrund v.a. für eine Anwendung zu Friedenszeiten entwickelt wurden. Eine undifferenzierende Anwendbarkeit hinsichtlich einer kriegerischen Auseinandersetzung kann nicht ohne weiteres angenommen werden. Art. 35 Abs. 3 und Art. 55 ZP I sind auf den Einsatz von Atomwaffen ebenfalls nicht anwendbar, da es sich dabei mangels Vorliegens der Voraussetzungen nicht lediglich um die vertragliche Fixierung gewohnheitsrechtlicher Normen handelt. Eine Übereinkunft verschiedener Kernwaffenstaaten führte außerdem zu einem Ausschluß der Anwendung dieser Vorschriften auf Nuklearwaffen. Auch das Verbot militärischer und sonstiger feindseliger Anwendungen von Mitteln zur Einwirkung auf die Umwelt verbietet einen Atomwaffeneinsatz nicht generell, sondern lediglich denjenigen, der mit der Intention verbunden ist, dem Gegner gerade auf diese Weise Schaden zuzufügen.

Die strikte Ablehnung eines Verstoßes gegen diese Vorschriften enttäuschte zunächst aufgrund der tatsächlichen Auswirkungen eines Atomwaffeneinsatzes.

---

[776] *Reservation to the Convention on the Prevention and Punishment of the Crime of Genocide*, Urteil vom 28. Mai 1951, ICJ Reports 1951, S. 15 (23).

Sofern der einzelne oder eine Vielzahl von Menschen durch diese Vorschriften geschützt werden sollen, erkannte der IGH diese Notwendigkeit jedoch an späterer Stelle des Gutachtens, in Zusammenhang mit dem humanitären Völkerrecht, an. Trotz fehlenden ausdrücklichen Verbots wies er des weiteren auf die Umwelt als schützenswertes Gut hin. Eine autoritative Klärung durch den Gerichtshof hatten sich jedoch vor allem die blockfreien Staaten hinsichtlich der Frage der Anwendbarkeit der „neuen Normen" des ZP I gewünscht, die leider vorliegend nicht erfolgte.

Auch das Gewaltverbot des Art. 2 Nr. 4 SVN wurde vom Gerichtshof zutreffenderweise nicht als generelles Verbot eines Einsatzes von Nuklearwaffen eingestuft, da dieses Gewaltverbot aus dem Bereich des *ius ad bellum* keine schrankenlose Geltung entfaltet. Deshalb kann ein Verstoß gegen Art. 2 Nr. 4 SVN nur im Einzelfall unter Einbeziehung der Regelungen des *ius in bello* festgestellt werden.

Im Zusammenhang mit der SVN kam der Gerichtshof zum ersten Mal auf die Völkerrechtskonformität der Drohung eines Nuklearwaffeneinsatzes zu sprechen. Als direkte Konsequenz des Art. 2 Nr. 4 SVN, der die Drohung und den Einsatz von Gewalt parallel stellt, konnte sich bezüglich der Drohung nichts anderes ergeben als bereits hinsichtlich des Einsatzes. Beachtlich in diesem Zusammenhang war jedoch, daß der Gerichtshof außer an dieser Stelle nur noch einmal im Gutachten Ausführungen zur rechtlichen Einordnung der Androhung eines Nuklearwaffeneinsatzes machte. Ein Rückblick nicht nur auf die Zeit des Kalten Kriegs zeigt, daß die eigentliche Wirkung der Kernwaffen nicht in ihrem tatsächlichen Einsatz zu sehen ist, sondern vielmehr in der Androhung desselben.

Der IGH verneinte auch den Verstoß eines Nuklearwaffeneinsatz gegen verschiedene Giftwaffenverbote. Der Gerichtshof begründete dies damit, daß selbst wenn Wirkung der freigesetzten radioaktiven Strahlung als Vergiftung angesehen werden könne, dies jedenfalls nicht die einzige Wirkung von Kernwaffen sei, was eine Subsumtion unter die Giftwaffenverbote verhindere. Insofern kann dem Gerichtshof nur hinsichtlich der Zweiten Haager Erklärung von 1899 zugestimmt werden, die im authentischen französischen Wortlaut nur diejenigen Waffen erfaßt, deren einzige Wirkung durch eine Vergiftung erreicht wird. Eine Untersuchung des Genfer Giftgasprotokolls und Art. 23 a HLKO nach Art. 31f. WVRK ergibt jedoch, daß weder der Wortlaut, noch Sinn und Zweck, die entsprechende Staatenpraxis oder die Entstehungsgeschichte der Normen auf eine derartige Einschränkung schließen lassen. Obschon dem Gerichtshof in diesem Punkte nicht zugestimmt werden kann, kann dennoch nicht behauptet werden, daß es sich hier um eine politische Entscheidung zugunsten der Kernwaffenstaaten handelt. Diese Aussage scheint nicht gänzlich aus der Luft gegriffen und wird von anderer Seite ebenso vertreten.

Zutreffend war hingegen wiederum die Feststellung des Gerichtshofs, daß aus der Gesamtheit der atomwaffenspezifischen Verträge kein umfassendes Verbot eines Nuklearwaffeneinsatzes abgeleitet werden kann. Eine solche Schlußfolgerung widerspräche der Logik einzelner Verträge. Bei Annahme eines umfassenden Verbots hätten diese einzelnen Verträge nicht mehr abgeschlossen werden müssen. Der Schlußfolgerung von Vize-Präsident Schwebel, der aus dem Beitritt von 175 Staaten zum Atomwaffensperrvertrag die Rechtmäßigkeit der Androhung eines Nuklearwaffeneinsatzes ableitete, kann dennoch nicht zugestimmt werden. Der im Nichtverbreitungsvertrag gestattete Besitz von Atomwaffen kann nicht der Drohung eines Einsatzes gleichgestellt werden. Unterbewertet wurden durch den Gerichtshof jedoch die Verträge von Tlatelolco und Rarotonga sowie die Vereinbarungen der Negativen Sicherheitsgarantien, da zumindest innerhalb des Anwendungsbereichs dieser Vorschriften ein Nuklearwaffeneinsatz generell rechtswidrig ist.

Korrekt war dagegen wiederum die Aussage des Gerichtshofs, daß weder aus der Staatenpraxis noch aus entsprechenden Resolutionen der UN-Generalversammlung ein völkergewohnheitsrechtliches Verbot eines Nuklearwaffeneinsatzes hergeleitet werden kann. Zwar ist die erste Voraussetzung für die Entstehung von Völkergewohnheitsrecht - die sog. *consuetudo* - unproblematisch aufgrund der entsprechenden Verhaltensweise der Staaten gegeben, da seit 50 Jahren Atomwaffen nicht mehr zum Einsatz kamen Probleme bereitet dagegen die zweite Voraussetzung. Diese sog. *opinio iuris* erfordert die Überzeugung der Staaten gemeinhin dahingehend, daß das praktizierte Verhalten rechtlich geboten ist. Die Staatenpraxis der Kernwaffenstaaten und ihrer Alliierten der letzten 50 Jahre läßt eine derartige Überzeugung nicht erkennen, da der praktizierten Herstellung und Aufstellung zumindest immer die Drohung eines möglichen Einsatzes innewohnt. Auch mußte die Abschreckungspolitik in diesem Zusammenhang nicht lediglich zum Objekt der rechtlichen Regulierung degradiert werden, da vorliegend die Staatenpraxis unmittelbarer Untersuchungsgegenstand für die Ableitung eines rechtlichen Verbots war.

Auch die Resolutionen der UN-Generalversammlung, die sich mit dem Verbot eines Nuklearwaffeneinsatzes auseinandersetzen, vermögen nicht eine solche *opinio iuris* darzustellen, da sie jeweils mit schwankenden Mehrheiten, gegen den Widerstand starker, andauernder Opposition angenommen wurden. Eine genauere Betrachtung der Abstimmungsverhältnisse in der UN-

Generalversammlung zeigt, daß es mit fortschreitender Zahl dieser Resolutionen keine signifikante, prozentuale Zunahme an Befürwortern gab.

In einem Zwischenergebnis kann festgestellt werden, daß das Gutachten bis zu dieser Stelle einer juristischen Überprüfung Stand hielt und bislang nicht von politischen Entscheidungen des Gerichtshofs gesprochen werden konnte.

Dies änderte sich jedoch mit der Untersuchung des Kernstücks des Gutachtens. Gegenstand der Prüfung war an dieser Stelle das humanitäre Völkerrecht. Im einzelnen vorliegend relevant waren drei Grundsätze: Zum einen das Verbot der Zufügung unnötiger Leiden, an zweiter Stelle der Schutz der Zivilbevölkerung bzw. das Verbot ungleich wirkender Waffen. An dritter Stelle wurde das Neutralitätsgebot in die Prüfung mit einbezogen, wobei es sich hierbei an sich nicht um einen Grundsatz des humanitären Völkerrechts handelt.

Ebenso wie der Gerichtshof hinsichtlich der Einstufung der neuen Vorschriften des ZP I keine eindeutige Aussage machte, zeigte er sich auch hier eher zurückhaltend, indem er die Einstufung des humanitären Völkerrechts als *ius cogens* verweigerte und lediglich von „*intransgressible principles of international law*“[777] sprach. Der Gerichtshof ließ aber keinen Zweifel daran, daß das humanitäre Völkerrecht jedenfalls auf die Drohung und den Einsatz von Nuklearwaffen anwendbar ist, und stärkt es bereits durch diese Feststellung.

Nicht nachvollziehbar ist schließlich die Ausführung des Gerichtshofs hinsichtlich der Vereinbarkeit eines Kernwaffeneinsatzes mit dem humanitären Völkerrecht. Nachdem der IGH zunächst davon ausging, daß diese der Nuklearwaffeneinsatz auf der einen Seite und das humanitäre Völkerrecht auf der anderen Seite nur schwer miteinander zu vereinbaren seien, kam er schließlich lediglich zu einem *non liquet*. Der Gerichtshof stellte fest, daß er in Anbetracht des gegenwärtigen Standes des Völkerrechts und auf der Grundlage der ihm vorgelegten Fakten „*cannot conclude definitely whether the threat or use of nuclear weapons would be lawful or unlawful in an extreme circumstance of self-defence, in which the very survival of a State would be at stake*“[778]. Generell verhält es sich so, daß es dem IGH innerhalb des Gutachtenverfahrens offen steht, eine Entscheidung zu treffen. Mit dieser ihm überlassenen Freiheit wäre der Gerichtshof aber nur dann interessengerecht umgegangen, wenn er eine Entscheidung verweigerte, weil das Recht unklar ist. Im vorliegenden Fall konnte aber gezeigt werden, daß das Recht nicht unklar ist.

Eine genaue Analyse der *non liquet*-Aussage des Gerichtshofs ergab, daß er einen Atomwaffeneinsatz grundsätzlich für nicht mit dem humanitären Völker-

---

[777] Gutachten, Absatz 79.

[778] Gutachten, Absatz 105 E2.

recht für vereinbar hält, in einem extremen Selbstverteidigungsfall jedoch keine absolute Aussage getroffen werden könne. Der Gerichtshof hatte zuvor die Grundsätze des humanitären Völkerrechts mit einem Nuklearwaffeneinsatz nur für schwer vereinbar erklärt. Dieser zweite Teil der *non liquet*-Aussage konnte nur so verstanden werden, daß entweder einen Kernwaffeneinsatz vorstellbar ist, der nicht gegen die Grundsätze des humanitären Völkerrecht verstößt oder im Falle eines extremen Selbstverteidigungsnotfalls das humanitäre Völkerrecht suspendiert ist.

Eine nähere Auseinandersetzung mit den einzelnen Grundsätzen des humanitären Völkerrechts und dem Neutralitätsgrundsatz ergibt zunächst, daß kein Atomwaffeneinsatz vorstellbar ist, der nicht zumindest gegen den Grundsatz der Zufügung unnötiger Leiden verstößt. Da es sich bei dem Grundsatz des Schutzes der Zivilbevölkerung und dem Neutralitätsgebot aufgrund des überkommenen Prinzips absoluter territorialer Integrität nur um relative Gebote handelt, ist eine Verletzung dieser Grundsätze nicht abstrakt feststellbar. Das bedeutet, daß nicht von vornherein ausgeschlossen werden kann, daß die Verletzung der Zivilbevölkerung oder die Betroffenheit eines neutralen Landes zum militärischen Ziel verhältnismäßig ist.

Anders verhält es sich jedoch mit dem Verbot der Verursachung unnötiger Leiden. Unnötig im Sinne dieses Grundsatzes sind solche Leiden, die das militärische Ziel nicht unmittelbar fördern. Gerade derartige Leiden werden aber durch die radioaktive Strahlung einer Nuklearwaffe erzeugt, da diese teilweise erst Jahrzehnte später auftreten und somit das gegenwärtige militärische Ziel nicht zu fördern vermögen.

Da jedenfalls das Verbot der Verursachung unnötiger Leiden durch einen Nuklearwaffeneinsatz verletzt wird, scheidet bereits die erste Interpretationsmöglichkeit der *non liquet*-Aussage aus.

Aber auch die zweite Möglichkeit, die *non liquet*-Aussage des Gerichtshofs mit seinen vorherigen Feststellungen in logischer Stringenz zu verbinden scheitert, da auch ein „extremer Selbstverteidigungsnotfall" einen Nuklearwaffeneinsatz nicht rechtfertigt. Das Selbstverteidigungsrecht geht dem humanitären Völkerrecht nicht vor, vielmehr sind die Ge- und Verbote des letzteren auch im Selbstverteidigungsfall anwendbar. Dieses Verhältnis zwischen dem Selbstverteidigungsrecht und dem *ius in bello* verinnerlicht, verursacht die vom Gerichtshof in Erwägung gezogene Ausnahme des „extremen Selbstverteidigungsnotfalls" zahlreiche Probleme: Zunächst führte diese Aussage des Gerichtshof zu einer Ungleichbehandlung unter den Staaten *de iure*, da lediglich die Kernwaffenstaaten gegen die Grundsätze des *ius in bello* ihr Land verteidigen dürften. Insofern fehlt der Aussage des Gerichtshof auch eine Klarstellung dahingehend, ob lediglich der Notwehrfall einen Nuklearwaffeneinsatz rechtfertigt oder auch der Nothilfefall. In diesem Zusammenhang ergeben sich Probleme mit der Gewährung der Sicherheitsgarantien sowie dem horizontalen Proliferationsrisiko. Unklar ist weiterhin, was genau unter „*survival of the State*“ zu verstehen ist, d.h. ob das wirtschaftliche, das politische etc. Überleben des Staates gemeint ist. Durch die *non liquet*-Aussage wird der Formulierung „*survival of the State*“ de facto Rechtssatzqualität beigemessen. Dies erscheint zum einen hinsichtlich der eigentlichen Aufgaben eines Gerichts, die sich vornehmlich auf Rechtsprechung beschränkt, problematisch. Weiterhin überläßt diese Formulierung mangels Präzisierung durch den Gerichtshof den einzelnen Staaten die Entscheidung, wann die Situtation des „*survival of the State*“ gegeben ist. Dies gibt wiederum einer gewissen Staatenwillkür Raum.

Da eine juristisch stringente Auslegung der *non liquet*-Aussage nicht möglich ist, drängt sich der Gedanke auf, daß der Gerichtshof eine eindeutige Entscheidung verweigerte, um vielmehr sowohl den Befürwortern von Kernwaffen unter den Staaten als auch deren Gegnern gerecht zu werden, also nicht juristischen Regeln, sondern vielmehr politischer Opportunität folgte.

Nicht zufriedenstellend ist ebenso die Bewertung der Vereinbarkeit der Drohung mit dem humanitären Völkerrecht und dem Neutralitätsprinzip. Der Gerichtshof stellte hier lediglich fest, daß ein Verstoß dann vorliege, wenn die beabsichtigte Anwendung selbst einen Verstoß darstelle. Diese an sich sehr klare Darstellung hätte nur dann eine verbindliche Aussage, wenn der Gerichtshof hinsichtlich des Einsatzes selbst sich eindeutig geäußert hätte, was er aber mit der *non liquet*-Aussage gerade nicht tat. Tatsächlich mußte aufgrund der in Art. 2 Nr. 4 SVN erfolgten Parallelstellung von Drohung und Einsatz eine solche auch hier erfolgen. Trotz dieser zwingenden Konsequenz enttäuschte die Bewertung durch den Gerichtshof an dieser Stelle, da sie nicht die erwartete eindeutige, autoritative Stellungnahme des Gerichtshofs zur Abschreckungspolitik offenbarte. Da gezeigt wurde, daß ein Atomwaffeneinsatz stets gegen das humanitäre Völkerrecht verstößt, muß dies auch für die Drohung gelten.

Die Kritik an der *non liquet*-Aussage des Gerichtshofs, die mit sieben zu sieben Stimmen und dem somit entscheidenden *casting vote* des Präsidenten ausfiel, muß jedoch relativiert werden. In diesem Punkt hatte sich als problematisch erwiesen, daß trotz zweier Fragen, die zur Abstimmung gestellt wurden, die Richter lediglich jeweils eine Stimme hatten. Zum einen wurde nach der Rechtmäßigkeit des Einsatzes bzw. der Drohung gefragt, zum anderen nach der Rechtfertigung in einem extremen Selbstverteidigungsnotfall. Eine Untersuchung der richterlichen Voten hinsichtlich der Abstimmungsgründe ergibt ein bereinigtes Quorum hinsichtlich einer Mehrheit der Richter für die Illegalität der Drohung und des Einsatzes von Nuklearwaffen.

Mit der von ihm getroffenen Entscheidung schien der IGH selbst unzufrieden, da er, ohne daß der Gutachtenantrag hierzu Veranlassung geboten hätte, ausdrücklich zum Abschluß der umfassenden nuklearen Abrüstung aufrief.

Im letzten Teil der Arbeit werden mögliche Ursachen für die zurückhaltende Entscheidung des IGH in der *non liquet*-Aussage herausgearbeitet. Im Rahmen dessen werden zunächst thematisch vergleichbare Entscheidungen anderer Gerichte untersucht. Es handelt sich dabei um Verfahren hinsichtlich der Wiederaufnahme der französischen Atomversuche im Jahre 1995. Sowohl bezüglich einer Entscheidung des französische Conseil d'Etat als auch des Gerichts erster Instanz der Europäischen Gemeinschaften kann äußerste Zurückhaltung beobachtet werden. Beide Gerichte wiesen Klagen gegen die Wiederaufnahme der Tests zurück, ohne die materielle Rechtslage zu prüfen. Hinsichtlich dieser Verfahren kann festgestellt werden, daß sie juristisch nicht auf festem Fundament stehen, die Begründung der abweisenden Entscheidungen vielmehr in Zweifel zu ziehen sind. Diesbezüglich fällt es nicht schwer, die Ursache für die gezeigte richterliche Zurückhaltung zu finden, zumal die Problematik in der Entscheidung des französischen Conseil d'Etat explizit angesprochen wurde: Sowohl hinsichtlich des französischen Staats als auch bei der EU handelt es sich um gewaltenteilende Rechtsgefüge, innerhalb deren die Gerichte als eine Gewalt dort an Grenzen stoßen, wo die Kompetenz einer anderen Gewalt beginnt.

Allerdings können diese Erkenntnisse nicht als Erklärung für die Zurückhaltung des IGH in der *non liquet*-Entscheidung herangezogen werden, da der IGH als Hauptrechtsprechungsorgan der Vereinten Nationen nicht in ein gewaltenteilendes Rechtsgefüge eingebunden ist. Dennoch kann gezeigt werden, daß die Grenzen der Rechtsprechung des IGH, ebenso wie die nationaler Gerichte, dem System, in das der IGH eingebunden ist, den Vereinten Nationen, immanent sind. Herausgearbeitet werden drei Problembereiche, die den Internationalen Gerichtshof unter Umständen zu einer Zurückhaltung veranlassen.

Zum einen liegt eine Schwäche des Internationalen Gerichtshofs darin, daß das Völkerrecht keine zentrale Instanz wie den Nationalstaat vorsieht, der eine Einhaltung der Rechtsprechung überwacht oder gegebenenfalls erzwingt. D.h., hinsichtlich der Entscheidungen des IGH liegt ein Vollzugsdefizit vor. An sich sieht Art. 94 Abs. 2 SVN vor, daß - wenn notwendig - der UN-Sicherheitsrat dem durch den IGH gesprochenen Recht Geltung verschafft. Die Untersuchung verschiedener Fälle, in der ein Staat dem Richterspruch des IGH nicht befolgen wollte, haben jedoch zum einen gezeigt, daß in der Praxis kaum auf die Vollzugshilfe des UN-Sicherheitsrats zurückgegriffen wird. Sollte der Sicherheitsrat doch tätig werden, ergibt sich zum anderen das Problem, daß gem. Art. 27 Abs. 3 SVN die fünf ständigen Mitglieder des Sicherheitsrats einstimmig für die Notwendigkeit der Vollzugshilfe sein müssen. Dies erweist sich bereits grundsätzlich als schwierig. Gerade im Hinblick auf eine Entscheidung, die sich gegen Atomwaffen wendet, ist jedoch nur schwer vorstellbar, daß alle offiziellen Kernwaffenstaaten, die die ständigen Mitglieder des UN-Sicherheitsrates sind, für die Durchsetzung einer solchen Entscheidung stimmen.

Eine weitere Schwäche des IGH ist in der Loyalität der Richter zu ihren Heimatstaaten zu sehen. So hat eine Untersuchung der verschiedenen Verfahren ab 1950 vor dem IGH hinsichtlich des Status von Namibia bzw. Süd-West-Afrika gezeigt, daß die Entscheidungen des Gerichtshofs ganz erheblich von der jeweiligen Besetzung der Richterbank abhängen. Auch wenn diese Problematik bereits damals erkannt wurde, konnte sie dem Grunde nach bis heute nicht gelöst werden. Fraglich erscheint vielmehr, ob aufgrund der verschiedensten vor dem IGH verhandelten Fälle, überhaupt eine in jedem Fall ausgeglichene Besetzung der Richterbank möglich ist. An dem Atomwaffengutachten waren Richter aus den fünf offiziellen Kernwaffenstaaten beteiligt. Es bedarf nicht zu viel Phantasie, um sich vorzustellen, inwiefern die Beteiligung dieser Richter, weiterhin noch anderer Richter aus alliierten Staaten der Kernwaffenstaaten, die Entscheidung nicht auch politisch beeinflußte, da ein wesentlicher Bestandteil der Außenpolitik ihrer Heimatstaaten Prüfungsgegenstand war.

Der dritte Problemkreis, der den IGH mitunter in seine Grenzen weist, ist das Fehlen einer obligatorischen Gerichtsbarkeit, d.h. daß eine Unterwerfung jedes einzelnen Staats unter die Gerichtsbarkeit des IGH notwendig ist. In diesem Zusammenhang aber wichtiger ist, daß diese Unterwerfung vor allem jederzeit rückgängig gemacht werden kann. Durch einen Blick auf das Verfahren 1995 vor dem IGH wegen der Wiederaufnahme der französischen Atomversuche konnte festgestellt werden, wie unproblematisch eine partielle „Entmachtung" des IGH durch die Entziehung aus seiner Gerichtsbarkeit ist. Der Gerichtshof läuft hier ebenso wie aufgrund des Vollzugsdefizits leicht Gefahr sein Gesicht zu verlieren, wenn seine Entscheidungen auf jeweils unterschiedliche Weise nicht beachtet werden. Gerade aber hinsichtlich des Atomwaffengutachtens, das vor allem die fünf ständigen Mitglieder des UN-Sicherheitsrats in einem wichtigen Punkt ihrer Außenpolitik betrifft, erscheint deshalb eine jedenfalls vorsichtige Entscheidung verständlich.

Abschließend läßt sich deshalb feststellen, daß zweifelsohne die Erwartungen, die im Vorfeld an den Gerichtshof gestellt wurden, nicht vollends befriedigt wurden. Bedauerlich ist mit Blick auf die Staatenpraxis der letzten 50 Jahre vor allem, daß eine abschließende Bewertung der Androhung eines Atomwaffeneinsatzes und somit also auch der Abschreckungspolitik nicht stattgefunden hat. Falsch wäre es dennoch, hier das gesamte Gutachten lediglich durch die Kritik der *non liquet*-Aussage zu würdigen. Obschon der IGH regelmäßig über politisch relevante Sachverhalte zu entscheiden hat, wurde ihm zu keinem vorherigen Zeitpunkt die Beantwortung einer rechtlichen Frage aufgegeben, die 50 Jahre lang die internationalen Beziehungen dominierte und bis zum heutigen Tage kaum an Bedeutung verloren hat. Mit den Worten von Vize-Präsident Schwebel gesagt „*a titanic tension between State practice and legal principle*“[779]. Der IGH stellte als erstes Gericht überhaupt Kernwaffen in eine direkte Beziehung zum Völkerrecht, die weiterhin auch in Zusammenhang mit den Stellungnahmen der Richter und Staaten äußerst ausführlich dargestellt wird. Gerade auch in der *non liquet*- Aussage, die berechtigterweise Ansatzpunkt umfangreicher Kritik war, hat der Gerichtshof die sehr wichtige Feststellung gemacht, daß die Androhung und der Einsatz von Kernwaffen grundsätzlich rechtswidrig ist. Der Gerichtshof hat somit eine brisante Frage unserer Zeit primär negativ beantwortet. Die Schwäche der *non liquet*-Entscheidung schließlich wird dadurch reduziert, daß sie auf dem System der Vereinten Nationen als pluralistischer Gesellschaft beruht. Der Gerichtshof kann nicht über die Grenzen hinwegschreiten, die das System, das ihn einbindet, setzt.

[779] Vize-Präsident Schwebel, Dissenting Opinion, S. 311.

Literaturverzeichnis

Andrassy, Juraj, Betrachtungen über die Zuständigkeit des Internationalen Gerichtshofs, in: ZaöRV 1958, S. 1ff.; zit.: Andrassy, Betrachtungen

Arnold, Rainer, Probleme der Fakultativklausel in der internationalen Gerichtsbarkeit, in: Heinrich Kipp, Franz Mayer, Armin Steinkamm (Hrsg.), Um Recht und Freiheit, Festschrift für Friedrich August von der Heydte zur Vollendung des 70. Lebensjahres, Berlin 1977; S. 3ff.; zit.: Arnold, Probleme

Arx, Herbert Julius von, Atombombenversuche und Völkerrecht, Basel 1974; zit.: Arx, Atombombenversuche

Auvret-Finck, Josiane, Les actes de gouvernement, irréductible peau de chagrin? in: RDP 1995, S. 131ff.; zit.: Auvret-Finck, Les actes

Baxter, Richard, Criteria of the Prohibition of Weapons in International Law, Festschrift für Ulrich Scheuner, Berlin 1973, S. 41ff.; zit.: Baxter, Criteria

Bedjaoui, Mohammed, Humanitarian law at a time of failing national and international consensus, in: Independent Commission on International Humanitarian Issues (Hrsg.), Modern Wars, London 1986, S. 1ff.; zit.: Bedjaoui, Humanitarian law

Bekker, Peter H.F., (ohne Titel), Zusammenfassung des IGH-Gutachten, in: AJIL 1997, S. 126ff.; zit.: Bekker, Anmerkung

ders., (ohne Titel), Zusammenfassung der Ablehnung des WHO-Antrags, in: AJIL 1997, S. 134ff.; zit.: Bekker, Zusammenfassung

Bello, Emmanuel G., African Customary Humanitarian Law, Genf 1980; zit.: Bello, Humanitarian Law

Berber, Friedrich, Lehrbuch des Völkerrechts, II. Bd. , Kriegsrecht, München und Berlin 1962; zit.: Berber, Kriegsrecht

Beutler, Bengt, Bieber, Roland, Pipkorn, Jörn, Streil, Jochen, Die Europäische Union, 4. Auflage, Baden-Baden 1993; zit.: Beutler, Bieber, Pipkorn, Streil, Die Europäische Union

Berg, Axel, Nuclear Tests Cases (Australia v. France; New Zealand v. France), in: Rudolf Bernhardt (Hrsg.), Encyclopedia of Public International Law, Bd. 2, Amsterdam, New York, Oxford 1981, S. 216ff.; zit.: Berg, Nuclear Tests Cases

Bernhardt, Rudolf, Anglo-Iranian Oil-Fall, in: Hans-Jürgen Schlochauer (Hrsg.), Strupp-Schlochauer, Wörterbuch des Völkerrechts, Bd. 1, Berlin 1960, S. 60ff.; zit.: Bernhardt, Anglo-Iranian Oil-Fall

ders., Corfu Channel Case, in: Rudolf Bernhardt (Hrsg.), Encyclopedia of Public International Law, Bd. 1, Amsterdam, London, New York, Tokyo 1992, S. 831ff.; zit.: Bernhardt, Corfu Channel Case

ders., Korfu Kanal-Fall, in: Hans-Jürgen Schlochauer (Hrsg.), Strupp-Schlochauer, Wörterbuch des Völkerrechts, Bd. 2, Berlin 1961, S. 313ff.; Bernhardt, Korfu Kanal-Fall
ders., Monetary Gold-Fall, in: Hans-Jürgen Schlochauer (Hrsg.), Strupp-Schlochauer, Wörterbuch des Völkerrechts, Bd. 2, Berlin 1961, S. 545ff.; zit.: Bernhardt, Monetary Gold-Fall
Bertram, Christoph, Die Bombe und ihr Vermächtnis, in: Der Spiegel 5/1999, S. 110ff.; zit.: Bertram, Die Bombe
Bhagwati, P.N., Stellenwert von Atomwaffen im Völkerrecht: Die Rechtsdebatte im Hinblick auf Humanität, der Ökologie und der Menschenrechte, in: Der Pazifist, November – Dezember 1993, S. 246ff., S. 289ff.; zit.: Bhagwati, Stellenwert
Van den Biesen, Phon, (ohne Titel), in: John Burroughs, The (Il)legality of Threat or Use of Nuclear Weapons, Münster 1997, S. ix f.; zit.: Van den Biesen, Foreword
Blechschmidt, Peter, Nato: Radioaktive Munition im Kosovo noch nicht eingesetzt, in: SZ vom 22.04.1999, S. 6; zit.: Blechschmidt, Radioaktive Munition
Blumenwitz, Dieter, Die Ostverträge im Lichte des internationalen Vertragsrechts, Bonn 1982; zit.: Blumenwitz, Die Ostverträge
ders., Fragen der Zulässigkeit von Nuklearwaffen auf der Grundlage der Zusatzprotokolle, in: Bearbeitung der Kommentierung des I. Genfer Zusatzprotokolls 1977, Stand: 1. März 1998 (Manuskript); zit.: Blumenwitz, Fragen der Zulässigkeit
ders., Judicial self-restraint und die verfassungsgerichtliche Überprüfung von Akten der Auswärtigen Gewalt, in: DVBl 1976, S. 464ff.; zit.: Blumenwitz, Judicial self-restraint
ders., Verfassungsbeschwerde und politischer Vertrag, in: BayVBl 1976, S. 520ff.; zit.: Blumenwitz, Verfassungsbeschwerde
Bothe, Michael, Atomwaffen vor dem Internationalen Gerichtshof, Zur Zulässigkeit des WHO-Antrags, Marburg 1994; zit.: Bothe, Atomwaffen
ders., Challenging French Nuclear Tests: A Role For Legal Remedies? in: RECIEL 1996, S. 253ff.; zit.: Bothe, Challenging French Nuclear Tests
ders., Das völkerrechtliche Verbot des Einsatzes chemischer und bakteriologischer Waffen, Köln, Bonn 1973; zit.: Bothe, Das völkerrechtliche Verbot
ders., Nuklearstrategie nach dem IGH-Gutachten? in: Die Friedens-Warte 1996, S. 249ff.; zit.: Bothe, Nuklearstrategie
ders., Ipsen, Knut, Parsch, Karl Josef, Die Genfer Konferenz über humanitäres Völkerrecht, in: ZaöRV 1978, S. 1ff., zit.: Bothe, Ipsen, Parsch, Die Genfer Konferenz

Bothe, Michael, Partsch, Karl Josef, Solf, Waldemar A., New Rules for Victims of Armed Conflicts, Commentary on the Two 1977 Protocols Additional to the Geneva Conventions of 1949, Den Haag 1982; zit.: Bothe, Partsch, Solf, New Rules

Boyd, John A. (Hrsg.), Digest of United States Practice in International Law, Washington 1975; zit.: Boyd, Digest

F. A. Brockhaus GmbH, Brockhaus, Die Encyklopädie in vierundzwanzig Bänden, 20. überarbeitete und aktualisierte Auflage, Leipzig, Mannheim 1996; zit.: Brockhaus-Encyklopädie

Brownlie, Ian, Principles of Public International Law, 4. Auflage, Oxford 1990; zit.: Brownlie, Principles

ders., Some Legal Aspects of the Use of Nuclear Weapons, in: ICLQ 1965, S. 437ff; zit.: Brownlie, Some Legal Aspects

Bülck, Hartwig, Vertragsauslegung, in: Hans-Jürgen Schlochauer (Hrsg.), Strupp-Schlochauer, Wörterbuch des Völkerrechts, Bd. 3, Berlin 1962, S. 547ff.; zit.: Bülck, Vertragsauslegung

Bunn, George, The Legal Status of U.S. Negative Security Assurances to Non-Nuclear Weapon States, in: The Nonproliferation Review/Spring-Summer 1997, S. 1ff.; zit.: Bunn, The Legal Status

Burroughs, John, The (Il)legality of Threat or Use of Nuclear Weapons, Münster 1997; zit.: Burroughs, The (Il)legality

ders., Cabasso, Jaqueline, Nukes on Trial, in: Bulletin of the Atomic Scientist, März/April 1996, S. 41ff.; zit.: Burroughs, Cabasso, Nukes

Buske, Norm, Radioactivity in Plankton outside the 12-mile Exclusion Zone of the French Nuclear Tests Site, Report of the 1990 Scientific Mission of the Rainbow Warrior, Davenport 1991; zit.: Buske, Radioactivity

Caldicott, Helen, A New Kind of Nuclear War, in: Depleted Uranium Education Project (Hrsg.), Depleted Uranium, New York 1997, S. 18; zit.: Caldicott, A New Kind

Cayla, Olivier, Le contrôle des mesures d'exécution des traités: réduction ou négation de la théorie des actes de gouvernement, in: RFDA 1994, S. 1ff.; zit.: Cayla, Le contrôle

Chemillier-Gendreau, Monique, La Cour internationale de justice entre politique et droit, in: Le Monde Diplomatique, November 1996, S. 10f.; zit.: Chemillier-Gendreau, La Cour

Clark, Roger S., The Laws of Armed Conflict and the Use or Threat of Use of Nuclear Weapons, in: Criminal Law Forum, 1996, S. 265ff.; zit.: Clark, The Laws of Armed Conflict *ders., Sann, Madeleine (Hrsg.)*, The Case against the Bomb: Marshall Islands, Samoa, and Solomon Islands in the International Court of Justice, Camden 1996; zit.: Clark, Sann, The Case

Terrell, Peter, Schnorr Veronika, Morris, Wendy V.A., Breitsprecher, Roland, Collins Dictionary, 3. Auflage, Glasgow 1997, Lizenzausgabe für Ernst Klett Verlag GmbH; zit.: Collins Dictionary

Condorelli, Luigi, Nuclear weapons: a weighty matter for the International Court of Justice, JURA NON NOVIT CURIA? in: Rev. int. de la Croix - Rouge, 823, 1997, S. 9ff.; zit.: Condorelli, Nuclear weapons

Constantinesco, Vlad, Hübner, Ulrich, Einführung in das französische Recht, München 1974; zit.: Constantinesco, Hübner, Einführung

Crawford, James, Military Activities Against Nicaragua Case (Nicaragua v. United States), in: Rudolf Bernhardt (Hrsg.), Encyclopedia of Public International Law, Bd. 3, Amsterdam, Lausanne, New York, Oxford, Shannon, Tokyo, Singapur 1995, S. 371ff.; zit.: Crawford, Military Activities

Creifelds, Carl, Rechtswörterbuch, 15. neubearbeitete Auflage, München 1999; zit.: Creifelds, Rechtswörterbuch

Crutzen, Paul J., Climatic Effects of Nuclear War, in: WHO (Hrsg.), Effects of Nuclear War on Health and Health Services, 2. Auflage, Genf 1987, S. 65ff.; zit.: Crutzen, Climatic Effects

Cummings, Edward R., (ohne Titel), Beschreibung der Rechtsansicht der USA hinsichtlich Nuklearwaffen, in: The Laws of War (1981-88), 3 Cumulative Digest, § 2, S. 3421ff.; zit.: Cummings

Däubler, Wolfgang, Stationierung und Grundgesetz, Hamburg 1982; zit.: Däubler, Stationierung

Darnton, Geoffrey (Hrsg.), The Bomb and the Law, London Nuclear Warfare Tribunal, Evidence Commentary, Judgement, A Summary Report, Malmö 1989; zit.: Darnton, The Bomb

David, Eric, The Opinion of the International Court of Justice on the legality of the use of nuclear weapons, in: Rev. int. de la Croix - Rouge, 823, 1997, S. 21ff.; zit.: David, The Opinion

Deiseroth, Dieter, Atomwaffen vor dem Internationalen Gerichtshof - Konsequenzen für die Praxis? in: IALANA (Hrsg.), Atomwaffen vor dem Internationalen Gerichtshof, Dokumente - Analysen - Hintergründe, Münster 1997, S. 351ff.; zit.: Deiseroth, Atomwaffen

ders., Das „World Court-Project“ - Chronologie eines NGO-Erfolges, in: IALANA (Hrsg.), Atomwaffen vor dem Internationalen Gerichtshof, Dokumente - Analysen - Hintergründe, Münster 1997, S. 15ff.; zit.: Deiseroth, Das „World Court-Project“

ders., Der Internationale Gerichtshof und die Atomwaffenfrage, in: Betrifft JUSTIZ Nr. 48 - Dezember 1996, S. 402ff.; zit.: Deiseroth, Der internationale Gerichtshof
ders., Haager Votum gegen Atomwaffen, in: Blätter für deutsche und internationale Politik 1996, S. 1045ff.; zit.: Deiseroth, Haager Votum
Dewes, Kate, Green, Robert, The World Court Project: How a citizen network can influence the United Nations, in: Ann Fagan Ginger, Nuclear werapons are illegal, New York 1998, S. 473ff; zit.: Dewes, Green, The World Court Project
Dietz, Leonard A., DU Spread and Contamination of Gulf War Veterans and Others, in: Depleted Uranium Education Project (Hrsg.), Depleted Uranium, New York 1997, S. 134ff.; zit.: Dietz, DU Spread and Contamination
Doehring, Karl, Das Staatsrecht der Bundesrepublik Deutschland, Frankfurt 1976; zit.: Doehring, Das Staatsrecht
Dolzer, Rudolf, Anglo-Iranian Oil Company Case, in: Bernhardt, Rudolf (Hrsg.), Encyclopedia of Public International Law, Bd. 1, Amsterdam, London, New York, Tokyo 1992, S. 167ff.; zit.: Dolzer, Anglo-Iranian Oil Company Case
Doswald-Beck, Louise, International humanitarian law and the Advisory Opinion of the International Court of Justice on the legality of the threat or use of nuclear weapons, in: Rev. int. de la Croix - Rouge, 823, 1997, S. 35ff.; zit.: Doswald-Beck, International humanitarian law
Duden, Deutsches Universalwörterbuch, Hrsg. und Bearbeiter: Wissenschaftlicher Rat und Mitarbeiter der Dudenredaktion unter der Leitung von Günther Drosdowski; 2. Auflage, Mannheim 1989; zit.: Duden
(Depleted Uranium) Education Project (Hrsg.), Depleted Uranium, New York 1997; zit.: Education Project, Depleted Uranium
Eichen, Klaus-Dieter, Walz, Dieter, Neuere Entwicklungen auf dem Gebiet des humanitären Völkerrechts, in: NZWehrr 1988, S. 146ff.; zit.: Eichen,Walz, Neuere Entwicklungen
Empell, Hans-Michael, Die Vorbehalte einiger Mitgliedstaaten der NATO zum I. Zusatzprotokoll in bezug auf Nuklearwaffeneinsätze, in: Humanitäres Völkerrecht - Informationsschriften 1995, S 127ff.; zit.: Empell, Die Vorbehalte
ders., Nuklearwaffeneinsätze und humanitäres Völkerrecht, Heidelberg 1993; zit.: Empell, Nuklearwaffeneinsätze
The New Encyclopaedia Britannica, 15. Auflage, USA 1985; zit.: Encyclopaedia Britannica
Engelen, Klaus J., Die „Political Question Doctrine“ und ihre Anwendung durch amerikanische Gerichte auf außenpolitische Sachverhalte seit dem Vietnamkonflikt, Bonn 1984; zit.: Engelen, Die „Political Question Doctrine“

Euler, Alexander, Die Atomwaffe im Luftkriegsrecht, Berlin 1960; zit.: Euler, Die Atomwaffe

Evans, Harold J., A Report to the International Colloquium of IALANA, (Berlin, 2.-4. Nov. 1990), abgedruckt in: IALANA (Hrsg.), Atomwaffen vor dem Internationalen Gerichtshof, Dokumente - Analysen - Hintergründe, Münster 1997, S.21ff.; zit.: Evans, A Report

ders., The World Court Project on Nuclear Weapons and International Law, in: New Zealand Law Journal, July 1993, S. 249 ff.; zit.: Evans, The World Court Project

Färber, Hans, Faltner, Max (Hrsg.), Herodot Historien, Textausgabe in griechischer und deutscher Sprache, übersetzt von Josef Feix, München 1963; zit.: Färber, Faltner (Hrsg.), Herodot, Historien

Fagan Ginger, Ann, A court opinion to help change the course of history, in: Ann Fagan Ginger (Hrsg.), Nuclear weapons are illegal, New York 1998, S. 1ff.; zit.: Fagan Ginger, A court opinion

dies., The opinion on illegality of nuclear weapons is being enforced, in: Ann Fagan Ginger (Hrsg.), Nuclear weapons are illegal, New York 1998, S. 455ff.; zit.: Fagan Ginger, The opinion

Fahey, Dan, Collateral Damage: How U.S. Troops Were Exposed to DU During the Gulf War, in: Depleted Uranium Education Project (Hrsg.), Depleted Uranium, New York 1997, S. 24; zit.: Fahey, Collateral Damage

Falk, Richard, Mit „hartem Recht" gegen Atomwaffen! in: Der Pazifist, Oktober 1993, S. 244ff.; zit.: Falk, Mit „hartem Recht"

ders., Nuclear Weapons, International Law, and the World Court: An Historic Encounter, in: Die Friedens-Warte 1996, S. 235ff.; zit.: Falk, Nuklearwaffen

ders., The Shimoda Case: a legal appraisal of the atomic attacks upon Hiroshima and Nagasaki, in: AJIL, Vol. 59, 1965, S. 759ff.; zit.: Falk, The Shimoda Case *ders.*, Meyrowitz, Lee, Sanderson, Jack, Nuclear Weapons and International Law, in: IJIL 1980, S. 545ff.; zit.: Falk, Meyrowitz, Sanderson, Nuclear Weapons

diess., Nuclear Weapons and International Law, Princeton 1981; zit.: Falk, Meyrowitz, Sanderson, International Law

Fauchille, Paul, Traité de droit international public, Bd. 2, Guerre et neutralité, Paris 1921; zit.: Fauchille, Traité de droit

Fischer, Horst, Der Einsatz von Nuklearwaffen nach Art. 51 des I. Zusatzprotokolls zu den Genfer Konventionen von 1949, Berlin 1985; zit.: Fischer, Der Einsatz

Fitzmaurice, Gerald, The Law and Procedure of the International Court of Justice, Bd. II, Cambridge 1968; zit.: Fitzmaurice, The Law

Fleck, Dieter, Völkerrechtliche Gesichtspunkte für ein Verbot der Anwendung bestimmter Kernwaffen, in: Fleck (Hrsg.), Beiträge zur Weiterentwicklung des humanitären Völkerrechts für bewaffnete Konflikte, 1973, S. 1ff.; zit.: Fleck, Völkerrechtliche Gesichtspunkte

Foerstel, Leonora, Military and Media Collaborate in Coverup of DU, in: Depleted Uranium Education Project, Depleted Uranium, New York 1997, S. 61ff.; zit.: Foerstel, Military

Forch, Stefan, Harndt, Raimund, Neue Regeln für den Einsatz von Kernwaffen, in: JR 1986, S. 45ff.; zit.: Forch, Harndt, Neue Regeln

Franck, Thomas M., The „Powers of Appreciation": Who ist the Ultimate Guardian of UN Legality? in: AJIL1992, S. 519ff.; zit.: Franck, The „Powers of Appreciation"

ders., Word Made Law: The Decision of the ICJ in the Nuclear Test Cases, in: AJIL 1975, S. 612ff.; zit.: Franck, Word Made Law

Fujita, Hisakazu, Reconsideration de l'affaire Shimoda, Analyse juridique du bombardement atomique de Hiroshima et Nagasaki, in: Revue de droit pénal militaire et de droit de la guerre 1980, S. 50ff.; zit.: Fujita, Reconsideration

ders., Status of Nuclear Weapons in International Humanitarian Law, in: Kansai University Review of Law and Politics, März 1986, S. 1ff.; zit.: Fujita, Status

ders., The Advisory Opinion of the International Court of Justice on the legality of nuclear weapons, in: Rev. int. de la Croix-Rouge, 823, 1997, S. 56ff.; zit.: Fujita, The Advisory Opinion

Gillespie, Alexander, The 1995 nuclear tests case, The ICJ fails to address the merits of an international environmental concern, in: New Zealand Law Journal, May 1996, S. 195ff.; zit.: Gillespie, The 1995 nuclear tests case

Gould, Jay, Nuclear Testing, Power Plants and a Breast Cancer Epidemic, in: Depleted Uranium Education Project, Depleted Uranium, New York 1997, S. 116ff.; zit.: Gould, Nuclear Testing

Graefrath, Bernhard, Der aktuelle Stand der völkerrechtlichen Diskussion zur Legalität von Nuklearwaffeneinsätzen, in: HuV - Informationsschriften 1996, S. 124ff.; zit.: Graefrath, Der aktuelle Stand

ders., Zum Anwendungsbereich der Ergänzungsprotokolle zu den Genfer Abkommen vom 12. August 1949, in: SuR 1980, S. 133ff.; zit.: Graefrath, Zum Anwendungsbereich

Grand, Camille, Eine kleine Geschichte der Force de frappe, in: Blätter für deutsche und internationale Politik 1996, S. 474ff.; zit.: Grand, Force de frappe

ders., Legality of the Threat or Use of Nuclear Weapons - A French Perspective on the ICJ Advisory Opinion, in: Die Friedens-Warte 1996, S. 273ff.; zit.: Grand, Legality

Green, Robert, Nuclear Weapons: The Legality Issue, in: Medicine and War, No.3, July - September 1995, S. 79ff.; zit.: Green, Nuclear Weapons
Greenspan, Morris, The Modern Law of Warfare, Berkeley und Los Angeles 1959; zit.: Greenspan, The Modern Law
Greenwood, Chrisopher, Geschichtliche Entwicklungen und Rechtsgrundlagen, in: Dieter Fleck (Hrsg.) Handbuch des humanitären Völkerrechts in bewaffneten Konflikten, München 1994, S. 1ff.; zit.: Greenwood, Handbuch
ders., The Advisory Opinion on nuclear weapons and the contribution of the International Court to international humanitarian law, in: Rev. int. de la Croix - Rouge, 823, 1997, S. 65ff.; zit.: Greenwood, The Advisory Opinion
ders., The relationship between *ius ad bellum* and *ius in bello*, in: Review of International Studies (1983), 9, S. 221ff.; zit.: Greenwood, The relationship
Grief, Nicholas, The legality of nuclear weapons, in: Istvan Pogany (Hrsg.), Nuclear Weapons and International Law, New York 1987; zit.: Grief, The legality
ders., Völkerrecht gegen Kernwaffen, IALANA, IPB, IPPNW (Hrsg.), Marburg 1993; zit.: Grief, Völkerrecht
Groeben, Hans von der, Thiesing, Jochen, Ehlermann, Claus-Dieter, Kommentar zum EWG-Vertrag, 4. Auflage, Baden-Baden 1991; zit.: Bearbeiter in von der Groeben, Thiesing, Ehlermann, Kommentar zum EWG-Vertrag
Gross, Leo (Hrsg.), The Future of the International Court of Justice, New York 1976; zit.: Gross, The Future
Grotius, Hugo, De iure belli ac pacis, Paris 1625; zit.: Grotius, De iure belli
Hecker, Jan, Europäische Integration und Verfassungsprobleme in Frankreich, Berlin 1998; zit.: Hecker, Euroäische Integration
Herbst, Jochen, Nukleare Konflikte im Visier des Internationalen Gerichtshofs - Die Beschlüsse vom 8. Juli 1996 -, in: NZWehrr 1996, S. 177ff.; zit.: Herbst, Nukleare Konflikte
Heintschel von Heinegg, W., Internationales öffentliches Umweltrecht, in: Knut Ipsen (Hrsg.), Völkerrecht, München 1990, S. 805ff.; zit.: von Heinegg, Internationales öffentliches Umweltrecht
Hesse, Konrad, Grundzüge des Verfassungsrechts der Bundesrepublik Deutschland, 20. Auflage, Heidelberg 1995; zit: Hesse, Grundzüge
von der Heydte, Friedrich August Freiherr, Atomare Kriegsführung und Völkerrecht, in: AdV, 1961/62, S. 162ff.; zit.: von der Heydte, Atomare Kriegsführung

ders., General Act for the Pacific Settlement of International Disputes (1928 and 1949), in: Rudolf Bernhardt (Hrsg.), Encyclopedia of Public International Law, Bd. 2, Amsterdam, Lausanne, New York, Oxford, Shannon, Tokyo 1995, S. 499; zit.: von der Heydte, General Act

ders., Genfer Generalakte vom 26.9.1928, in: Hans-Jürgen Schochauer (Hrsg.), Strupp-Schlochauer, Wörterbuch des Völkerrechts, Bd. 1, Berlin 1960; zit.: von der Heydte, Genfer Generalakte

ders., Völkerrecht, Bd. 2, Köln, Berlin 1960; zit.: von der Heydte, Völkerrecht

Hillgenberg, Hartmut, Das Gutachtenverfahren vor dem IGH zur völkerrechtlichen Zulässigkeit von A-Waffen, Georg Ress, Torsten Stein (Hrsg.), Saarbrükken 1996; zit.: Hillgenberg, Das Gutachten-Verfahren

Hinz, Joachim, Rauch, Elmar (Hrsg.), Kriegsvölkerrecht, 3. Auflage 1984; zit.: Hinz, Rauch, Kriegsvölkerrecht

Hipp, Dietmar, Schlamp, Hans-Jürgen, Simons, Stefan, Die selbstgerechte Supermacht, in: Der Spiegel 10/ 1999, S. 196ff.; zit.: Hipp, Schlamp, Simons, Selbstgerechte Supermacht

Hoskin, Eric, Depleted Uranium Shells Make the Desert Glow, in: Depleted Uranium Education Project (Hrsg.), Depleted Uranium, New York 1997, S. 164ff.; zit.: Hoskin, Depleted Uranium

IALANA, ohne Titel, (Kurzzusammenfassung des IGH-Gutachtens vom 8. Juli 1996), in: Der Pazifist, Sonderausgabe vom 23. Juli 1996, S. 4ff.; zit.: IALANA, Kurzzusammenfassung

ICRC, Commentary on the Additional Protocols of 8 June 1977 to the Geneva Conventions of 12 August 1949, Yves Sandoz, Christoph Swinarski, Bruno Zimmermann (Hrsg.), Genf 1987; zit.: ICRC, Commentary

dass., Stellungnahme des Komitees des Internationalen Roten Kreuzes gegenüber der UN-Generalversmamlung zum Gutachten des IGH bezüglich der Völkerrechtskonformität des Einsatzes und der Drohung mit Atomwaffen, in: Int. rev. de la Croix - Rouge 823, 1997, S. 118, zit.: ICRC, Stellungnahme

dass., Weapons that may Cause Unnecessary Suffering or have Indiscriminate Effects, Genf 1973; zit.: ICRC, Weapons

International Military Tribunal, Trial of the Major War Criminals 14.11.1945 - 01.10.1946, Bd. 1, Nürnberg 1947; zit.: International Military Tribunal

IPB, ohne Titel, (Aufruf zur Teilnahme an der Unterschriftenaktion des World Court-Projects, abgedruckt in: Der Pazifist, Oktober 1993, S. 235ff.; zit.: IPB, Aufruf

dass., World Court Project, in: Der Pazifist, Sonderausgabe vom 23. Juli 1996, S. 2ff.; zit.: IPB, World Court Project

Jaenicke, Günther, Fisheries Jurisdiction Cases (U.K. v. Iceland; Federal Republik of Germany v. Iceland), in: Bernhardt, Rudolf (Hrsg.), Encyclopedia of Pu-

blic International Law, Bd. 2, Amsterdam, Lausanne, New York, Oxford, Shannon, Tokyo 1995, S. 386ff.; zit.: Jaenicke, Fisheries Jurisdiction Cases
ders., Völkerrechtsquellen, in: Hans-Jürgen Schlochauer (Hrsg.), Strupp-Schlochauer, Wörterbuch des Völkerrechts, Bd. 3., Berlin 1962, S. 766; zit.: Jaenicke, Völkerrechtsquellen
Janis, Mark W., Do „laws" regulate nuclear weapons?, in: Nuclear Weapons and International Law, New York 1987, S. 53; zit.: Janis, Do „laws" regulate
Jaschinsky, Herbert, Neuartige chemische Kampfstoffe im Blickfeld des Völkerrechts, Berlin 1975; zit.: Jaschinsky, Neuartige chemische Kampfstoffe
Jennings, Robert, Watts, Arthur, Oppenheim's International Law, Bd. 1, Teil 1, 9. Auflage, Harlow, Essex, 1992; zit.: Jennings, Watts, Oppenheim's International Law
Joeck, Neill, York, Herbert F., Die Geschichte der Teststoppverhandlungen, in: Annette Schaper, Harald Müller (Hrsg.), Fatale Versuche, Zur Wiederaufnahme der französischen Kernwaffentests, Bonn 1995, S. 51ff.; zit.: Joeck, York, Die Geschichte
Kaku, Michio, Depleted Uranium: Huge Quantities of Dangerous Waste, in: Depleted Uranium Education Project, Depleted Uranium, New York 1997, S. 111ff.; zit.: Kaku, Depleted Uranium
Kalshoven, Frits, Arms, Armament and Interpretation of Law, in: RdC, 1985 II, Dordrecht, Niederlande 1986; zit.: Kalshoven, Arms
ders., The Law of Warfare, Genf 1973; zit.: Kalshoven, The Law
ders., Protocols Additional to the Geneva Conventions on the Laws of War, Remarks by Frits Kalshoven, in: American Society of International Law, Proceedings of the 74th Annual Meeting, Washington D.C., 17 - 19. April 1980, Washington 1981, S. 202ff.; zit.: Kalshoven, Protocols Additional
Keith, Kenneth James, The Extent of the Advisory Jurisdiction of the International Court of Justice, Leyden 1971; zit.: Keith, The Extent
Kewenig, Wilhelm A., Der Internationale Gerichtshof und die französischen Kernwaffenversuche, Kritische Anmerkungen zum Urteil des IGH vom 20. Dezember 1974 im Nuclear Tests-Case, in: Jost Delbrück, Knut Ipsen, Dietrich Rauschning (Hrsg.), Recht im Dienst des Friedens, Festschrift für Eberhard Menzel zum 65. Geburtstag am 21. Januar 1976, Berlin 1975; zit.: Kewenig, Der Internationale Gerichtshof
Kimminich, Otto, Der Einfluß des humanitären Völkerrechts auf die Kernwaffenfrage, in: Festschrift für Hans-Jürgen Schlochauer zum 75. Geburtstag am 28. März 1981, Berlin 1981, S. 407ff.; zit.: Kimminich, Der Einfluß

ders., Einführung in das Völkerrecht, 2. vollständig überarbeitete Auflage, München 1984; zit.: Kimminich, Einführung
ders., Schutz der Menschen in bewaffneten Konflikten, München 1979; zit.: Kimminich, Schutz der Menschen
ders., Völkerrecht im Atomzeitalter, Der Atomsperrvertrag und seine Folgen, Freiburg 1969; zit.: Kimminich, Völkerrecht
Kissinger, Henry A., Kernwaffen und auswärtige Politik, München 1959; zit.: Kissinger, Kernwaffen
Klein, Eckart, South West Africa/ Namibia (Advisory Opinions and Judgments), in: Rudolf Bernhardt (Hrsg.), Encyclopedia of Public International Law, Bd. 2, Amsterdam, London, New York, Tokyo 1981, S. 260ff.; zit.: Klein, South West Africa
ders., Namibia, in: Bernhardt, Rudolf (Hrsg.), Encyclopedia of Public International Law, Bd. 3, Amsterdam, Lausanne, New York, Oxford, Shannon, Tokyo, Singapur 1997, S. 484ff.; zit.: Klein, Namibia
Köck, Heribert Franz, Vertragsinterpretation und Vertragsrechtskonvention, Berlin 1976; zit.: Köck, Vertragsinterpretation
Koshla, Dinesh, Nuclear Test Cases: Judicial Valour v. Judicial Discretion, in: Indian Journal of International Law 1978, S. 322ff.; zit.: Koshla, Nuclear Test Cases
Krauss, Günther, Atomrüstung und Völkerrecht, in: PM, Bd. 3 (1958), S. 13ff.; zit.: Krauss, Atomrüstung
ders., Weltfremdes Atomkriegsrecht, in: WR 1961, S. 512ff.; zit.: Krauss, Atomkriegsrecht
Kunz, Josef L., Kriegsrecht im Allgemeinen, in: Hans-Jürgen Schlochauer (Hrsg.), Strupp-Schlochauer, Wörterbuch des Völkerrechts, Bd. 2, Berlin 1961, S. 354ff.; zit.: Kunz, Kriegsrecht
Lachs, Manfred, Kollektive Sicherheit, Abrüstung – Teillösungen in: NJW 1958, S. 1017ff.; zit.: Lachs, Kollektive Sicherheit
Lauppe, Wolf-Dieter, „Dann kann es zu Lungenkrebs kommen", Der Physiker Wolf-Dieter Lauppe über die Gefahren von Nato-Geschossen, die mit abgereichertem Uran versetzt sind, Interview für die SZ, 23.04.1999, S. 5; zit.: Lauppe, Interview
Lauterpacht, Hersch (Hrsg.), International Law, A Treatise by L. Oppenheim, Bd. II, 7. Auflage, London 1969; zit.: Lauterpacht, Oppenheim's International Law
ders., The Development of International Law by the International Court, London 1958; zit.: Lauterpacht, The Development
ders., The Function of Law in the International Community, New York, London 1973; zit.: Lauterpacht, The Function

ders., The Limits of the Operation of the Law of War, in: BYIL 1953, S. 206ff.; zit.: Lauterpacht, The Limits
Lawyers' Committee on Nuclear Policy, Die Völkerrechtswidrigkeit von Kernwaffen, in: Der Pazifist, Juli 1991, S. 4ff.; zit.: Lawyers' Committee on Nuclear Policy, Völkerrechtswidrigkeit
Leaf, A., Health Problems in the Short Term: Casualty Management, in: WHO (Hrsg.), Effects of Nuclear War on Health and Health Services, 2. Auflage, Genf 1987, S.155ff.; zit.: Leaf, Health Problems in the Short Term
ders., Intermediate and Long-Term Health Effects, in: WHO (Hrsg.), Effects of Nuclear War on Health and Health Services, 2. Auflage, Genf 1987, S. 165ff.; zit.: Leaf, Intermediate and Long-Term Health Effects
Lehnes, Patrick, Probleme der eindeutigen Ermittlung von Ausdehnung, Dauer und Schwere einer Umweltschädigung, in: Heike Spieker (Hrsg.), Naturwissenschaftliche und völkerrechtliche Perspektiven für den Schutz der Umwelt im bewaffneten Konflikt, Waffenwirkung und Umwelt III, Bochum 1996; zit.: Lehnes, Probleme
Lellouche, Pierre, The Nuclear Tests Cases: Judical Silence v. Atomic Blasts, in: Harvard International Law Journal 1975, S. 614ff.; zit.: Lellouche, The Nuclear Tests Cases
Leyendecker, Hans, Warten auf den amerikanischen Henker, in: SZ vom 04.03.1999, S. 2; zit.: Leyendecker, Warten
Linster, Kurt, Der völkerrechtliche Schutz der Zivilbevölkerung im Kriege, Würzburg 1957; zit.: Linster, Der völkerrechtliche Schutz
London Nuclear Warfare Tribunal, The Bomb and the Law, Hrsg. Geoffrey Darnton, Malmö 1989; zit.: London Warfare Tribunal, The Bomb
Löwenstein, Karl, Verfassungsrecht und Verfassungspraxis der Vereinigten Staaten, Berlin, Göttingen, Heidelberg 1959; zit.: Löwenstein, Verfassungsrecht
Macdonald, R. St. J., Hough, Barbara, The Nuclear Tests Case Revisted, in: GYIL 1977, S. 337ff.; zit.: Macdonald, Hough, The Nuclear Tests Case
Maugüe, Christine, Schwartz, Rémy, Chronique générale de jurisprudence administrative française, in: AJDA 1993, S. 82ff.; zit.: Magüe, Schwartz, Chronique générale
Mangoldt, Hans von, Arbitration and Conciliation, in: Hermann Mosler, Rudolf Bernhardt (Hrsg.), Judicial Settlement of International Disputes, New York 1974; zit.: Mangoldt, Arbitration
Marauhn, Thilo, (ohne Titel), Zusammenfassung des IGH-Gutachtens, in: Vereinte Nationen 1996, S. 179f., zit.: Marauhn, Zusammenfassung
ders., Oellers-Frahm, Karin, Atomwaffen, Völkerrecht und internationale Gerichtsbarkeit, in: EuGRZ 1997, S. 221ff.; zit.: Marauhn, Oellers-Frahm, Atomwaffen

Marks, Leonhard, Weller, Howard, Is the Use of Nuclear Weapons Legal? in: NYLJ vom 11. Juli 1994, S. 1ff.; zit.: Marks, Weller, Use of Nuclear Weapons
Massey, Calvin R., Constitutional Law, New York 1997; zit.: Massey, Constitutional Law
Matheson, Michael J., The Opinion of the International Court of Justice on the Threat or Use of Nuclear Weapons, in: AJIL 1997, S. 417ff.; zit.: Matheson, The Opinion
McCormack, Timothy L.H., A *non liquet* on nuclear weapons, The ICJ avoids the application of general principles of international humanitarian law, in: Rev. int. de la Croix - Rouge, 823, 1997, S. 76ff.; zit.: McCormack, A *non liquet*
McEwan, A.C., Environmental Effects of Underground Nuclear Explosion, in: J. Goldblat, D. Cox (Hrsg.), Nuclear Weapons test: Prohibition or Limitation, Oxford 1988, S. 75ff.; zit.: McEwan, Environmental Effects
McNamara, Robert S., The Military Role of Nuclear Weapons: Perceptions and Misperceptions, in: 62 Foreign Affairs1983 - 84, 1 - 2, S. 59ff.; zit.: McNamara, The Military Role
McNeill, John H., The International Court of Justice Advisory Opinion in the Nuclear Weapons Cases, A first appraisal, in: Rev. int. de la Croix - Rouge, 823, 1997, S. 103ff.; zit.: McNeill, The International Court
McWhinney, Edward, International Law-Making and the Judicial Process: The World Court and the French Nuclear Tests Case, in: Syracuse Journal of International Law 1975, S. 9ff.; zit.: McWhinney, International Law-Making
ders., The World Court and the Contemporary International Law-Making Process, Alphen aan den Rijn 1979; zit.: McWhinney, The World Court
Mendlowitz, Saul, Datan, Merav, Advisory Opinion on the Legality of the Threat or Use of Nuclear Weapons: A Narrative of Affirmative Appreciation and Judge Weeramantry's Grotian Quest, in: Anghie, Antony, Sturgess, Garry (Hrsg.), Legal Visions of the 21st Century: Essays in Honour of Judge Christopher Weeramantry, Den Haag 1998, S. 653ff.; zit.: Mendlowitz, Datan, Advisory Opinion
Mendlowitz, Saul, Weiss, Peter, Judging the Illegality of Nuclear Weapons: Arms Control Moves to the World Court, in: Arms Control Today, Februar 1996, S. 10 ff.; zit.: Mendlowitz, Weiss, Judging the Illegality
Menzel, Eberhard, Atomwaffen und völkerrechtliches Kriegsrecht, in: Wilhelm A. Kewenig (Hrsg.), Abschreckung und Entspannung, Berlin 1977, S. 148ff.; zit.: Menzel, Atomwaffen
ders., Legalität oder Illegalität der Anwendung von Atomwaffen, Tübingen 1960; zit.: Menzel, Legalität

Merten, Detlef, Demokratischer Rechtsstaat und Verfassungsgerichtsbarkeit, in: DVBl 1980, S. 773ff.; zit.: Merten, Demokratischer Rechtsstaat
Meyrowitz, Elliott L., Nuclear weapons are illegal threats, in: Bulletin o the Atomic Scientist, Mai 1985, S. 35ff.; zit.: Meyrowitz, Nuclear weapons
Meyrowitz, Henri, Kriegsrecht und Kernwaffen, Zur Diskussion über die Ratifizierung des I. Zusatzprotokolls zu den Genfer Konventionen von 1949, in: EA 1978, S. 689ff.; zit.: Meyrowitz, Kriegsrecht
Miyazaki, Shigeki, The Martens Clause and international humanitarian law, in: Christoph Swinarski (Hrsg.), Studies and essays on international humanitarian law and Red Cross principles in honour of Jean Pictet, Genf 1984, S. 433; zit.: Miyazaki, The Martens Clause
Mohr, Manfred, Das IGH-Gutachten zur Völkerrechtswidrigkeit des Kernwaffeneinsatzes - Einige Reflexionen über Stärken und Schwächen, in: IALANA (Hrsg.), Atomwaffen vor dem Internationalen Gerichtshof, Dokumente - Analysen - Hintergründe, Münster 1997, S. 341ff.; zit.: Mohr, Manfred, Das IGH-Gutachten
Moore, Mike, World Court says mostly no to nuclear weapons, in: The Bulletin of the Atomic Scientist, September/October 1996, S. 39ff.; zit.: Moore, World Court
Mosler, Hermann, in: Georg Ress, Torsten Stein (Hrsg.), Der Internationale Gerichtshof - Erfahrungen eines Richters und Beurteilung der Entwicklungstendenzen, Saarbrücken 1996; zit.: Mosler, Der Internationale Gerichtshof
ders., The International Society as a Legal Community, Alphen aan den Rijn 1980; zit.: Mosler, The International Society
Mothersson, Keith, From Hiroshima to the Hague, A Guide to the World Court Project, Genf 1992; zit.: Mothersson, From Hiroshima
Müller, Harald, Dembinski, Martin, Schaper, Anette, Atomarer Testopp: Der Countdown hat begonnen, HSFK-Standpunkte, Nr. 2, Juni 1994; zit.: Müller, Dembinski, Schaper, Atomarer Teststopp
Müller, Martin, Das Gutachten des IGH - ein Beitrag zum nuklearen Abrüstungsdiskurs, in: Die Friedens - Warte 1996, S. 261ff.; zit.: Müller, Das Gutachten des IGH
Müller, Reinhard, Der Fall LaGrand vor dem Internationalen Gerichtshof, in: FAZ vom 4. März 1999, S. 13; zit.: Müller, Der Fall LaGrand
Münch, Fritz, Die Martens'sche Klausel und die Grundlage des Völkerrechts, in: Zeitschrift für ausländisches öffentliches Recht und Völkerrecht, 36 (1976), S. 363ff.; zit.: Münch, Die Martens'sche Klausel
von Münch, Ingo, Rechtsfragen der Raketenstationierung, in: NJW 1984, S. 577ff.; zit.: v. Münch, Raketenstationierung

Nahlik, Stanislaw E., International Law and Nuclear Weapons, in: Im Dienst an der Gemeinschaft, Festschrift für Dietrich Schindler zum 65. Geburtstag, Basel, Frankfurt/Main 1989, S. 298ff.; zit.: Nahlik, International Law

Ney, Martin C., Der Einsatz von Atomwaffen im Lichte des Völkerrechts, Frankfurt 1985; zit.: Ney, Atomwaffen

Nielebock, Thomas, Einsatzverbot für Massenvernichtungswaffen: Was für C-Waffen gilt, steht für A-Waffen noch aus. Verrechtlichung in den internationalen Sicherheitsbeziehungen am Beispiel des Genfer Giftgasprotokolls und der Diskussionen über negative Sicherheitsgarantien, in: Klaus Dieter Wolf (Hrsg.), Internationale Verrechtlichung, Pfaffenweiler 1993, S. 249ff.; zit.: Nielebock, Einsatzverbot

Nowak, Manfred, U.N. Covenant on Civil and Political Rights, CCPR Commentary, Kehl am Rhein 1993; zit.: Nowak, U.N. Covenant

Nußbaum, Arthur, A concise history of the law of nations, New York 1947;zit.: Nußbaum, A concise history

Oellers-Frahm, Karin, International Court of Justice, in: Rudolf Bernhardt (Hrsg.), Encyclopedia of Public International Law, Bd. 2, Amsterdam, Lausanne, New York, Oxford, Shannon, Tokyo 1995, S. 1088; zit.: Oellers-Frahm, International Court of Justice

diess., United States Diplomatic and Consular Staff in Tehran Case, in: Rudolf Bernhardt (Hrsg.), Encyclopedia of Public International Law, Bd. 2, Amsterdam, London, New York, Oxford 1981, S. 282ff.; zit.: Oellers-Frahm, United States Diplomatic and Consular Staff

The Shorter Oxford English Dictionary on Historical Principles, Hrsg. C. T. Onions, 3. Auflage, Oxford 1964; zit: The Shorter Oxford English Dictionary

The Oxford English Dictionary, Bd. 1, Bd. 4, Hrsg.: Murray, James A.H., Bradley, Henry, Craigie, W.A., Onions, C.T., 2. Auflage, Oxford 1989; zit.: The Oxford English Dictionary

Paech, Norman, Memorial in Support of the Application by the General Assembly of the United Nations for an Advisory Opinion by the International Court of Justice on the Legality of the Use of Nuclear Weapons under International Law, IFHV -Studie 12, Forschungshefte zur Friedenssicherug und zum humanitären Völkerrecht 1996; zit.: Paech, Memorial

ders., Nuklearwaffen vor dem Internationalen Gerichtshof, Zum Gutachten des IGH über die Völkerrechtswidrigkeit von Nuklearwaffen, in: Kritische Justiz 1997, S. 345ff.; zit.: Paech, Nuklearwaffen

ders., Zwischen Politik und Recht - Zum Gutachten des Internationalen Gerichtshofs über die Völkerrechtswidrigkeit des Einsatzes von Nuklearwaffen, in: HuV - Informationsschriften 1996, S. 176ff.; zit.:. Paech, Zwischen Politik und Recht

Panzer, Ulf, Anmerkungen zu dem Artikel von de Waart, in: Der Pazifist, Oktober 1993, S. 265ff.; zit.: Panzer, Anmerkungen
Paust, Jordan J., Should Weapons of Dubious Legality be Developed? Remarks by Jordan J. Paust, in: American Society of International Law, Proceedings of the 72nd Annual Meeting, Washington D.C., 27. - 29. April 1978, Washington 1978, S. 39ff.; zit.: Paust, Weapons
Piazolo, Michael, Verfassungsgerichtsbarkeit und Politische Fragen, München 1994; zit.: Piazolo, Verfassungsgerichtsbarkeit
Piotrowicz, Ryszard, The World Court Judges Nuclear Weapons Unjudgeable, in: Australian L. J., Volume 70, December 1996, S. 959ff.; zit.: Piotrowicz, The World Court
Pogany, Istvan, Nuclear weapons and self-defence in international law, in: Nuclear Weapons and International Law, New York 1987, S. 63ff.; zit.: Pogany, Nuclear weapons
Pokstefl, Josef, Bothe, Michael, Bericht über Entwicklungen und Tendenzen des Kriegsrechts seit den Nachkriegskodifikationen, in: ZaöRV 1975, S. 574ff.; zit.: Pokstefl, Bothe, Bericht
Prandl, Heribert, Letztes Mittel in letzter Minute, in: SZ vom 04.03.1999, S. 2; zit.: Prandl, Letztes Mittel
Rahula, Walpola, Was der Buddha lehrte, Zürich 1963; zit.: Rahula, Buddha
Randelzhofer, Alfred, Das Kriegsrecht zwischen Bewahrung und Veränderung, Die Zusatzprotokolle zu den Genfer Rotkreuz-Abkommen, in: EA, Folge 22 (1978), S. 725ff.; zit.: Randelzhofer, Das Kriegsrecht
ders., Flächenbombardement und Völkerrecht, in: Heinricht Kipp, Franz Mayer, Armin Steinkamm (Hrsg.), Um Recht und Freiheit, Festschrift für Friedrich August von der Heydte zur Vollendung des 70. Lebensjahres, Berlin 1977; S. 471ff.; zit.: Randelzhofer, Flächenbombardement
Rauch, Elmar, The Protocol Additional to the Geneva Conventions for the Protection of Victims of International Armed Conflicts and the United Nations Convention on the Land of the Sea: Repercussions on the Law of Naval Warfare, Berlin 1984; zit.: Rauch, The Protocol
Rauf, Tariq, French Nuclear Testing: A Fool's Errand, in: Nonproliferation Review 1995, S. 49ff.; zit.: Rauf, French Nuclear Testing
Rauschning, Dietrich, Völkerrechtliche Schranken für den Besitz und den Einsatz von Nuklearwaffen, in: Brunner, Schweisfurth, Uschakow, Westen (Hrsg.); Sowjetsystem und Ostrecht, 1985, S. 581ff.; zit.: Rauschnig, Völkerrechtliche Schranken
ders., Nuclear Warfare and Weapons, in: Rudolf Bernhardt (Hrsg.), Encyclopedia of Public International Law, Bd. 4, Oxford 1982, S. 44; zit.: Rauschning, Nuclear Warfare

Riseley, Mary, Salzmann, Karin, Nuclear Weapons on Trial, in: Santa Fe Reporter, 29. November - 3. Dezember 1995, S. 15ff.; zit.: Riseley, Salzmann, Nuclear Weapons

Roberts, Adam, Guelff, Richard (Hrsg.), Documents on the Laws of War, 2. Auflage, Oxford 1989; zit.: Roberts, Guelff, Documents

Rosas, Allan, International Law and the Use of Nuclear Weapons, in: E.J. Manner, Klaus Lagus, Bengt Broms, Kari Hakapää, Essays in Honour of Erik Castrén, Celebrating His 75th Birthday; March 20, 1979, S. 73ff.; zit.: Rosas, International Law

Rosenblad, Esbjörn, International Humanitarian Law of Armed Conflict, Genf 1979; zit.: Rosenblad, International Humanitarian Law

Rosenne, Shabtai, The Law and Practice of the International Court, 2. überarbeitete Auflage, Dordrecht 1985; zit.: Rosenne, The Law

dies., The World Court, What it is and how it works, 5. komplett überarbeitete Auflage, Dordrecht 1995; zit.: Rosenne, The World Court

Rostow, Nicholas, The World Health Organization, the International Court of Justice and Nuclear Weapons, in: Yale Journal of International Law 1995, S. 151ff.; zit.: Rostow, The World Health Organization

Rotblat, Joseph, Physical Effects of Nuclear War, in: WHO (Hrsg.), Effects of Nuclear War on Health and Health Services, 2. Auflage, Genf 1987, S. 45ff.; zit.: Rotblat, Physical Effects

Rovine, Arthur (Hrsg.), Digest of United State Practice in International Law, Washington 1977; zit.: Rovine, Digest

Ruiz, José Juste, Mootness in International Adjudication: The Nuclear Tests Cases, in: GYIL 1977, S. 358ff.; zit.: Ruiz, Mootness

Sandoz, Yves, Advisory Opinion of the International Court of Justice on the legality of the threat or use of nuclear weapons, in: Rev. int. de la Croix - Rouge, 823, 1997; zit.: Sandoz, Advisory Opinion

ders., Des armes interdites en droit de la guerre, Genf 1975; zit.: Sandoz, Des armes interdites

Sassòli, Marco, Bedeutung einer Kodifikation für das allgemeine Völkerrecht, Basel 1990; zit.: Sassòli, Bedeutung

Schätzel, Walter, Drei Bücher vom Recht des Krieges und des Friedens, Tübingen 1950; zit.: Schätzel, Drei Bücher

Schaper, Annette, Der Umfassende Teststoppvertrag: kurz vor dem Ziel - oder gescheitert? HSFK-Standpunkte, Nr. 7, August 1996; zit.: Schaper, Der Umfassende Teststoppvertrag

diess., Müller, Harald (Hrsg.), Fatale Versuche, Zur Wiederaufnahme der französischen Kernwaffentests, Bonn 1995; zit.: Schaper, Müller, Fatale Versuche

Schaper, Annette, Technischer Sprengsatz: Tests, Simulationen, Laborversuche und die qualitative Weiterentwicklung von Sprengköpfen, in: Annette Schaper, Harald Müller (Hrsg.), Fatale Versuche, Zur Wiederaufnahme der französichen Kernwaffentests Bonn 1995; zit.: Schaper, Technischer Sprengsatz

Schapiro, Mark, Mutiny on the Nuclear Bounty, in: The Nation, 27. Dezember 1993; zit.: Schapiro, Mutiny

Schell, Jonathan, The Fate of the Earth, New York 1982; zit.: Schell, The Fate

Scheuner, Ulrich, Krieg und Kriegswaffen im heutigen Völkerrecht, in: Günter Howe, Atomzeitalter, Krieg und Frieden, Witten und Berlin 1962, S. 76ff.; zit.: Scheuner, Krieg und Kriegswaffen

Schindler, Dietrich, Tomann, Jiri (Hrsg.), The Laws of Armed Conflicts, 3. Auflage, Genf 1988; zit.: Schindler, Tomann, The Laws

Schuppert, Folke, Die verfassungsgerichtliche Kontrolle der Auswärtigen Gewalt, Baden-Baden 1973; zit.: Schuppert, Die verfassungsgerichtliche Kontrolle

Schwarzenberger, Georg, International Law, Bd. 1, London 1957; zit.: Schwarzenberger, International Law

Scott, James Brown, The Proceedings of the Hague Peace Conference, Translation of the Official Texts, Conference of 1899, New York 1920; zit.: Scott, The Proceedings

Seidel, Gerd, Schönfeldt, Hans-Andreas, Das Verbot des Ersteinsatzes von Nuklearwaffen durch das Völkerrecht, in: Neue Justiz 1987, S. 470ff.; zit.: Seidel, Schönfeldt, Das Verbot

Seidl-Hohenveldern, Ignaz, Der Begriff der Neutralität in den bewaffeneten Konflikten der Gegenwart, in: Kipp, Heinrich, Mayer, Franz, Steinkamm, Armin (Hrsg.), Um Recht und Freiheit, Festschrift für Friedrich August von der Heydte zur Vollendung des 70. Lebensjahres, Berlin 1977, S. 593ff.; zit.: Seidl-Hohenveldern, Der Begriff

ders. (Hrsg.), Lexikon des Rechts, Völkerrecht, Neuwied, Darmstadt 1985; zit.: Seidl-Hohenveldern, Lexikon

ders., Völkerrecht, 9., neubearbeitete Auflage, München 1997; zit.: Seidl-Hohenveldern, Völkerrecht

Shaw, Malcolm N., Nuclear Weapons and International Law, in: Istvan Pogany (Hrsg.), Nuclear Weapons and International Law, New York 1987, S. 1ff.; zit.: Shaw, Nuclear Weapons

Simma, Bruno (Hrsg.)/Bearbeiter, The Charter of the United Nations: A Commentary, New York 1995; zit.: Simma/Bearbeiter, The Charter

Sinclair, Ian M., The Vienna Convention on the Law of Treaties, Manchester 1973; zit.: Sinclair, The Vienna Convention

Singh, Nagendra, Armed conflicts and humanitarian law of ancient India,

in: Studies and essays on international humanitarian law and Red Cross principles in honour of Jean Pictet, Genf 1984, S. 530ff.; zit.: Singh, Armed conflicts
ders., India and International Law, Neu-Delhi 1973; zit.: Singh, India
ders., Nuclear Weapons and International Law, London 1959; zit.: Singh, Nuclear Weapons
ders., The Distinguishable Characteristics of the Concept of the Law as it Developed in Ancient India, in: Liber Amicorum for the Rt. Hon. Lord Wilberforce, Oxford 1987, S. 91ff.; zit.: Singh, The Distinguishable Characteristics
ders., McWhinney, Edward, Nuclear Weapons and Contemporary International Law, Dordrecht 1989; zit.: Singh, McWhinney, Nuclear Weapons
Siorat, Lucien, Le problème de lacunes en droit international, Paris 1958; zit.: Siorat, Le problème
Sloane, Blaine, Advisory Jurisdiction of the International Court of Justice, in: 38 Cal.L.Rev., S. 830ff.; zit.: Sloane, Advisory Jurisdiction
Sohn, Louis, The Stockholm Declaration on the Human Environment, in: Harvard International Law Journal 1973; S. 423ff.; zit.: Sohn, The Stockholm Declaration
Sonnenberger, Hans Jürgen, Einführung in das französische Recht, Darmstadt 1972; zit.: Sonnenberger, Einführung
Spetzler, Eberhard, Kriegsrechtliche Probleme des Atomwaffeneinsatzes, in: WR 1957, S. 134ff.; zit.: Spetzler, Kriegsrechtliche Probleme
Stein, Eric, Impact of New Weapons Technology on International Law: Selected Aspects, in: RdC 1971 II, S. 221ff.; zit.: Stein, Impact of New Weapons
Stern, Klaus, Außenpolitischer Gestaltungsspielraum und verfassungsgerichtliche Kontrolle, Das Bundesverfassungsgericht im Spannungsfeld zwischen Judicial Activism und Judicial Restraint, Regensburg 1994; zit.: Stern, Außenpolitscher Gestaltungsspielraum
ders., Das Staatsrecht der Bundesrepublik Deutschland, Bd.1, München 1984; zit.: Stern, Das Staatsrecht
Stone, Jeremy J., Less than meets the eye, in: The Bulletin of the Atomic Scientist, September/October 1996, S. 43ff.; zit.: Stone, Less than meets the eye
Stone, Julius, Non liquet and the Function of Law in the International Community, in: BYIL 1959, S. 124ff.; zit.: Stone, Non liquet
Strupp, Karl, Das internationale Landkriegsrecht, Frankfurt/Main 1914; zit.: Strupp, Das internationale Landkriegsrecht
Szasz, Paul C., Addendum: The Vote in the General Assembly, in: AJIL 1997, S. 133 ff.; zit.: Szasz, Addendum
Ticehurst, Rupert, Are Nuclear Weapons Legal? in: War Studies Journal, Autumn 2 (1) 1996, S. 107ff.; zit.: Ticehurst, Nuclear Weapons

Tietje, Christian, Die Völkerrechtswidrigkeit des Einsatzes von Atomwaffen im bewaffneten Konflikt unter Umwelt- und Gesundheitsschutzaspekten - Zur Gutachtenfrage der WHO an den IGH -, in: AdV 1995, S. 266ff.; zit.: Tietje, Die Völkerrechtswidrigkeit
Toutain, Sophie, A Current Case: French Nuclear Tests and International Law, in: HuV - Informationsschriften 1995, S. 153ff.; zit.: Toutain, A Current Case
United Nations (Hrsg.), Nuclear Weapons: A Comprehensive Study, New York 1991; zit.: United Nation, Nuclear Weapons
VEB Bibliographisches Institut Leipzig (Hrsg.), Universallexikon, Bd. 2, Leipzig 1986; zit.: Universallexikon, Bd. 2
Verdross, Alfred, Simma Bruno, Universelles Völkerrecht, Theorie und Praxis, 3. völlig neubearbeitete Auflage, Berlin 1984; zit.: Verdross, Simma, Universelles Völkerrecht
De Waart, P.J.I.M., Die Bedeutung des Internationalen Gerichtshofes im System der Vereinten Nationen und die Tragweite seiner beratenden Rechtsgutachten, in: Der Pazifist, Oktober 1993, S. 255ff.; zit.: De Waart, Die Bedeutung
Ware, Alyn, Bombs away? The World Court decision on nuclear weapons, in: Disarmament Diplomacy, September 1996, S. 18 ff.; zit.: Ware, Bombs away
Watson, Geoffrey R., The ICJ and the Lawfulness of the Use of Nuclear Weapons, in: American Society of International Law, Newsletter, Juni 1995, S. 1ff.; zit.: Watson, The ICJ
Weber, Ludwig, Right of Passage over Indian Territory Case, in: Rudolf Bernhardt (Hrsg.), Encyclopedia of Public International Law, Bd. 2, Amsterdam, London, New York, Oxford 1981, S. 244ff.; zit.: Weber, Right of Passage
Wefelmeier, Hans-Jürgen, Der Internationale und der Europäische Gerichtshof Vergleich und Kompetenzabtretung, Köln 1968; zit.: Wefelmeier, Der internationale und der europäische Gerichtshof
Wehberg, Hans, Goldschmidt, Hans-Waldemar, Der Internationale Gerichtshof, Berlin 1973; zit.: Wehberg, Goldschmidt, Der Internationale Gerichtshof
Weiss, Peter, And now, abolition, in: The Bulletin of the Atomic Scientist, September/October 1996, S. 42f., zit.: Weiss, And now, abolition
ders., Anmerkungen zu einer verkannten Entscheidung: Das perfekte Rechtsgutachten des Internationalen Gerichtshof zur Kernwaffenfrage, in: IALANA (Hrsg.), Atomwaffen vor dem Internationalen Gerichtshof, Dokumentation - Analysen - Hintergründe, Münster 1997, S. 315ff.; zit.: Weiss, Anmerkungen
ders., Atomwaffen vor Gericht - ein Traum wird Wirklichkeit, in: Der Pazifist, Sonderausgabe vom 23. Juli 1996, S. 7ff.; zit.: Weiss, Atomwaffen
ders., Skizzen aus einer Urteilsanalyse, in: Der Pazifist, Juli 1996, S. 5f.; zit.: Weiss, Skizzen

Wengler, Wilhelm, Der Internationale Gerichtshof und die Atombombenversuche im Pazifik, in: NJW 1975, S. 1063ff.; zit.: Wengler, Der Internationale Gerichtshof

Weston, Burns H., Nuclear Weapons versus International Law: A Contextual Reassessment, in: McGill Law Journal 1983, S. 542ff.; zit.: Weston, Nuclear Weapons

ders., The „Sources" of International Law Revisited: The Case of Nuclear Weapons, in: Chinese Yearbook of International Law and Affairs 1984, S. 7ff.; zit.: Weston, The „Sources"

WHO Management Group, Report, in: WHO (Hrsg.), Effects of Nuclear War on Health and Health Services, 2. Auflage, Genf 1987, S. 5ff.; zit.: WHO Management Group, Report

Wörterbuch der deutschen Gegenwartssprache, Bd. 6, Hrsg. Klappenbach, Ruth, Steinitz, Wolfgang, Berlin 1977; zit.: Wörterbuch der deutschen Gegenwartssprache

Woodliffe, John, Nuclear weapons and non-proliferation: The legal aspects, in: Istvan Pogany, Nuclear Weapons and International Law, New York 1987, S. 84ff.; zit.: Woodliffe, Nuclear weapons

Worm, Thomas, Moruroas strahlendes Geheimnis, in: TAZ vom 12. Juli 1995, S. 7; zit.: Worm, Moruroas

Wühler, Norbert, Monetary Gold Case, in: Rudolf Bernhardt (Hrsg.), Encyclopedia of Public International Law, Bd. 3, Amsterdam, Lausanne, New York, Oxford, Shannon, Tokyo, Singapur 1995, S. 445ff.; zit.: Wühler, Monetary Gold Case

Yasseen, Mustafa Kamil, L' interprétation des traités d'après la convention de Vienne sur le droit des traités, in: RdC 1976 III, S. 1ff.; zit.: Yasseen, L' interprétation

Kurt Seelmann (Hrsg.)

Aktuelle Fragen der Rechtsphilosophie

Frankfurt/M., Berlin, Bern, Bruxelles, New York, Oxford, Wien, 2000. 143 S.
ISBN 3-631-36193-9 · br. DM 48.–*

Viele der heute in der Öffentlichkeit erörterten Fragen haben eine zentrale rechtsphilosophische Komponente. Ob Schwangerschaftsabbruch, Umweltschutz, Strafbarkeit von „Mauerschützen", Nationalismus, mitmenschliche Solidarität, Ordnung des Arbeitslebens, Menschenrechtsschutz und Achtung staatlicher Souveränität sowie Sterbehilfe – überall geht es um die Möglichkeit einer rationalen Begründung nichtpositiver Richtigkeitskriterien und um die Bestimmung einer sinnvollen Begrenzung rechtlicher Regelungen. Didaktisch besonders anregende Beiträge aus den *Rechtsphilosophischen Heften* sind hier zu einem Reader zusammengefaßt.

Aus dem Inhalt: Schutz des Lebens · Grenzen des positiven Rechts · Verteilungsgerechtigkeit · Nationalismus · Solidarität · Philosophie des Arbeitsrechts · Menschenrechtsschutz · Sterbehilfe

FSC
www.fsc.org
MIX
Papier | Fördert gute Waldnutzung
FSC® C083411

Kolibri 360 GmbH
Ferdinand-Jühlke-Straße 7
99095 Erfurt, Deutschland
produktsicherheit@kolibri360.de

Druck:
CPI Druckdienstleistungen GmbH
im Auftrag der
Kolibri 360 GmbH
Ferdinand-Jühlke-Str. 7
99095 Erfurt